IMUNIDADES TRIBUTÁRIAS
E DIREITOS FUNDAMENTAIS

I34 Imunidades tributárias e direitos fundamentais / Ana Caroline K. de Lima
   Leopoldo ... [et al.]; Luiz Felipe Silveira Difini, org. – Porto Alegre:
   Livraria do Advogado Editora, 2010.
  239 p.; 23 cm.
  ISBN 978-85-7348-692-6

  1. Imunidade tributária. 2. Imunidade tributária: Direitos e garantias individuais. I. Leopoldo, Ana Caroline K. de Lima. II. Difini, Luiz Felipe Silveira, org.

CDU – 336.2.027.8

Índice para o catálogo sistemático:
Imunidade tributária   336.2.027.8

(Bibliotecária responsável: Marta Roberto, CRB-10/652)

Luiz Felipe Silveira Difini
(Organizador)

IMUNIDADES TRIBUTÁRIAS E DIREITOS FUNDAMENTAIS

Ana Caroline K. de Lima Leopoldo
André Pedreira Ibañez
Clito Santini
Daniel Marchionatti Barbosa
Fábio Weber Nowaczyk
Gabriel Pinós Sturtz
Guilherme R. Roedel Sperb
José V. Pasquali de Moraes
Kazan Sidharta Nassif e Costa
Lívia Troglio Stumpf
Luana Bernardino Noronha
Roberto Medaglia Marroni Neto

livraria
DO ADVOGADO
editora

Porto Alegre, 2010

©
Ana Carolene K. de Lima Leopoldo, André Pereira Ibañez,
Clito Santini, Daniel Marchionatti Barbosa,
Fábio Weber Nowaczyk, Gabriel Pinós Sturtz,
Guilherme R. Roedel Sperb, José V. Pasquali de Moraes,
Kazan Sidharta Nassif e Costa, Lívia Troglio Stumpf
Luana Bernardino Noronha, Roberto Medaglia Marroni Neto
2010

Capa, projeto gráfico e diagramação
Livraria do Advogado Editora

Revisão
Rosane Marques Borba

Direitos desta edição reservados por
Livraria do Advogado Editora Ltda.
Rua Riachuelo, 1338
90010-273 Porto Alegre RS
Fone/fax: 0800-51-7522
editora@livrariadoadvogado.com.br
www.doadvogado.com.br

Impresso no Brasil / Printed in Brazil

Sumário

Apresentação – Luiz Felipe Silveira Difini 7

I – A interpretação das imunidades
   Ana Caroline Kruger de Lima Leopoldo 11

II – Imunidade tributária recíproca: a experiência do direito norte-americano
   André Pedreira Ibañez 29

III – Imunidade ao ITR (CF/1988, art. 153, § 4º) e imunidade do ouro ativo financeiro (CF/1988, art. 153, § 5º)
   Clito Santini e Guilherme Ricardo Roedel Sperb 55

IV – Imunidade a contribuições para a Seguridade Social
   Daniel Marchionatti Barbosa 69

V – Imunidade dos livros, jornais, periódicos e o papel destinado a sua impressão. Livro eletrônico
   Fábio Weber Nowaczyk 103

VI – Natureza jurídica da imunidade e demais formas de não tributação: evolução doutrinária e jurisprudencial
   Gabriel Pinós Sturtz 129

VII – Imunidade de ICMS e IPI nas operações destinadas à exportação
   José V. Pasquali de Moraes 149

VIII – Imunidade ao tráfego de pessoas e bens
   Kazan Sidharta Nassif e Costa 165

IX – Contribuições ao estudo das imunidades tributárias residuais na Constituição Federal de 1988
   Lívia Troglio Stumpf 175

X – A imunidade das instituições de assistência social. A tributação das entidades de previdência fechada
   Luana Bernardino Noronha 207

XI – Imunidade dos templos de qualquer culto
   Roberto Medaglia Marroni Neto 227

Apresentação

Looking backward it is easy to see that the line between the taxable and the immune has been drawn by and usteady hand.

Justice Jackson in United States v Allegheny County Pa[1]

O exame das imunidades tributárias, apesar da aparente simplicidade dos textos constitucionais que as consagram explicitamente apresenta aos estudiosos do Direito Tributário não poucos problemas. Sua natureza jurídica e distinção com outras formas de não tributação (não incidência, isenção, alíquota zero), têm sido objeto de reiterado estudo (e não raras vezes de perplexidade) de parte dos tributaristas. A interpretação dos textos que as instituem, à luz dos princípios a que dão efetividade e das regras constitucionais aplicáveis, é objeto de reflexão por parte da doutrina e de atividade de concreção por parte da jurisprudência, ainda longe de alcançar grau de elaboração que permita identificar algo próximo de consenso doutrinário-jurisprudencial sobre questões relevantes de sua prática no direito tributário brasileiro.

Aqui, tentaremos traçar um esboço a respeito da conceituação das imunidades tributárias como pressuposto ao objetivo central desta obra coletiva, que é o exame das diversas imunidades positivadas em nosso direito constitucional tributário, buscando identificar os direitos fundamentais a cuja proteção se vinculam e a construção de sua maior efetividade. Assim, pretende-se, pelo exame do instituto da imunidade tributária e das imunidades em espécie consagradas no texto constitucional, alcançar os valores por elas tutelados em seu papel de garantia de direitos fundamentais, sempre relacionando-as a estes. O objetivo final é, através da investigação crítica da experiência jurídica, propor modelos dogmáticos que possibilitem dar maior efetividade às imunidades tributárias e aos próprios direitos fundamentais que materializam.

Vários são os conceitos de imunidades presentes na doutrina. Problemática é a tentativa de classificação das posições doutrinárias, de vez que o agrupamento de opiniões por vezes se dá de forma arbitrária.

Aliomar Baleeiro, ressaltando constituir limitação constitucional ao poder de tributar, propõe assim a definir:

---

[1] 322 U.S. 174

As limitações constitucionais ao poder de tributar funcionam quase sempre por meio de imunidades fiscais, isto é, disposições da lei maior que vedam ao legislador ordinário decretar impostos sobre certas pessoas, matérias ou fatos, enfim situações que define. Será inconstitucional a lei que desafiar imunidades fiscais.[2]

Pontes de Miranda salienta tratar-se de regra negativa de competência:

As regras jurídicas que vedam às entidades políticas edictarem leis de imposição que apanham determinadas pessoas, ou determinados bens, são regras jurídicas negativas de competência; criam, a respeito, dessas pessoas ou desses bens, respectivamente, imunidade subjetiva, ou objetiva.[3]

Já Gilberto de Ulhôa Couto propõe a seguinte definição:

Imunidade é a impossibilidade de incidência, que decorre de uma proibição imanente porque constitucional, impossibilidade de um ente público dotado de poder impositivo exercê-lo em relação a certos fatos, atos ou pessoas. Portanto, é, tipicamente uma limitação à competência tributária, que a União, os Estados, o Distrito Federal e os Municípios sofrem por força da Carta Magna, porque os setores a eles reservados na partilha da competência impositiva já lhes são confiadas com exclusão desses fatos, atos ou pessoas.[4]

Paulo de Barros Carvalho aponta ser as imunidades tributárias

a classe finita e mediatamente determinável de normas jurídicas, contidas no texto da Constituição Federal, e que estabelecem, de modo expresso, a incompetência das pessoas políticas de direito constitucional interno para expedir regras instituidoras de tributos que alcancem situações específicas e suficientemente caracterizadas.[5]

Ricardo Lobo Torres, por outro lado, salienta que a imunidade

preexiste ao Estado Fiscal como qualidade essencial da pessoa humana e corresponde ao direito público subjetivo que erige a pretensão à incolumidade diante da ordem jurídica tributária objetiva.[6]

Regina Helena Costa sinala que a imunidade tributária pode ser conceituada como

a exoneração, fixada constitucionalmente, traduzida em norma expressa impeditiva da atribuição de competência tributária ou extraível, necessariamente, de um ou mais princípios constitucionais, que confere direito público subjetivo a certas pessoas, nos termos por ela delimitados, de não se sujeitarem à tributação.[7]

E Amílcar de Araújo Falcão considera-a forma de supressão constitucional da competência impositiva, constituindo uma forma qualificada de não incidência:

---

[2] BALEEIRO, Aliomar. *Uma introdução à Ciência das Finanças*. 14ª ed., atualizada por Flávio Bauer Novelli, Rio de Janeiro: Forense, 1992, p. 283.
[3] PONTES DE MIRANDA (Francisco Cavalcanti). *Comentários à Constituição de 1967*. São Paulo: Revista dos Tribunais, 1967, tomo II, p. 398.
[4] CANTO, Gilberto de Ulhôa. *Temas de direito tributário*. Rio de Janeiro: Alba, 1964, vol. 3, p. 190.
[5] CARVALHO, Paulo de Barros. *Curso de direito tributário*. 19ª ed., São Paulo: Saraiva, 2007, p. 203.
[6] TORRES, Ricardo Lobo. *Tratado de direito constitucional financeiro e tributário*. Vol. III – Os direitos humanos e a tributação – imunidades e isonomia. Rio de Janeiro: Renovar, 1999, p. 61.
[7] COSTA, Regina Helena. *Curso de direito tributário – Constituição e Código Tributário Nacional*. São Paulo: Saraiva, 2009, p. 80.

A imunidade, como se está a ver, é mera forma qualificada ou especial de não-incidência, por supressão, na Constituição, da competência impositiva ou do poder de tributar, quando se configuram certos pressupostos, situações ou circunstâncias previstas pelo estatuto supremo. Esquematicamente, poder-se-ia exprimir a mesma idéia do modo seguinte: a Constituição faz, originariamente, a distribuição da competência impositiva ou do poder de tributar; ao fazer outorga dessa competência, condiciona-a, ou melhor, clausula-a, declarando os casos em que ela não poderá ser exercida. A imunidade é, assim, uma forma de não-incidência, pela supressão de competência impositiva para tributar certos fatos, situações ou pessoas por disposição constitucional.[8]

Em sentido semelhante, refere Souto Maior Borges:

(...) a regra de imunidade insere-se no plano das regras negativas de competência. O setor social abrangido pela imunidade está *fora* do âmbito da tributação. Previamente excluído, como vimos, não poderá ser objeto de exploração pelos entes públicos.[9]

A definição de imunidade tributária, a nosso ver, deve se fazer à luz do direito positivo. Decorre de norma constitucional, positivada. É limitação constitucional ao poder de tributar, como diz expressamente a Constituição Federal[10] e se expressa sob a forma de *exclusão de competência tributária*.

A Constituição, como se sabe, outorga competência impositiva às pessoas jurídicas de direito público: União, Estados, Distrito Federal, Municípios. Quando edita regra proibindo a instituição de tributos sobre determinada classe de pessoas (imunidade subjetiva) ou objetos (imunidade objetiva) limita (vale dizer, exclui quanto a determinadas pessoas ou objetos) a competência tributária que outorgou. Não há incidência, porque não há norma de tributação, porque se excluiu a competência para tributar outorgada a determinada pessoa jurídica de direito público, quanto a determinadas pessoas ou objetos.

O fato de se reconhecer ser a imunidade tributária uma questão de direito positivo, porque é o direito constitucional positivo que outorga competência impositiva e a exclui quanto a determinado recorte (determinadas pessoas e objetos) não significa, porém, isolá-la do papel de garantia dos direitos fundamentais. Inclusive porque os direitos fundamentais, mais do que estar nas Constituições, são a própria síntese do constitucionalismo moderno. O Verfassungstaat, Estado de Constituição, possui quatro dimensões fundamentais: constitucionalidade, sistema de direitos fundamentais, socialidade e democracia.

A constitucionalização dos direitos fundamentais opera-se pela previsão, na Carta Magna, de um catálogo de direitos fundamentais, a vincular todas as entidades públicas e privadas, e objeto de proteção, ante atos de terceiros (ou mesmo do próprio Estado-Administração ou Estado-Legislador) pelos Poderes

---

[8] FALCÃO, Amílcar de Araújo. *Fato gerador da obrigação tributária*. 5ª ed., Rio de Janeiro: Forense, 1994, p. 64.

[9] BORGES, José Souto Maior. *Teoria geral da isenção tributária*. 3ª ed., São Paulo: Malheiros, 2001, p. 219, grifos do original.

[10] O art. 150, VI da CF (onde são listadas a maior parte das imunidades, embora previsão dispersa em vários outros dispositivos da Constituição) encontra-se na Seção II (Das limitações do poder de tributar) do Capítulo I (do Sistema Tributário Nacional) do Título VI (Da Tributação e do Orçamento).

Públicos.[11] Aí, entre os direitos fundamentais, positivados em praticamente todas as Constituições contemporâneas, inserem-se as imunidades tributárias. Suprime-se constitucionalmente competência tributária para possibilitar a concreção de direitos fundamentais, constitucionalmente protegidos.

Sob este prisma, definimos imunidade como limitação constitucional do poder de tributar, que exclui, visando à promoção de direitos fundamentais objeto de proteção constitucional, a competência impositiva das pessoas jurídicas de direito público em relação a determinadas pessoas e objetos, do que resulta particular hipótese de não incidência, caracterizada pela não outorga constitucional da competência à criação da respectiva hipótese.

De suas diversas espécies, tratar-se-á nos trabalhos que seguem neste volume, produção resultante do estudo e pesquisa desenvolvidos como atividades da cadeira sobre Imunidades Tributárias, que ministramos nos Cursos de Mestrado e Doutorado do Programa de Pós-Graduação em Direito da Faculdade de Direito da Universidade Federal do Rio Grande do Sul, nos anos de 2008 a 2009, e cujo resultado agora trazemos à consideração e à crítica dos leitores.

Prof. Dr. Luiz Felipe Silveira Difini

---

[11] DIFINI, Luiz Felipe Silveira. Princípio do Estado Constitucional Democrático de Direito. *Revista da Ajuris*, Porto Alegre, vol. 95, p. 161-184, setembro 2004.

— I —

A interpretação das imunidades

ANA CAROLINE KRUGER DE LIMA LEOPOLDO

Sumário: 1. Introdução; 2. Das formas de interpretação; 2.1. No que consistem os métodos literal, sistemático, teleológico e histórico de interpretação? 2.1.1. Método Literal; 2.1.2. Método sistemático; 2.1.3. Método teleológico; 2.1.4. Método histórico; 2.2. O que é interpretação ampliativa e interpretação restritiva?; 3. Da interpretação das imunidades; 3.1. As imunidades se interpretam tais como as isenções?; 3.2. Como deve ser entendida a interpretação ampliativa das imunidades?; 4. Conclusões; 5. Referências bibliográficas.

1. Introdução

As imunidades possuem grande relevância no âmbito do direito tributário porque consistem em uma limitação constitucional ao poder de tributar do Estado a qual se realiza através da delimitação da competência material para legislar de que dispõem os entes públicos.

Sempre que a Constituição determinar que certo tributo não incidirá, independentemente do termo utilizado, se tratará de uma imunidade.

Podem ser encontradas não apenas no artigo 150 do texto constitucional, dentro do Título que dispõe sobre a tributação e o orçamento, mas também em outros, como no artigo 184, § 5°, que está abrangido pelo Título que trata da ordem econômica e financeira.

Outro aspecto relevante no que diz respeito a este tema é que possuem natureza de direito fundamental. Sim, o não pagamento de tributos no caso das imunidades constitui-se um direito fundamental como direta aplicação do princípio da legalidade no âmbito constitucional tributário.

Ora, o princípio da legalidade, estampado no artigo 5°, inciso II, da Constituição, determina que somente lei pode nos obrigar à realização ou abstenção de certa conduta e a imunidade é justamente a impossibilidade de se criar lei instituindo fato gerador sobre o seu objeto. Assim, como de acordo com o artigo 150, inciso I, da Lei Maior, só se deve pagar tributo em razão de lei que o tenha instituído ou majorado e a lei não pode instituir – e muito menos majorar – tributo sobre os fatos geradores determinados como imunes, somente há que se concluir que as normas de imunidade compõem o rol de direitos fundamentais.

Essa constatação é da maior importância, porque significa que, além de consistirem em direito assegurado, no caso de desrespeito, por remédios constitucionais como o mandado de segurança, as imunidades também se encontram resguardadas como cláusula pétrea – art. 60, inciso IV, Constituição.

Todavia, para que as imunidades possam verdadeiramente ocupar seu papel, isso é, para que sejam aplicadas na realidade social, é necessário o conhecimento de seu conteúdo. Afinal, é impossível o exercício de um direito se seu significado é desconhecido.

Nesse momento, para que o conteúdo das normas de imunidade seja conhecido, surge a interpretação, que se revela a arte de atribuir significado à linguagem.

Portanto, sem interpretar é impossível desvendar o alcance das normas de imunidade e, por conseguinte, de garantir efetivamente a realização deste direito fundamental.

Essa a razão pela qual buscar-se-á, no decorrer deste estudo, partindo-se da análise do texto constitucional, mas também se levando em conta os ensinamentos da doutrina e da jurisprudência do Supremo Tribunal Federal – órgão incumbido pela Constituição de interpretá-la –, entender como as normas de imunidade devem ser compreendidas.

Para tanto, dividiu-se o estudo em duas partes. A primeira, de caráter geral, versará sobre os possíveis métodos de interpretação, bem como em que consiste a denominada interpretação restritiva e ampliativa, objeto de muita confusão terminológica na doutrina.

Já a segunda, específica, aplicará os conhecimentos até então angariados às imunidades através do cotejo entre o modo como se dá sua interpretação e a das isenções e, também, concluindo sobre o modo como deve ser entendida a interpretação ampliativa atribuída às imunidades.

2. Das formas de interpretação

Cabe ao jurista desvendar a incidência das normas jurídicas, e isso só é possível através da interpretação, que é justamente o processo que torna conhecido o sentido jurídico daquelas e, por conseguinte, possibilita sua aplicação à realidade.

Sem a interpretação, as normas esvaziam-se pela falta de definição do seu espectro de incidência. Com efeito, sem o conhecimento de como as palavras que designam os fatos sociais relevantes normatizados devem ser entendidas – isso é, de tudo aquilo que abrangem e, por consequência, também deixam de abranger – não há como se saber o que a norma quer dizer, e, dessa feita, a norma não logrará êxito como meio de controle e orientação social.

Por exemplo, para aplicação da imunidade disposta no artigo 150, inciso, IV, alínea *d*, segundo a qual é vedado instituir impostos sobre livros, jornais, periódicos e o papel destinado a sua impressão, é preciso se saber o que deve ser entendido como "livro", o que o conceito de livro compreende. Livros eletrônicos, isso é, textos em arquivos veiculados em dispositivos como um CD-ROM ou uma *pen drive* estariam incluídos? Livros somente de figuras ou fotos, como álbuns, sem quaisquer textos, estariam incluídos? Livros que ensinassem a confeccionar bombas para realização de ataques terroristas estariam incluídos? Isso é, o que importa para a definição de livro – interpretação desta palavra – é o meio pelo qual a informação é disponibilizada, o conteúdo da informação ou finalidade da informação?

Embora este estudo não tenha por objetivo obter respostas específicas a estas perguntas, pretende ajudar a formar o raciocínio que poderá conduzir cada um a uma resposta, a qual somente será obtida se antes soubermos como devemos interpretar a palavra livro, ou seja, qual o alcance do significado deste termo.

Pois bem, a interpretação de qualquer norma jurídica, seja ela tributária ou não, se faz através de quatro métodos conhecidos como literal, sistemático, teleológico e histórico. Assim, o estudo de tais métodos será o ponto de partida do estudo.[1]

Então, em um segundo momento, passar-se-á à compreensão daquilo que chamaremos modos de interpretação e que consistem na interpretação ampliativa e interpretação restritiva. Tais termos são extremamente frequentes quando o assunto é interpretação, ainda mais quando se trata das normas de imunidade, de modo que importante desenvolver uma abordagem a respeito.

E finalmente, será estabelecida relação entre esses modos de interpretação e os métodos de interpretação literal e teleológica, bem como entre aqueles e os métodos de integração do direito: a analogia, a equidade e os princípios gerais de direito.

2.1. No que consistem os métodos literal, sistemático, teleológico e histórico de interpretação?

2.1.1. Método literal

Também conhecido como método gramatical e lexical, consiste na apreensão do significado das palavras conforme seu sentido usual, corrente, etimo-

---

[1] Nesse sentido, Gian Antonio Micheli: "a lei tributária não se comporta, a propósito, diversamente de qualquer outra lei, de forma que a ela se aplicarão todos aqueles procedimentos técnicos para entender a norma (...)". MICHELI, Gian Antonio. *Curso de Direito Tributário*. São Paulo: Editora Revista dos Tribunais, 1978, p. 42.

lógico, conhecido pela sociedade de uma forma geral. Seria aquele significado encontrado nos dicionários ou jornais, enfim, na literatura a todos acessível.

Não obstante, inclui aquele sentido que a palavra tem quando utilizada por pessoas que com ela lidam em seus trabalhos ou demais atividades que exigem um certo conhecimento mais especializado.

Por óbvio que tal método tem importância singular, porque delimita o alcance que o conteúdo da palavra pode obter, traça uma zona de significado ao redor da palavra dentro da qual ela pode transitar imbuída do atributo da razoabilidade.

Por exemplo, o fato gerador do Imposto de Renda consiste na renda e nos proventos de qualquer natureza.[2] O Supremo Tribunal Federal ainda não definiu o conceito de renda, todavia em diversas decisões deixou claro que uma mercadoria não seria renda, nem a efetivação de uma despesa. Nesse sentido, o acórdão do Recurso Extraordinário nº 117.887-6/SP, cujo relator, o Ministro Carlos Velloso, se expressou da seguinte forma sobre o tema: "(...) apesar das divergências acerca do conceito de renda, tributar-se fato que não caracterize acréscimo patrimonial é vedado ao legislador (...)".

Assim, este método é sempre o primeiro a se levar em consideração quando do exercício da atividade de interpretar; até porque sem ele não é possível sequer alcançar uma ideia do que se procura transmitir.

Todavia, a mesma simplicidade que o faz imprescindível lhe traz um ônus: não basta em si para se alcançar o significado das mensagens, principalmente dentro de contextos. E isso porque ele não leva em consideração qualquer relação com elementos externos, o que é um problema na senda do direito, que por definição provém dos fatos juridicamente relevantes, isso é, existe e justifica-se dentro do contexto dos fatos sociais.

E mais, para que um texto seja considerado um enunciado normativo legítimo, ele precisa estar contextualizado também no ordenamento jurídico, e a interpretação literal por si não permite essa contextualização.

Não obstante, uma mesma palavra pode ter – e costumeiramente tem – mais de um significado. É o que demonstram os seguintes casos: cobra pode ser um verbo no presente do indicativo (exigir algo) ou um substantivo (animal); prescreve pode ser um verbo que significa recomendar um medicamento ou um verbo que significa a perda de um direito subjetivo; mata pode ser um substantivo (equivalente a floresta) ou um verbo também no presente do indicativo (equivalente a tirar a vida de alguém).

---

[2] Código Tributário Nacional, artigo 43: "O imposto, de competência da União, sobre a renda e proventos de qualquer natureza tem como fato gerador a aquisição da disponibilidade econômica ou jurídica: I – de renda, assim entendido o produto do capital, do trabalho ou da combinação de ambos; II – de proventos de qualquer natureza, assim entendidos os acréscimos patrimoniais não compreendidos no inciso anterior."

Portanto, imprescindível que qualquer que seja o texto normativo, este seja também interpretado consoante os outros métodos, os quais serão apresentados a seguir: o sistemático, o teleológico e o histórico.

Inclusive, tanto é assim que a função do Curso de Direito é ensinar o estudante e pensar de forma sistemática (ao lhe garantir o acesso às mais diversas legislações), teleológica (ao lhe propiciar o aprendizado sobre o Estado Democrático de Direito e a Constituição) e histórica (ao lhe incentivar a desbravar a relação das leis com os fatos que lhes deram origem). Caso apenas a interpretação literal fosse suficiente para se interpretar as leis, qualquer cidadão poder-se-ia considerar apto para o exercício da profissão de advogado, bem como fadada ao ostracismo estaria a carreira jurídica acadêmica.

A insuficiência da interpretação literal no universo do direito, principalmente na área tributária, fica evidente ao se analisar o Recurso Especial n° 411.704, de relatoria do Ministro João Otávio Noronha, em que a Corte Superior entendeu que embora a Lei n° 4.506/64 em seu artigo 17, III, não houvesse isentado expressamente do Imposto de Renda os proventos dos portadores de cardiopatia grave contraída após a aposentadoria, estes deveriam ser excluídos da incidência. Frisem-se as palavras do ilustre relator:

> A regra insculpida no art. 111 do CTN, na medida em que a interpretação literal se mostra insuficiente para revelar o verdadeiro significado das normas tributárias, não pode levar o aplicador do direito à absurda conclusão de que esteja ele impedido, no seu mister de interpretar e aplicar as normas de direito, de se valer de uma equilibrada ponderação dos elementos lógico-sistemático, histórico e finalístico ou teleológico que integram a moderna metodologia de interpretação das normas jurídicas.

Ora, se fosse considerado apenas o método literal, o caso acima julgado não teria sido abrangido porque o artigo 17, inciso III, da referida lei, não traz dentre as hipóteses de isenção os casos em que a doença foi contraída ou constatada após a aposentadoria. Entretanto, tendo em vista o elemento teleológico da norma, qual seja, o de isentar as pessoas doentes que por óbvio já têm sua renda severamente comprometida com tratamentos de saúde e medicamentos, o Superior Tribunal de Justiça entendeu que tais casos deveriam sim ser abrangidos na hipótese de isenção. Note-se que posteriormente o próprio regulamento do IR (aprovado pelo Decreto n° 1.074/94) consagrou essa interpretação.

Portanto, o método literal consiste apenas na porta de entrada para o processo de apreensão da vontade da lei, devendo, contudo, ser enfatizado que não deve ser confundido com a vontade do legislador. Até porque, ao escolher as palavras da lei quando da elaboração da mesma, o legislador levou em consideração o contexto da época, isso é, os princípios aos quais se visava então a alcançar, as demais leis que regulamentavam matérias complementares e assim por diante.

Assim, devem sempre ser utilizados todos os métodos interpretativos, partindo-se do literal para o sistemático e o teleológico, não se esquecendo do histórico, quando for relevante.

Porém, fique registrado que há quem sustente que o elemento literal em si basta para que se realize a interpretação na maioria dos casos. Mas aqueles que assim sustentam possuem um conceito diferente do que seja interpretação literal, o que em si já demonstra a dificuldade que as palavras oferecem em conduzirem a um caminho sólido.

Ainda sobre este grupo de doutrinadores, cabe dizer que se divide entre aqueles que entendem o elemento literal de interpretação como aquele dentro do qual se leva em conta o significado semântico, sintático, pragmático das palavras e entre aqueles que entendem que literalidade significa preferir, dentre as opções possíveis, aquela mais próxima do literal.

Ora, quando se leva em conta o significado sintático, está se considerando a relação daquela palavra com as demais no texto, o que constitui na realidade o método de interpretação sistemático, que será adiante abordado.

Da mesma forma, quando se diz preferir dentre as outras opções a mais próxima do literal pressupõe que foram utilizados métodos diversos do literal para que então, dentre estes, se selecionasse aquele conteúdo que mais condiz com a literalidade do termo.

Ou seja, em ambos os casos em que se alega que o método literal é suficiente para se alcançar o adequado conteúdo da norma, na realidade está se falando da interpretação literal, e não do uso único e exclusivo do método literal de interpretação. O que ocorre nesses casos não passa de uma confusão de conceitos entre estes dois institutos, que apesar de nominalmente muito semelhantes, diferem em seu conteúdo.

O método literal, como já se viu acima, consiste na busca do conteúdo da palavra ou expressão apenas por meio do significado que ela possui na linguagem falada dia a dia.

Já a interpretação literal significa, por sua vez, um processo de interpretação no qual foram utilizados todos os métodos a fim de verificar a compatibilidade do conteúdo da linguagem com o contexto dela, isso é, com o restante do ordenamento jurídico, e ao final, havendo mais de uma possibilidade de significado, opta-se pelo mais próximo ao significado literal da palavra, pelo menos abrangente, por aquele com consequências jurídicas mais limitadas.

2.1.2. Método sistemático

O método sistemático ou lógico resulta da apreensão do significado da palavra através da integração da mesma no contexto do ordenamento jurídico. Isso pode ocorrer basicamente de duas formas: através da intertextualidade e através da interdisciplinaridade.

A intertextualidade ocorre quando se busca o conteúdo da palavra dentro do próprio texto legal onde ela se encontra por meio de comparação entre os dispositivos e de consideração de princípios ali expressos.

No caso das imunidades, a intertextualidade significa buscar o conteúdo da palavra dentro do texto da própria Constituição, já que as imunidades sempre são veiculadas por dispositivo constitucional.

Parte-se do pressuposto de que cada palavra dentro da lei tem um propósito determinado, de que o legislador fez a opção da escolha de um certo termo em detrimento de alguns outros que poderiam ter sido colocados e que, de fato, às vezes o foram em outro dispositivo legal.

Por exemplo, no artigo 150, inciso VI, *caput*, o legislador constituinte, ao estabelecer uma série de imunidades, delimitou que somente os impostos não incidiriam. A palavra "imposto" demonstra que ele teve a intenção de restringir aquelas imunidades ali elencadas, porque no artigo 145 ele mesmo conceituou os impostos, as taxas e as contribuições de melhoria como formas de tributos. Ou seja, o legislador constituinte atribuiu significados diferentes à palavra "imposto" e à palavra "tributo", sendo esta bem mais abrangente do que aquela. Logo, caso seu intuito fosse realmente ampliar a incidência das imunidades, poderia ter escolhido a palavra "tributo", mas não o fez.

A interdisciplinaridade, por outro lado, ocorre quando se busca a compreensão da palavra através da análise de legislações que não aquela onde ela está localizada, inclusive de legislações pertinentes a outras áreas do direito.

No caso das imunidades, buscar-se-ia a compreensão da palavra objeto da norma em leis complementares, como o Código Tributário Nacional, ou ordinárias, como o Código Civil.

Por exemplo, o artigo 184, § 5º, da Constituição Federal determina que não incidirão impostos federais, estaduais e municipais sobre a transferência de imóveis desapropriados para fins de reforma agrária. O conceito de "imóveis" é buscado no artigo 79 do Código Civil, que os define, em regra, como "o solo e tudo quanto se lhe incorporar natural ou artificialmente".

Importante frisar apenas que quando uma legislação é promulgada ela já nasce cercada de diversas outras, isso é, de todo um ordenamento jurídico operante. Por conseguinte, não há como se ignorar todo o contexto jurídico que a cerca, bem como as convenções linguísticas já sedimentadas pela doutrina e pela jurisprudência ao passar dos anos.

Esse, inclusive, mais um argumento em favor da imprescindibilidade do uso do método sistemático na realização da interpretação jurídica pois se deve partir do pressuposto que o legislador, ao elaborar o texto legal, levou em consideração os demais textos e termos já existentes e, se escolheu por um que já encontra definição legal, é porque pretende utilizar-se dessa conceituação, enquanto que se preferiu por uma palavra ainda utilizada naquela seara do direito é porque quis expressar uma ideia diferente daquelas já determinadas pelos conceitos anteriormente lançados.

Portanto, de fundamental importância esse método, seja porque um texto somente pode ser considerado norma jurídica quando inserido em um contexto ou seja porque é através dele que se logra êxito em manter a coerência e coesão do ordenamento jurídico como um todo.

2.1.3. Método teleológico

O método teleológico, também denominado de finalístico, consiste em buscar o adequado significado da norma por meio da identificação da finalidade específica por ela almejada.

Parte-se do pressuposto que toda norma – a tributária também – possui princípios que a embasam, os quais de modo geral traduzem o interesse da coletividade, protegido pela Constituição.

No que tange às imunidades, não é diferente. Inclusive, como afirma Amílcar de Araújo Falcão, "com elas o legislador constituinte procura resguardar, assegurar ou manter incólumes certos princípios, ideias-forças ou postulados que consagra como preceitos básicos do regime político".[3]

Exemplificando: a imunidade prevista no artigo 150, inciso VI, alínea "b", que prevê a vedação da instituição de impostos sobre templos de qualquer culto visa a assegurar o princípio da liberdade de expressão, expresso no inciso VI do artigo 5º da Constituição, que dispõe que "é inviolável a liberdade de consciência e de crença, sendo assegurado o livro exercício dos cultos religiosos e garantida, na forma da lei, a proteção aos locais de culto e a suas liturgias."

Perceba-se que no método sistemático há também a consideração dos princípios inclusos no texto legal em que se insere o termo a ser interpretado, todavia nesee caso tais princípios são considerados de forma holística, tendo em vista a harmonização do sentido da norma, a ser descoberto através do conhecimento do significado da palavra, com a legislação como um todo que a veicula. Por sua vez, no método de interpretação teleológico, se pondera apenas sobre os princípios específicos que fundamentam aquele dispositivo legal em que se encontra a palavra, para fins de se alcançar qual seria a finalidade buscada, de modo que o significado da palavra possa atender melhor essa pretensão.

Ademais, a mesma observação feita quando da análise do método literal cabe aqui também: há diferença semântica entre as expressões método teleológico e interpretação teleológica.

Sucintamente, a interpretação teleológica se diferencia na medida em que implica a utilização do método literal, de onde se inicia o processo interpretativo, passa pelo método sistemático e então chega ao teleológico, no qual pretende alcançar qual seja a finalidade da norma por meio da análise tanto do texto onde a mesma se localiza quanto de outros e também através do método histórico, sendo que ao final, se houver mais de um conteúdo possível, deverá se optar por aquele mais próximo de preencher melhor a finalidade da norma. Ou, em outras pala-

---

[3] Falcão, Amílcar de Araújo. Imunidade e Isenção tributária. Instituição de assistência social. *Revista de Direito Administrativo*. São Paulo, vol. 66, p. 368.

vras, se dará preferência àquele mais abrangente, com consequências jurídicas mais estendidas.

2.1.4. Método histórico

E por fim, resta a análise do método histórico, que é aquele que utiliza o contexto histórico que envolveu a elaboração de um texto legal para desvendar o objetivo deste. Analisa-se toda a trajetória fática e jurídica do texto legal até que ele tenha alcançado a promulgação – os anteprojetos da lei, os trabalhos das comissões, as emendas rejeitadas e aprovadas, os trechos modificados e os debates parlamentares – e também o desenvolvimento do entendimento alcançado pela doutrina e pela jurisprudência a respeito.

De todos os métodos, esse é o menos ressaltado pela doutrina e pela jurisprudência quando o assunto em pauta é a interpretação. Isso se deve principalmente a dois fatores.

Primeiramente, porque na realidade ele se revela mais em um meio de alcançar o método teleológico de interpretação do que em um método em si, uma vez que procura, através do contexto histórico, se alcançar o fim o qual a lei se propunha realizar para que seja então dado o mais adequado sentido aos seus termos, o que consiste justamente no método teleológico de interpretação.

E, ainda, porque não há como se negar que uma vez promulgada, a lei ganha autonomia da vontade do legislador. Isso é, uma vez que tenha transitado da esfera do Poder Legislativo (projeto de lei) para a dos Poderes Executivo e Judiciário (lei), o texto não mais se prende ao que o legislador queria dizer, mas vale pelo que está escrito, independentemente de qual fora a vontade do legislador no momento de sua elaboração.

Se não fosse assim, o direito estaria engessado de tal forma que não mais conseguiria cumprir sua função essencial de regulamentar o universo dos fatos sociais, os quais estão em constante mudança.

Claro que o princípio inspirador da lei tende a permanecer no ordenamento jurídico, mas é necessária cautela extra ao trazer concepções do passado para o presente, pois apesar de os princípios normalmente não terem seu conteúdo alterado (salvo em casos de mudança drástica do regime político do Estado), a relevância que aos mesmos se atribui em sua aplicação ao caso concreto se altera conforme a época em que se encontra e o contexto fático social do momento.

2.2. O que é interpretação ampliativa e interpretação restritiva?

Há grande confusão na doutrina quanto à utilização dos termos "interpretação ampliativa", "interpretação restritiva", "interpretação literal" e "interpretação teleológica".

De pronto, cabe esclarecer que são três os principais entendimentos.

A primeira corrente utiliza o termo "interpretação restritiva" como sinônimo de "interpretação literal", isso é, para se atingir o adequado significado de uma norma devem ser utilizados todos os métodos de interpretação elencados no item anterior, devendo prevalecer, todavia, dentre os sentidos alcançados, aquele menos abrangente e, por conseguinte, mais próximo ao significado literal do termo.

Por sua vez, o termo "interpretação ampliativa" é utilizado por esta corrente de doutrinadores como equivalente a "interpretação teleológica", na qual também há a utilização de todos os métodos, mas que, contudo, dos sentidos obtidos, deve prevalecer o mais abrangente, porque se constitui naquele que mais tem possibilidade de realizar a finalidade da mesma no caso concreto.

A segunda corrente defende que a interpretação restritiva consiste naquela em que não se deve aplicar os métodos sistemático ou teleológico, mas apenas ater-se ao literal, enquanto que a interpretação ampliativa consiste em se aplicar os elementos sistemático e teleológico.

Como já visto quando analisado o método literal, há algumas críticas significativas quanto a este entendimento, já que, em verdade, é impossível se alcançar o mais adequado significado de uma norma jurídica pela utilização exclusiva do método literal.

Finalmente, os adeptos da terceira corrente entendem que a principal diferença da interpretação restritiva e ampliativa consiste em que a primeira não aceitaria meios de integração[4] (analogia, equidade e os princípios gerais de direito) nos casos de lacuna do direito enquanto a interpretação ampliativa os aceitaria. É consenso entre estes doutrinadores, independentemente da corrente a que se filiem, a adoção da interpretação teleológica.

A analogia consiste, nas palavras de Paulo de Barros Carvalho, *"no meio de integração pelo qual o aplicador da lei, diante de lacuna desta, busca solução para o caso em norma pertinente a casos semelhantes, análogos"*.[5] A equidade, por sua vez, ocorre quando se procura empregar a justiça casuisticamente. E, enfim, os princípios gerais do direito são aqueles dispostos na Constituição, tais como a igualdade, a legalidade, a liberdade, os quais visam a realizar o valor mor da justiça.

Ressalve-se, por fim, que, com razão, Maria Cristina Neubern de Faria[6] enfatiza que as palavras "extensiva" (que equivale a "ampliativa") e "restritiva" na realidade indicam o efeito ao qual o intérprete chegará e não critério utilizado para interpretação. Até porque tais interpretações não visam a restringir nem a

---

[4] Amílcar Falcão também no sentido de que a analogia constitui formas de integração da ordem jurídica, de criação do direito. In FALCÃO, Amílcar. *Introdução ao Direito Tributário*. 4 ed. Rio de Janeiro: Forense, 1993, p. 64.

[5] MACHADO, Hugo de Brito. *Curso de Direito Tributário*. 30 ed. São Paulo: Malheiros, 2009, p. 107.

[6] FARIA, Maria Cristina Neubern de. A interpretação das normas de imunidade tributária. Conteúdo e alcance. *Revista Tributária e de Finanças Públicas*. São Paulo: Rev.dos Tribunais, 2001, v. 36, p. 116-162.

ampliar o significado das palavras, mas a conferir o significado que realmente lhes compete, o qual em alguns casos é menos abrangente no que tange aos efeitos da norma e, em outros, mais abrangente.

3. Da interpretação das imunidades

Após um prévio – e necessário – entendimento sobre quais os possíveis métodos de interpretação, cabe agora aplicá-los especificamente no contexto das imunidades.

Esta atribuição será feita inicialmente através de cotejo entre a interpretação das imunidades e das isenções, que também se constituem em uma circunstância de não exigência dos tributos.

Então, por fim, passar-se-á à análise do que deve ser entendido por interpretação ampliativa das imunidades.

3.1. As imunidades se interpretam tais quais as isenções?

Já se cogitou a possibilidade de as imunidades serem interpretadas da mesma forma que as isenções em razão de sua semelhança na medida em que, em ambas, há o não pagamento do tributo por determinação de dispositivo de lei *lato sensu*[7] e também em decorrência da omissão do legislador sobre a forma como deveriam as imunidades ser interpretadas.

Não há norma expressa em nosso ordenamento jurídico que determine o modo como deve ser feita a interpretação das normas de imunidade, ao contrário das isenções, a respeito das quais há: o artigo 111 do CTN em seu inciso II determina expressamente que *"interpreta-se literalmente a legislação tributária que disponha sobre outorga de isenção"*.

A respeito deste dispositivo legal, pondera apropriadamente Hugo de Brito Machado que mesmo que tal artigo recomende uma interpretação literal, ele mesmo não pode ser lido literalmente porque não existe uma interpretação que seja exclusivamente literal.[8]

Assim, entende-se que às isenções cabe interpretação literal não no sentido de que deve ser utilizado exclusivamente o método literal de interpretação, mas no sentido de que se inicia o processo exegético a partir da literalidade (que traduz o conteúdo indisponível daquilo que se objetiva comunicar), mas também de que devem ser levados em consideração os demais métodos (sistemático, teleoló-

---

[7] Frise-se que as imunidades são sempre veiculadas por meio de dispositivo constitucional, o qual, todavia, inclui-se dentro do sentido de lei *lato sensu* porque a Constituição é uma forma de legislação.
[8] MACHADO, Hugo de Brito. *Comentários ao Código Tributário Nacional*, vol. II. São Paulo: Atlas, 2004, p..261.

gico e histórico) para que o significado da norma não se afaste da razoabilidade e da harmonia do sistema jurídico pátrio. Dos possíveis significados obtidos ao final deste processo, deverá se optar por aquele cujos efeitos forem menos abrangentes.

A jurisprudência da Corte Superior se revela em consonância com esse entendimento, como pode ser percebido no acórdão de julgamento do Recurso Especial n° 85.289/SP, realizado em 05.09.96, no qual o Ministro José Delgado, relator, assim se manifestou:

> Em regra, a interpretação da legislação tributária sobre isenção é restritiva, salvo quando, por construção sistêmica, tal critério não atenda aos princípios postos no ordenamento jurídico fiscal.

Ressalte-se também que as isenções, por constituírem um favor fiscal de dispensa de um tributo devido em razão de expressa disposição de lei, configuram-se em exceção dentro do sistema tributário. E isso pois a regra é a da incidência dos tributos, afinal, o Estado somente deste modo pode ser mantido, e com ele a ordem social.

Assim, em razão desse caráter de exceção, não se aplicam os métodos de integração do direito, em especial a analogia e a equidade, para que o sentido da norma de isenção não seja desviado de sua intenção: a de restringir apenas aos casos especificamente citados em lei *stricto sensu* a não realização do fato gerador.

Nesse sentido o Recurso Especial n° 117.650/SP, julgado em 16.06.97, em cujo acórdão o relator, Ministro Adhemar Maciel declara que

> O art. 111 do CTN estabelece que as regras que dispõem sobre suspensão, exclusão, isenção e dispensa do crédito tributário devem ser interpretadas literalmente, sendo vedada a extensão do benefício fiscal.

Desse modo, quando se fala em interpretação literal das isenções, ou então das hipóteses de suspensão e extinção do crédito tributário e de dispensa do cumprimento das obrigações acessórias, se quer dizer basicamente que: a) havendo mais de uma opção de sentido quando a lei descreve uma hipótese, deve-se optar pela mais próxima ao elemento literal desde que ajustada aos elementos sistemático e teleológico; e b) que somente ocorrerão quando a lei expressamente prevê-las, ou seja, não há incidência da analogia ou da equidade em razão de seu aspecto excepcional.

Já quanto às imunidades, o artigo 111 do Código Tributário Nacional não se aplica porque ele trata especificamente das isenções, que são um instituto jurídico diferente daquelas.

As imunidades e isenções diferem no momento de ocorrência, quanto à sua natureza e também em sua finalidade.

No caso das imunidades a obrigação tributária não se forma porque já na elaboração da Constituição não se inclui, dentre as competências tributárias definidas, nenhuma que incida sobre o fato imunizado; já no caso das isenções há competência tributária constitucional, todavia o fato gerador não ocorre porque o legislador ordinário optou por não incluí-lo como hipótese de incidência do tributo.

No que diz respeito a suas naturezas, tem-se que as normas de imunidade são normas constitucionais enquanto que as normas de isenção são normas legais *stricto sensu*.

E, ainda, a finalidade não é a mesma. As imunidades têm por objetivo a proteção dos valores políticos traduzidos nos princípios estampados na Constituição enquanto que as isenções têm por fim regular situações específicas referentes à gestão administrativa estatal, casos concretos.

São essas diferenças que tornam possível, ao passo que também justificam, o fato da interpretação das normas de imunidade não ocorrer do mesmo modo que as normas de isenção.

Cabe, dessa forma, às imunidades, principalmente em razão de sua finalidade, interpretação ampliativa.

3.2. Como deve ser entendida a interpretação ampliativa das imunidades?

A interpretação ampliativa das imunidades se faz como a interpretação teleológica já anteriormente descrita: após a aplicação de todos os métodos de interpretação – literal, sistemático, teleológico e histórico – optar-se-á, dentre os possíveis significados que estejam em harmonia com as demais normas constitucionais, por aquele cujos efeitos realizem a finalidade almejada da forma mais plena. Por isso que se diz que deve prevalecer aquele mais abrangente.

Embora ocorra uma certa confusão de conceitos, com alguns doutrinadores considerando interpretação teleológica aquela acima descrita e outros considerando esse mesmo procedimento de interpretação, no caso das imunidades, como sendo restritiva, não há nesse âmbito muita polêmica doutrinária. A real divergência se acende quando é colocada em pauta a possibilidade de utilização conjunta da interpretação teleológica com os métodos de integração do direito, em especial a analogia e a equidade.

Um exemplo de analogia aplicada ao contexto das imunidades seria abranger na regra de imunidade expressa no artigo 150, inciso IV, alínea "b", que dispõe sobre a imunidade dos templos de qualquer culto, os programas de televisão realizados pelas denominações religiosas, posto que, embora nada seja dito a respeito de programas de televisão no texto da norma (isso é, trata-se de uma omissão), eles podem ser considerados como uma de forma de culto pois enquanto estão sendo transmitidos fazem do local em que são assistidos uma espécie de templo, uma vez que se estaria, naquele local, ainda que fosse uma residência particular, exercitando o culto, que é o que se faz nos templos oficiais.

Por sua vez, um exemplo de equidade aplicada ao contexto das imunidades seria no caso do mesmo dispositivo constitucional acima mencionado, abranger pela imunidade os veículos utilizados pelos clérigos, já que é por meio deles que eles visitam fiéis e realizam o evangelismo, indo a presídios, por exemplo, para dividir de sua fé (exercendo, portanto, uma forma de culto) com outros. Assim, pela equidade, estar-se-ia assegurando de forma ainda mais efetiva o princípio da liberdade de crença e de exercício de culto.

Alhures, não bastasse a discordância entre os estudiosos do assunto quanto a esse aspecto, cada um também utiliza sua própria terminologia. Hugo de Brito Machado defende que as imunidades devem ser entendidas no sentido finalístico, e exemplifica a questão com o artigo 150, inciso IV, alínea "d" da Constituição Federal. Este dispositivo constitucional determina que é vedada a imposição de impostos sobre livros, jornais, periódicos e sobre o papel destinado a sua impressão. E segundo o ilustre professor, devem ser considerados imunes tanto os meios necessários à confecção de tais objetos quanto os atos que tenham por fim colocar esses objetos em seu destino final, tal como a venda e a distribuição dos mesmos. E isso porque a melhor interpretação é a que garante máxima efetividade.

Todavia, o que verdadeiramente o mestre defende, como se viu, é a aplicação da integração, e não da interpretação teleológica exclusivamente.[9] E isso porque incluir no privilégio quaisquer meios indispensáveis à confecção dos objetos imunes consiste em analogia, e incluir os atos tais como a venda e a distribuição dessas mercadorias consiste em equidade. Em ambos os casos o legislador é omisso, assim, resolveu-se pela analogia incluir todos os outros meios porque o papel, que é um meio de confecção desses objetos, estava incluso; não obstante, também se achou, tendo em vista a equidade, que seria justa a não cobrança de impostos sobre serviços relacionados diretamente a estes produtos para que seus preços sejam inferiores e assim proporcionem ainda maior efetividade ao princípio da liberdade de expressão.

Mas não é assim que o Supremo Tribunal tem entendido. Seu posicionamento é no sentido da interpretação teleológica e ampliativa das imunidades, mas sem com isso autorizar a aplicação da analogia ou equidade.

É o que pode ser visto no Recurso Extraordinário n° 324.600, que versa sobre a imunidade dos livros, jornais, periódicos e papel destinado à sua impressão, julgado em 03.09.02 e relatado pela Ministra Ellen Gracie, que entendeu pela "impossibilidade de ser estendida a outros insumos não compreendidos da expressão papel destinado à impressão". Ou seja, não coadunou com a aplicação da analogia ou equidade, mas apenas com a da interpretação teleológica.

E, também, é o que se vê no Recurso Extraordinário de n° 116.188-4. Neste, tendo em vista garantir a finalidade das entidades de assistência social e, por conseguinte, assegurar o princípio da sociedade solidária, o Supremo Tribunal

---

[9] Nesse mesmo sentido Fábio Leopoldo Oliveira. In CARVALHO, Paulo de Barros. Imunidades Tributárias. Revista de Direito Tributário. São Paulo, vol. 27, p. 89, 1994.

Federal entendeu que não incide ISS sobre o preço cobrado no estacionamento de entidade de assistência social, o que constitui na realidade um serviço. Como serviço é um termo o qual a Constituição expressamente prevê como objeto da imunidade em questão no artigo 150, inciso IV, alínea "c", é caso de interpretação teleológica ou ampliativa. Somente será caso de analogia ou equidade quando o texto constitucional for omisso.

De fato não se poderiam aplicar os meios de integração do direito às imunidades, mesmo que estas recebam interpretação ampliativa e muitos entendam que nesta se abrange a aplicação da analogia e da equidade, como regra. Acontece que as imunidades constituem uma exceção no sistema tributário.

Sim, as imunidades constituem exceção[10] porque a regra é a cobrança de impostos de todos para a manutenção da estrutura do Estado, da qual todos igualmente usufruem. Elas, tais como as isenções, têm como origem histórica remota nos privilégios tributários; todavia, no Estado de Direito, que tem por princípio político base a igualdade, elas apenas se legitimam em casos excepcionais: quando a situação a ser preservada for mais importante para o Estado do que a própria arrecadação.

E consiste em regra consagrada no âmbito da exegese que os casos excepcionais não admitem integração do direito, isso é, somente devem ocorrer quando expressamente previstos.

Assim, conclui-se que por interpretação ampliativa das imunidades se deve compreender que tais normas devem ser interpretadas teleologicamente, sempre de molde a possibilitar a maior efetividade possível ao princípio que as legitima; todavia, não cabe a utilização da analogia nem da equidade, mesmo que através destas houvesse ainda maior concreção dos nobres princípios que as inspiraram.

4. Conclusão

Portanto, conclui-se que as imunidades devem ser interpretadas de forma diferente das isenções. A interpretação daquelas deve se dar de forma ampliativa, o que entendemos como interpretação teleológica, e a destas de forma restritiva, o que entendemos como interpretação literal.

Em ambos casos devem ser utilizados todos os métodos de interpretação. Deve iniciar-se o processo exegético pelo método literal, passando-se ao sistemático, histórico e teleológico a fim de conferir a harmonia dos possíveis significados com o disposto na Constituição, sendo que, em nenhum deles, está autorizado

---

[10] Nesse sentido também Maria Cristina Neubern de Faria e Hugo de Brito Machado. FARIA, Maria Cristina Neubern de. A interpretação das normas de imunidade tributária. Conteúdo e alcance. Revista Tributária e de Finanças Públicas. São Paulo, rev.dos tribunais, 2001, v. 36, p. 122. MACHADO, Hugo de Brito. Curso de Direito Tributário. 30 ed.São Paulo: Malheiros, 2009, p. 284.

o uso dos meios de integração do direito (a analogia, a equidade e os princípios gerais de direito) porque ambos institutos possuem caráter de exceção dentro do direito tributário.

Todavia, a interpretação diferencia-se na medida em que deve prevalecer, dos significados possíveis após todo o processo de interpretação, no caso das isenções, aquele com efeitos o menos abrangente possível e, no caso das imunidades, aquele com efeitos o mais abrangente possível.

Só assim será possível às imunidades cumprirem com sua função precípua dentro da ordem constitucional: assegurar os direitos fundamentais, os quais são ainda mais preciosos ao Estado do que a própria arrecadação de tributos, responsável por lhe manter a estrutura. Afinal, de nada serve a manutenção de uma estrutura que não cumpre com os propósitos para os quais foi concebida.

5. Referências bibliográficas

AMARO, Luciano. *Direito Tributário Brasileiro*. 11 ed. São Paulo: Saraiva, 2005.

BALEEIRO, Aliomar. Limitações Constitucionais ao Poder de Tributar. *Revista e complementada por Misabel Derzi*. 7. ed. Rio de Janeiro: Forense, 1998.

CANOTILHO, José Joaquim Gomes. *Direito Constitucional e Teoria da Constituição*. 7 ed. Coimbra: Almeida, 2003.

CARRAZA, Roque Antonio. *Curso de Direito Constitucional Tributário*. 22 ed.São Paulo: Malheiros, 2006.

CARVALHO, Cristiano. *Comentários ao Código Tributário Nacional*. Coordenadores Marcelo Magalhães Peixoto, Rodrigo Santos Masset Lacombe. São Paulo: MP, 2005.

CARVALHO, Paulo Barros. *Curso de Direito Tributário*. 10 ed. São Paulo: Saraiva, 1998.

CARVALHO, Paulo de Barros. *Imunidades Tributárias*. *Revista de Direito Tributário*. São Paulo, vol. 27, p. 88-108, 1994.

CORREA, Sergio Feltrin. *Código Tributário Nacional Comentado*. Coordenador Vladimir Passos de Freitas. 4 ed. São Paulo: Editora Revista dos Tribunais, 2007.

CORREA, Walter Barbosa. Não-incidência, imunidade e isenção. *Revista de Direito Administrativo*, São Paulo, vol. 73, p. 425-447, 1963.

DIFINI, Luiz Felipe Silveira. *Manual de Direito Tributário*. 4 ed. São Paulo: Saraiva, 2008.

FALCÃO, Amílcar. *Introdução ao Direito Tributário*. 4 ed. Rio de Janeiro: Forense, 1993.

FALCÃO, Amílcar de Araújo. Imunidade e Isenção tributária. Instituição de assistência social. *Revista de Direito Administrativo*. São Paulo, vol. 66, p. 367-375.

FARIA, Maria Cristina Neubern de. A interpretação das normas de imunidade tributária. Conteúdo e alcance. *Revista Tributária e de Finanças Públicas*. São Paulo, rev.dos tribunais, 2001, v. 36, p. 116-162.

GRAU, Eros Roberto. *Direito, Conceitos e Normas Jurídicas*. São Paulo: RT, 1988. P. 66/72.

MACHADO, Hugo de Brito. *Comentários ao Código Tributário Nacional*, vol. II. São Paulo: Atlas, 2004.

——. *Curso de Direito Tributário*. 30 ed.São Paulo: Malheiros, 2009.

MATTOS, Samuel da Silva. Imunidades Tributárias e sua interpretação (ii). *Revista da Esmesc*: Escola Superior da Magistratura do Estado de Santa Catarina, 2001. v.11, p. 180-189.

MELLO, Celso Antônio Bandeira de. Eficácia das Normas Constitucionais sobre Justiça Social, In: *Revista de Direito Público*, vol 57/58, p. 245.

MENDONÇA, Cristiane. *Competência Tributária*. São Paulo:Quartier Latin, 2004.

MICHELI, Gian Antonio. *Curso de Direito Tributário*. São Paulo: Editora Revista dos Tribunais, 1978.

PIZOLIO, Reinaldo. *Competência Tributária e Conceitos Constitucionais*. São Paulo: Quartier Latin, 2006.

VELLOSO, Andrei Pitten. *Conceitos e Competências Tributárias*. São Paulo: Dialética, 2005.

Precedentes do Direito Brasileiro Citados

Recurso Especial nº 411.704/SC, Superior Tribunal de Justiça, Relator Ministro João Otávio de Noronha, 2º Turma, julgado em 18.03.2003 e publicado no DJ em 07.04.2003.

Recurso Especial nº 117.650/SP, Superior Tribunal de Justiça, Relator Ministro Adhemar Maciel, 2º Turma, julgado em 16.06.1997 e publicado no DJ em 04.08.1997.

Recurso Especial nº 85.289/SP, Superior Tribunal de Justiça, Relator Ministro José Delgado, 1º Turma, julgado em 05.09.1996 e publicado no DJ em 29.10.1996.

Recurso Extraordinário nº 117.887-6/SP, Supremo Tribunal Federal, Relator Ministro Carlos Velloso, Tribunal Pleno, julgado em 11.02.1993 e publicado no DJ em 23.04.1993.

Recurso Extraordinário nº 324.600 /SP, Supremo Tribunal Federal, Relatora Ministra Ellen Gracie, 1º Turma, julgado em 03.09.2002 e publicado no DJ em 25.10.2002.

Recurso Extraordinário nº 116.118-4, Supremo Tribunal Federal, Relator Ministro Carlos Britto, Tribunal Pleno, julgado em 16.02.2006 e publicado no DJ em 01.09.2006.

— II —

Imunidade tributária recíproca: a experiência do direito norte-americano

ANDRÉ PEDREIRA IBAÑEZ

Sumário: 1. Introdução; 2. A experiência do direito norte-americano; 2.1. McCulloch v. Maryland; 2.2. Weston v. City Council of Charleston; 2.3. The Collector v. Day; 2.4. Pollock v. Farmers' Loan & Trust Co.; 2.5. Helvering v. Gerhardt; 2.6. Graves v. New York ex rel. O´Keefe; 3. A imunidade recíproca no direito brasileiro; 3.1. O princípio federativo; 3.2. O princípio da igualdade entre as pessoas políticas; 3.3. Questões pontuais a respeito da imunidade recíproca; 4. Conclusões; 5. Referências bibliográficas

1. Introdução

A imunidade tributária recíproca vem sendo debatida pela doutrina e pela jurisprudência pátrias há muitos anos, verificando-se inúmeras obras que tratam da matéria no âmbito do direito brasileiro.

Em razão disso, o presente estudo objetiva abordar um aspecto distinto dos até agora abordados, quais sejam, o surgimento e o desenvolvimento da imunidade recíproca na casuística do direito norte-americano. Na verdade, Aliomar Baleeiro, em seu clássico *Limitações Constitucionais ao Poder de Tributar*,[1] abordou o tema, porém o fez de forma concisa, de modo a apresentar os seus principais traços, não adentrando, todavia, nas minúcias dos julgamentos, as quais se buscarão apresentar no presente trabalho.[2]

Conforme será visto, a imunidade recíproca, chamada nos Estados Unidos de *reciprocal immunity of Federal and State Instrumentalities,* passou por três fases marcantes, que bem delimitam o seu surgimento e a sua evolução no direito norte-americano. Assim, com base nos estudos prévios realizados por Baleeiro, foram selecionados seis precedentes da Suprema Corte norte-americana, dos quais dois para cada fase evolutiva: 1ª fase) McCulloch v. Maryland e Weston v. City Council

---

[1] BALEEIRO, Aliomar. *Limitações Constitucionais ao Poder de Tributar*. 7ª ed., atualizada por DERZI, Misabel Abreu Machado, Rio de Janeiro: Forense, 2006.

[2] Carlos Eduardo Thompson Flores Lenz também realizou um interessante estudo dos precedentes da Suprema Corte norte-americana na esteira do realizado por Baleeiro. A imunidade tributária recíproca. In: *Revista do Tribunal Regional Federal da Quarta Região* nº 1.

of Charleston; 2ª fase) The Collector v. Day e Pollock v. Farmers' Loan & Trust Co.; 3ª fase) Helvering v. Gerhardt e Graves v. New York ex rel. O´Keefe.

A apresentação dos seis precedentes será realizada de modo a demonstrar a evolução do estudo da matéria que culminou com uma grande modificação no posicionamento jurisprudencial da Suprema Corte dos Estados Unidos. Acredita--se que a ilustrativa casuística norte-americana sirva de auxílio na compreensão da influência que a mesma acarretou na instituição da imunidade recíproca no direito brasileiro, no qual constou de forma expressa em todas as Constituições da era republicana.

No âmbito do direito pátrio, serão apresentados os traços marcantes da regra da imunidade recíproca, desde seu surgimento na Constituição de 1891, a passagem pelos demais textos constitucionais e a sua inclusão no artigo 150, inciso VI, alínea "a", da Constituição Federal de 1988, bem como a tentativa de violação da regra levada a efeito pela Emenda Constitucional nº 03/93.

Será abordada a intrínseca relação da imunidade recíproca com o princípio federativo e com o princípio da isonomia entre as pessoas políticas, segundo o critério da capacidade econômica.

Além disso, com amparo no acervo jurisprudencial do Supremo Tribunal Federal, serão apresentadas questões pontuais que reiteradamente têm levado o tema da imunidade recíproca a ser debatido no âmbito do Poder Judiciário.

Ao final, serão apresentadas conclusões do estudo, as quais se espera possam trazer alguma espécie de contribuição inovadora ao tema abordado.

2. A experiência do direito norte-americano

A regra constitucional da imunidade tributária recíproca consolidada no histórico constitucional brasileiro tem suas raízes nos Estados Unidos com a *reciprocal immunity of Federal and State Instrumentalities*, que pode ser literalmente traduzida como a "imunidade recíproca das instrumentalidades federais e estaduais".

A expressão "instrumentalidade" oriunda dos Estados Unidos é conceituada da seguinte maneira naquele país:

> 1. A thing used to achieve an end or purpose. 2. A means or agency through which a function of another entity is accomplished, such as a branch of a governing body.[3]

Desta forma, segundo o princípio norte-americano, os meios utilizados pela União e pelos Estados para a busca de seus objetivos seriam imunes à tributação. Entretanto, a terminologia adotada pode transmitir uma equivocada ideia de simplicidade a respeito do instituto no âmbito do direito norte-americano.

---
[3] BLACK, Henry Campbell. *Black's Law Dictionary*, 8th edition, West Publishing Co., 2004, p. 814.

Ocorre que a delimitação da *reciprocal immunity of Federal and State Instrumentalities* não se deu da noite para o dia, mas decorreu de uma evolução jurisprudencial que durou em torno de cento e vinte anos, mais especificamente entre os anos de 1819 e 1939.

Antes de adentrar no estudo da riquíssima casuística norte-americana, tão ilustrativa para o estudo dos mais variados institutos jurídicos, entre eles a imunidade tributária recíproca, é indispensável que se mencione o nome de Alexander Hamilton.

Alexander Hamilton foi o primeiro Secretário do Tesouro dos Estados Unidos, tendo atuado no Governo Washington de 1789 a 1795, e, desde a Convenção da Filadélfia, defendeu uma ampliação da competência federal, em detrimento da ciumenta autonomia dos Estados.[4]

Este comprometimento de Hamilton para ampliar a competência federal dependia, logicamente, de um aumento dos poderes da União, poderes estes que não constavam do texto constitucional norte-americano. Em virtude disso, Hamilton defendeu ferrenhamente a chamada teoria dos poderes implícitos, segundo a qual muito embora a Constituição não elencasse determinados poderes, os mesmos estariam à disposição da União implicitamente.

A citada teoria dos poderes implícitos possui intrínseca vinculação com a *reciprocal immunity of Federal and State Instrumentalities*, na medida em que esta é consequência, ainda que indireta, daquela.

Assim, nesse cenário de incentivo para ampliação dos poderes da União, foi definida, em 25 de fevereiro de 1791, a criação do *First Bank of the United States*, uma instituição financeira que tinha como função precípua a regulação do comércio e da moeda naquele país.

Para atender a demanda nacional, foram criadas filiais do banco em questão no território dos Estados, sendo uma destas filiais o ponto de partida para o surgimento da imunidade tributária recíproca no direito norte-americano.

2.1. McCulloch v. Maryland

O Estado de Maryland, no intuito de inviabilizar a atividade da filial do *First Bank of the United States,* localizada em Baltimore, determinou, através de seu legislativo, que todos os bancos não oriundos de Maryland deveriam pagar tributo anual de US$ 15.000,00, sendo fixada uma multa de US$ 500,00 para cada violação da lei. Ocorre que, em 1818, James McCulloch, caixa da filial de Baltimore, se recusou a pagar o tributo, fato que ensejou uma ação judicial movida pelo Estado de Maryland, na qual alegou que, na condição de Estado soberano, teria a autoridade para tributar empresas localizadas dentro de seu território. Luther Martin, um dos advogados do Estado de Maryland, aduziu que, tendo o

---

[4] BALEEIRO, Aliomar. *Limitações Constitucionais ao Poder de Tributar.* 7ª ed., atualizada por DERZI, Misabel Abreu Machado, Rio de Janeiro: Forense, 2006, p. 235.

Governo Federal autoridade para regular os bancos estaduais, Maryland poderia fazer o mesmo com os bancos federais. Ainda, salientou que a Constituição não concede ao Congresso o poder de estabelecer um Banco dos Estados Unidos. McCulloch foi condenado por uma Corte de Maryland por violar a legislação tributária e multado em US$ 2.500,00.

McCulloch recorreu da decisão para a *Maryland Court of Appeals*, e seus advogados, dentre os quais Daniel Webster, argumentaram que o estabelecimento de um banco nacional era uma "necessária e apropriada" função do Congresso. Webster afirmou que muitos poderes do Governo são subentendidos[5] e não especificamente previstos na Constituição. Além disso, ele arguiu que Maryland não tinha a autoridade de exigir o tributo, porque, em o fazendo, interferia nos trabalhos do Governo Federal.

Depois que a *Court of Appeals* manteve a decisão original contra McCulloch, ele recorreu novamente, chegando o caso à Suprema Corte dos Estados Unidos, então conduzida pelo seu Chief Justice John Marshall.

Desta forma, em 1819, chegava à Suprema Corte McCulloch v. Maryland, o *leading case* norte-americano a respeito da *reciprocal immunity of Federal and State Instrumentalities*. Nesta oportunidade, pela primeira vez, foi acolhida a tese da imunidade dos meios de ação do Governo Federal em relação às pretensões do fisco dos Estados, pois *the power to tax involves the power to destroy* e, então, ficariam à mercê de um governo todos os serviços e instrumentos de outro.[6] A referida frase de Marshall marcou definitivamente a questão da tributação recíproca, sendo relevante a transcrição do trecho que a originou:

> That the power to tax involves the power to destroy; that the power to destroy may defeat and render useless the power to create; that there is a plain repugnance in conferring on one Government a power to control the constitutional measures of another, which other, with respect to those very measures, is declared to be supreme over that which exerts the control, are propositions not to be denied. But all inconsistencies are to be reconciled by the magic of the word CONFIDENCE. Taxation, it is said, does not necessarily and unavoidably destroy. To carry it to the excess of destruction would be an abuse, to presume which would banish that confidence which is essential to all Government.
>
> But is this a case of confidence? Would the people of any one State trust those of another with a power to control the most insignificant operations of their State Government? We know they would not. Why, then, should we suppose that the people of any one State should be willing to trust those of another with a power to control the operations of a Government to which they have confided their most important and most valuable interests? In the Legislature of the Union alone are all represented. The Legislature of the Union alone, therefore, can be trusted by the people with the power of controlling measures which concern all, in the confidence that it will not be abused. This, then, is not a case of confidence, and we must consider it is as it really is.[7]

No excerto acima transcrito, verifica-se que Marshall enfatiza que nem toda a tributação tem o condão de destruir, devendo todas as inconsistências ser re-

---
[5] Conforme se verifica, este trecho da argumentação de Daniel Webster é diretamente vinculado à teoria dos poderes implícitos defendida por Alexander Hamilton.
[6] BALEEIRO, Aliomar. Op cit., p. 235.
[7] McCulloch v. Maryland. 17 U.S. 316, 431 (1819).

conciliadas com a palavra "confiança", que consiste em prerrogativa essencial a todo Governo. No caso concreto, o entendimento do julgador foi no sentido de que os cidadãos de outros Estados não poderiam confiar no Governo do Estado de Maryland para exercer um poder de controle sobre o Governo Federal, no qual aqueles cidadãos confiaram seus interesses mais valiosos.

McCulloch v. Maryland marcou a primeira fase da imunidade recíproca naquele país, trazendo uma intensa proteção da União, ainda tenra e franzina, contra o fisco de Estados hostis e extremamente ciumentos da sua autonomia. Ainda, não se admite, nesta fase inicial, o tratamento fiscal recíproco em favor dos Estados, na medida em que estes não podem tributar a União sob pena de submeter todos os cidadãos dos Estados Unidos a impostos votados sem representação deles e para restrito interesse local. Careceriam os Estados do consentimento que existe no âmbito federal, pelo fato de os impostos federais serem votados pelos representantes de todos os Estados.[8]

Na parte final de McCulloch v. Maryland transcrita a seguir, é destacada essa posição da Suprema Corte de vedar a instituição de tributos estaduais sobre operações do Governo dos Estados Unidos:

> The people of all the States have created the General Government, and have conferred upon it the general power of taxation. The people of all the States, and the States themselves, are represented in Congress, and, by their representatives, exercise this power. When they tax the chartered institutions of the States, they tax their constituents, and these taxes must be uniform. But when a State taxes the operations of the Government of the United States, it acts upon institutions created not by their own constituents, but by people over whom they claim no control. It acts upon the measures of a Government created by others as well as themselves, for the benefit of others in common with themselves. The difference is that which always exists, and always must exist, between the action of the whole on a part, and the action of a part on the whole -- between the laws of a Government declared to be supreme, and those of a Government which, when in opposition to those laws, is not supreme.
>
> But if the full application of this argument could be admitted, it might bring into question the right of Congress to tax the State banks, and could not prove the rights of the States to tax the Bank of the United States.
>
> The Court has bestowed on this subject its most deliberate consideration. The result is a conviction that the States have no power, by taxation or otherwise, to retard, impede, burden, or in any manner control the operations of the constitutional laws enacted by Congress to carry into execution the powers vested in the General Government. This is, we think, the unavoidable consequence of that supremacy which the Constitution has declared.
>
> We are unanimously of opinion that the law passed by the Legislature of Maryland, imposing a tax on the Bank of the United States is unconstitutional and void.[9]

Do trecho acima reproduzido, mostra-se interessante a conclusão de Marshall, da diferença que existe e que sempre deve existir, entre a ação do todo numa parte, e a ação da parte no todo, entre as leis do Governo declaradas para serem supremas, e aquelas de um Governo que, em oposição a tais leis, não são supremas.

---

[8] BALEEIRO, Aliomar. Op cit., p. 235-236.
[9] McCulloch v. Maryland. 17 U.S. 316, 435-436 (1819).

Assim, nesse surgimento da imunidade recíproca nos Estados Unidos, mostra-se evidente uma tentativa de consolidação dos poderes da União, deixando os Estados em um segundo plano. Consequentemente, a imunidade tributária é concedida apenas à União, demorando alguns anos para que os Estados passem a ser amparados por tal prerrogativa.

2.2. Weston v. City Council of Charleston

Em fevereiro de 1823, a Câmara Municipal de Charleston, no Estado da Carolina do Sul, determinou a criação de um imposto incidente sobre a propriedade de apólices federais por particulares. A questão foi submetida ao Judiciário, tendo a *Court of Common Pleas for the Charleston District* atendido ao pleito do demandante, que discordava da referida incidência tributária.

Entretanto, a Câmara recorreu à Corte Estadual, e, em maio de 1823, por quatro votos a três, foi decidido que a lei em questão não violava a Constituição dos Estados Unidos ao impor um imposto sobre os proprietários das apólices. Em decorrência desta decisão, a matéria foi levada para apreciação da Suprema Corte.

No ano de 1829, foi levado a efeito o julgamento naquele Tribunal, que teve o acórdão (*opinion of the Court*) redigido por seu *Chief Justice* John Marshall, que, tecendo considerações a respeito das apólices federais, mostrou-se desde o início contrário à incidência do imposto municipal sobre a propriedade das mesmas, conforme se verifica do seguinte questionamento por ele apresentado:

> Can anything be more dangerous, or more injurious, than the admission of a principle which authorizes every state and every corporation in the union which possesses the right of taxation, to burden the exercise of this power at their discretion?[10]

O *Chief Justice*, muito embora contrário à incidência da exação municipal, ponderou em seu voto que efetivamente é complexo o trabalho de limitar uma imposição tributária em um caso individual. Todavia, o julgador enfatizou que tal restrição é necessária para que os poderes do Governo Federal não sejam atravancados por poderes conflitantes de suas partes.

Além disso, Marshall considerou aplicáveis os fundamentos utilizados no julgamento de McCulloch v. Maryland, por entender que os mesmos se ajustavam perfeitamente ao caso em análise.

Ao final de sua manifestação, Marshall resumiu o posicionamento da Corte nos seguintes termos:

> The tax on government stock is thought by this Court to be a tax on the contract, a tax on the power to borrow money on the credit of the United States, and consequently to be repugnant to the Constitution.[11]

Discordando do entendimento majoritário da Corte, *Justice* Johnson manifestou-se no sentido de que o imposto em tela incidiria sobre os rendimentos

---

[10] Weston v. City Council of Charleston, 27 U. S. 449, 465-466 (1829).
[11] Idem.

oriundos dos juros do dinheiro, não havendo que se falar em inconstitucionalidade, na medida em que a tributação ocorreria da mesma forma que outros investimentos não oriundos de apólices federais:

> Why should not the stock of the United States, when it becomes mixed up with the capital of its citizens, become subject to taxation in common with other capital? Or why should one who enjoys all the advantages of a society purchased at a heavy expense and lives in affluence upon an income derived exclusively from interest in government stock be exempted from taxation?[12]

Concluiu Justice Johnson, enfatizando que não se deve questionar os ônus peculiares incidentes sobre as apólices, mas sim se estas devem gozar de privilégios e isenções que interfiram diretamente no poder dos Estados de tributar ou de pedir empréstimos.

Justice Thompson também dissentiu do entendimento majoritário, porém diferenciou seu posicionamento do manifestado por *Justice* Johnson. Segundo *Justice* Thompson, o imposto em tela não incidiria sobre rendimentos, mas sim sobre a propriedade, ensejando uma apreciação distinta da realizada por *Justice* Johnson. *Justice* Thompson também salientou que, considerar este imposto incidente sobre os meios adotados pelo Governo Federal para exercer suas atribuições seria um refinamento muito grande, haja vista que não é um imposto que opera diretamente sobre qualquer poder ou crédito dos Estados Unidos. Destacou o julgador que o máximo que se poderia cogitar é que o Governo Federal não conseguiria obter empréstimos em condições tão favoráveis.

Em suma, o firme posicionamento de *Justice* Thompson reside na compreensão de que o imposto municipal não interfere nos meios adotados pelo Governo Federal para a consecução de seus fins:

> In the case now before us, the tax is not direct upon any means used by the government to carry on its operation. It is only a tax upon property acquired through one of the means employed by the government to carry on its operations, viz., the power of borrowing money upon the credit of the United States, and it is not perceived how any just distinction can be made in this respect between bank stock and stock of the United States; both are acquired through the medium of means employed by the government in carrying on its operations, and both are held as private property, and it is immaterial to the present question in what manner it was acquired.[13]

Conforme visto, em Weston v. City Council of Charleston pode-se verificar uma certa dissonância de entendimento entre os integrantes da Suprema Corte, por se tratar de um quadro fático com peculiaridades que o diferenciam de McCulloch v. Maryland. Enquanto no *case* ora analisado há uma intensa discussão se as apólices federais poderiam ser consideradas instrumentalidades do Governo Federal para o alcance de seus fins, o *First Bank of the United States* tributado em McCulloch v. Maryland indiscutivelmente tinha uma função indispensável ao ente federal, eis que responsável pela regulação do comércio e da moeda no país que havia se tornado independente há menos de cinquenta anos.

---

[12] Weston v. City Council of Charleston, 27 U. S. 449, 473 (1829).
[13] Idem.

Décadas mais tarde, quando o desfecho da Guerra da Secessão consolida o poder nacional e tende a hipertrofiá-lo, a Corte, exercendo sua função política de restabelecer o equilíbrio das instituições federais, inicia uma segunda fase em que constrói a recíproca da imunidade dos títulos públicos e dos vencimentos dos funcionários estaduais frente ao fisco da União.[14]

2.3. The Collector v. Day

Em The Collector v. Day, o núcleo da controvérsia reside em saber se os Estados Unidos poderiam, de forma legal, estabelecer um imposto sobre o salário pago por um Estado a um indivíduo que detinha a condição de Juiz de Direito daquele mesmo Estado.

Com base em legislação editada pelo Congresso em 1864, 1865, 1866 e 1867,[15] um agente fiscal (*collector*) de rendimentos públicos internos dos Estados Unidos cobrou a quantia de US$ 61,50 sobre o salário, nos anos de 1866 e 1867, de J. M. Day, Juiz da *Court of Probate and Insolvency for the County of Barnstable*, no Estado de Massachusetts. Com seu salário fixado por lei e pago pelo Tesouro do Estado, Day pagou o imposto sob protesto, tendo ajuizado demanda judicial para recuperar o valor que entendia indevidamente recolhido.

O feito chegou à Suprema Corte em 1870, tendo sido julgado favoravelmente ao magistrado, em decisão conduzida por *Justice* Nelson. A decisão foi diretamente embasada no precedente Dobbins v. Commissioners of Erie County,[16] em que foi decidido pela impossibilidade de o Legislativo estadual impor um imposto sobre o salário e demais verbas de um funcionário dos Estados Unidos. Tal decisão foi fundamentada principalmente no fato de o funcionário público ser um meio ou instrumentalidade empregada para levar a efeito alguns dos legítimos poderes do Governo Federal, os quais não poderiam ser interferidos pela tributação ou qualquer outra forma pelos Estados. Assim, se o funcionário, por si mesmo, é isento, o salário determinado para seu suporte e sua manutenção, enquanto no exercício do cargo, é igualmente, por tais razões, isento.

Desta forma, com base na mesma construção utilizada em Dobbins v. Commissioners of Erie County, *Justice* Nelson salientou ser o Governo Federal proibido de tributar o salário de um funcionário do Judiciário Estadual.

---

[14] BALEEIRO, Aliomar. Op cit., p. 236.

[15] O referido texto legal criou um imposto federal sobre a renda de todas as pessoas residentes nos Estados Unidos, nos seguintes termos:

"There shall be levied, collected, and paid annually upon the gains, profits, and income of every person residing in the United States, ... whether derived from any kind of property, rents, interest, dividends, or salaries, or from any profession, trade, employment or vocation, carried on in the United States or elsewhere, or from any other source whatever, a tax of 5 percentum on the amount so derived, over US$ 1.000".(Statutes of the 30th of June, 1864, c. 173, § 116, 13 Stat. at Large 281; of the 3d of March, 1865, c. 78, § 1; *ib.*, 479; of the 13th of July, 1866, c. 184, § 9; 14 *id.* 137; and of the 2d of March, 1867, c. 169, § 13; *ib.*, 477).

[16] Dobbins v. Commissioners of Erie County, 41 U. S. 435 (1842).

No decorrer da decisão, o julgador ressaltou com grande intensidade a relevância dos Estados e o fundamental papel exercido por tais entes na organização dos Estados Unidos e na distribuição do poder, até mesmo como forma de evitar um Governo despótico.

É destacado, ainda, que efetivamente a Constituição norte-americana não prevê a imunidade tributária recíproca, sendo a mesma decorrente da lei da autopreservação:

> It is admitted that there is no express provision in the Constitution that prohibits the general government from taxing the means and instrumentalities of the states, nor is there any prohibiting the states from taxing the means and instrumentalities of that government. In both cases, the exemption rests upon necessary implication, and is upheld by the great law of self-preservation, as any government whose means employed in conducting its operations, if subject to the control of another and distinct government, can exist only at the mercy of that government.[17]

Justice Nelson encerra sua manifestação afirmando que os direitos reservados dos Estados, como o direito de aprovar leis, de conceder eficácia a leis através da ação executiva, de administrar a justiça através das Cortes e de empregar todas as ações necessárias para propósitos legítimos do Governo Estadual, não são matérias próprias para se sujeitar ao poder tributante do Congresso.

Justice Bradley divergiu do entendimento da Corte porque parecia a ele que o Governo Federal tem o mesmo poder de tributar a renda dos funcionários dos Governos Estaduais, como teria para tributar seus próprios funcionários. O julgador destacou que a tributação promovida pelos Governos Estaduais dos instrumentos empregados pelo Governo Federal no exercício de seus poderes é uma coisa muito diferente, eis que a tributação envolve uma interferência nos poderes de um Governo no qual outros Estados e seus cidadãos são igualmente interessados.

2.4. Pollock v. Farmers' Loan & Trust Co.

Pollock vs. Farmers' Loan & Trust Co. consiste em uma complexa decisão da Suprema Corte do ano de 1895, que levou seus julgadores a realizar uma extensa análise histórica e legislativa, além de recorrer a uma vastíssima quantidade de precedentes jurisprudenciais.

Conforme Baleeiro destaca, o referido julgado aborda o debatidíssimo episódio do malogro do imposto de renda federal, em que foi declarada a inconstitucionalidade desse tributo sobre os juros de apólices municipais.[18]

Charles Pollock, um acionista empregado pela demandada Farmers' Loan & Trust Co., recorreu à Suprema Corte para discutir a atitude de sua empregadora de violação de dever fiduciário ao preencher declaração do imposto de renda e pagar um imposto federal sobre a renda. O tributo incidia sobre os lucros que a

---

[17] The Collector v. Day, 78 U. S. 113, 127 (1870).
[18] BALEEIRO, Aliomar. Op cit., p. 236.

demandada obteve, incluindo juros que recebeu de renda oriunda de bens imóveis e de apólices da cidade de Nova Iorque. Pollock alegou que tal imposto, autorizado pelo *Income Tax Act* de 1894, era inconstitucional porque se tratava de um imposto direto sobre a propriedade. O artigo 1º, Seção 2, da Constituição norte-americana mandava que todos os impostos diretos fossem repartidos entre os vários Estados, e a Seção 8 do mesmo artigo exigia que os impostos diretos fossem uniformes. O demandante argumentou que este imposto não satisfazia qualquer dos requisitos previstos. Pollock também suscitou a questão a respeito da validade de um imposto que incidia sobre apólices municipais. A Suprema Corte aceitou a fundamentação no sentido de que, não tendo os Estados poder para tributar as operações ou propriedade dos Estados Unidos, este não teria poder constitucional para tributar instrumentalidades ou propriedades estaduais.

A Suprema Corte aceitou o argumento de que o imposto em tela não satisfazia os requisitos previstos na Constituição, ou seja, não era repartido entre os Estados e não era uniforme.

Em acórdão redigido por *Chief Justice* Fuller, foi determinado que certos tributos exigidos ao ponto de atingir renda oriunda de propriedade eram inconstitucionais. A Corte tratou o imposto sobre a renda oriunda da propriedade como um imposto direto. Sob as previsões da Constituição dos Estados Unidos àquele tempo, tais impostos diretos eram requeridos a incidir na proporção da população dos Estados. O imposto em questão não foi repartido e, portanto, era inválido, conforme *Chief Justice* Fuller afirmou:

> First. We adhere to the opinion already announced, that, taxes on real estate being indisputably direct taxes, taxes on the rents or income of real estate are equally direct taxes.
>
> Second. We are of opinion that taxes on personal property, or on the income of personal property, are likewise direct taxes.
>
> Third. The tax imposed by sections twenty-seven to thirty-seven, inclusive, of the act of 1894, so far as it falls on the income of real estate and of personal property, being a direct tax within the meaning of the Constitution, and therefore unconstitutional and void because not apportioned according to representation, all those sections, constituting one entire scheme of taxation, are necessarily invalid.[19]

Justices Harlan, Jackson, White e Brown divergiram da decisão majoritária, tendo *Justice* White declarado:

> It is, I submit, greatly to be deplored that, after more than one hundred years of our national existence, after the government has withstood the strain of foreign wars and the dread ordeal of civil strife, and its people have become united and powerful, this court should consider itself compelled to go back to a long repudiated and rejected theory of the Constitution by which the government is deprived of an inherent attribute of its being, a necessary power of taxation.[20]

Ainda, *Justice* Brown enfatizou:

> (...) the decision involves nothing less than a surrender of the taxing power to the moneyed class.
> (...)

---

[19] Pollock v. Farmers' Loan & Trust Company, 158 U. S. 601, 601 (1895).
[20] Idem.

> Even the spectre of socialism is conjured up to frighten Congress from laying taxes upon the people in proportion to their ability to pay them.[21]

Como resultado da decisão, o Congresso reconheceu a necessidade de uma previsão constitucional que permitisse a incidência de imposto de renda federal sem a repartição entre os vários Estados. Contudo, passaram-se dezoito anos antes que houvesse apoio suficiente para a aprovação da 16ª Emenda[22] em fevereiro de 1913.

Entretanto, inúmeras outras decisões proferidas pela Suprema Corte no mesmo período reconheceram a legitimidade da tributação federal. Baleeiro apresenta uma série de exemplos que corroboram tal assertiva:

> A Carolina do Sul, por exemplo, foi vencida em pleito no qual resistira aos impostos federais com finalidade fiscal e extrafiscal, sobre negócios de bebidas alcoólicas. A Geórgia não logrou também decretação da inconstitucionalidade de impostos sobre os jogos de futebol, para os quais construiu um stadium com o propósito especial de manter a sua universidade e outras instituições de ensino, a despeito de haver alegado que os lucros das partidas eram aplicados na educação, que lhe incumbia prover como função pública precípua. Ainda, em 1946, o Estado de New York foi julgado devedor, pela Suprema Corte, de impostos sobre sua exploração de águas minerais de Sarotoga Springs.[23]

Com o final da Primeira Guerra Mundial, foi verificada uma considerável mudança na interpretação da imunidade recíproca. Fortalecido o sentimento de unidade e de solidariedade nacional, dissipadas as desconfianças remanescentes da Secessão, as necessidades financeiras enormes oriundas das Grandes Guerras e a multiplicação dos impostos, e outros fatores políticos afastaram a adesão integral à tese de Marshall, que, em 1928, sofreu o primeiro ataque frontal em voto vencido de *Justice* Holmes no julgado Panhandle Oil Co. v. Mississippi ex rel. Knox.[24] [25] Outrossim, na mesma oportunidade, foi rechaçado o imposto federal sobre a renda de engenheiro do Serviço de Águas de Nova Iorque, considerado instrumento do governo.[26] Em 1937, a Suprema Corte repeliu o imposto de renda do Estado de Nova Iorque sobre os administradores da Panama Railroad, em virtude desta consistir em sociedade anônima cujas ações pertenciam ao Governo Federal.[27] [28]

Dois importantes precedentes marcam a entrada da jurisprudência da Suprema Corte numa terceira fase de evolução: Helvering v. Gerhardt,[29] e Graves v. New York ex rel. O´Keefe.[30]

---

[21] Pollock v. Farmers' Loan & Trust Company, 158 U. S. 601, 695 (1895).

[22] O texto da 16ª Emenda é o seguinte: *The Congress shall have power to lay and collect taxes on incomes, from whatever source derived, without apportionment among the several States, and without regard to any census or enumeration.*

[23] BALEEIRO, Aliomar. Op cit., p. 237.

[24] Caso em que a Suprema Corte discutia a incidência de impostos não discriminados de Estado sobre gasolina vendida à Guarda Costeira Federal. Panhandle Oil Co. v. Mississippi ex rel. Knox, 277 U. S. 218 (1928).

[25] BALEEIRO, Aliomar. Op cit., p. 237-238.

[26] Brush v. Commissioner, 300 U. S. 352 (1937).

[27] Roger v. Graves, 199 U.S. 405 (1938).

[28] BALEEIRO, Aliomar. Op cit., p. 238.

[29] Helvering v. Gerhardt, 304 U.S. 405 (1938).

[30] Graves v. New York ex rel. O'keefe, 306 U.S. 466 (1939).

2.5. Helvering v. Gerhardt

O *Port of New York Authority* é uma empresa criada através de uma parceria entre os Estados de Nova Iorque e de Nova Jérsei, aprovada pelo Congresso. Atendendo à legislação dos dois Estados, a empresa adquiriu e passou a operar as instalações do terminal e de transferência, dentro do distrito que engloba o Porto de Nova Iorque, porém abrangendo parcialmente ambos os Estados. Assim, foram construídas pontes e túneis interestaduais, utilizando fundos oriundos dos dois Estados ou derivados das vendas de suas apólices. A empresa opera uma linha de ônibus interestadual sobre uma das pontes e um terminal para a troca de carga entre caminhões e trens. Ela realiza a cobrança de pedágio pelo uso das pontes e dos túneis, e aufere receita com a operação da linha de ônibus e o prédio do terminal, mas não possui ações ou acionistas, e não pertence a qualquer pessoa física ou empresa privada. Seus projetos são realizados em benefício dos dois Estados e em prol do interesse público, e nenhum percentual de seu lucro beneficia entes privados. Sua propriedade e suas apólices são isentas de tributos estaduais. Uma resolução do Congresso declarou que as atividades da empresa visam a promover e facilitar o comércio interestadual e internacional, proporcionar melhor e mais barato transporte, e proporcionar melhores serviços postais, militares, dentre outros, à Nação. A legislação dos dois Estados declara que na construção, manutenção e operação das pontes e túneis, deve ser lembrado que se está realizando uma função governamental, não devendo pagar qualquer tributo ou multas sobre qualquer propriedade adquirida por ela.

A questão debatida na demanda disse respeito a se a imposição de imposto federal sobre a renda para os anos-calendário de 1932 e 1933 nos salários recebidos por funcionários do *Port of New York Authority*, trazem um ônus inconstitucional sobre os Estados de Nova Iorque e de Nova Jérsei.

O entendimento majoritário da Corte foi apresentado por Justice Stone,[31] que relatou que os funcionários, durante os anos em questão, eram, respectivamente, um engenheiro civil e dois gerentes gerais assistentes, empregados pela *Authority* com salários anuais variando entre US$ 8.000,00 e US$ 15.000,00. Os funcionários teriam falhado ao declarar seus respectivos salários como renda para os anos-calendário em questão, e o comissário apontou o erro contra eles. O *Board of Tax Appeals* entendeu que a *Port Authority* estava engajada na *performance* de uma função pública para os Estados de Nova Iorque e Nova Jérsei, e decidiu que a compensação recebida pelos empregados era isenta do imposto federal sobre a renda.

Entretanto, *Justice* Stone, manifestando compreensão diversa da matéria, referiu que existem razões cogentes pelas quais qualquer restrição constitucional sobre o poder tributante concedido ao Congresso, deveria ser estreitamente limitado. Destacou o Julgador que qualquer abertura para uma imunidade tributária para a proteção da soberania de um Estado ocorre em detrimento do poder

---

[31] *Justice Cardozo* e *Justice Reed* não participaram do julgamento.

soberano de uma nação tributar. O alargamento de uma induz à redução da outra. Quando o alargamento ultrapassa a necessidade de proteger o Estado, o ônus da imunidade é jogado sobre o Governo Nacional, com benefício apenas para uma privilegiada classe de contribuintes.

Ainda, segundo *Justice* Stone, deveriam ser respeitados os limites fixados em The Collector v. Day, quando a imunidade foi concedida a funcionário estadual que exercia função pensada para ser essencial à manutenção do Governo Estadual, a exemplo do que havia ocorrido na tentativa de tributação de motocicletas vendidas à força policial em Motorycle Co. v. United States.[32] Entretanto, lembrou o Julgador que a Corte rejeitou a imunidade estendida ao negócio envolvendo bebidas alcoólicas conduzido pelo Estado (South Carolina v. United States[33]), por exemplo, em que a atividade poderia ser perfeitamente exercida por uma empresa privada, e o seu desaparecimento jamais afetaria a existência do Estado como instituição.

Assim, como os empregados do *Port Authority* exerciam funções semelhantes à dos demais membros da comunidade, a incidência de imposto sobre as suas rendas não poderia atrapalhar o exercício das funções dos dois Estados ou obstruí-las mais do que as empresas privadas o são pelo sistema tributário. O máximo que aconteceria aos Estados seria perder a vantagem de pagar valores inferiores à taxa padrão pelos serviços prestados. Já o efeito da imunidade, se permitida, seria aliviar os empregados de seu dever de sustentar financeiramente o Governo Nacional, ao invés de assegurar ao Estado uma vantagem teórica extremamente especulativa. Ainda, no sentido de limitar a desmedida proteção aos Estados, *Justice Stone* afirmou que *a tax immunity devised for protection of the states as governmental entities cannot be pressed so far.*[34]

Justice Black acompanhou o posicionamento de *Justice* Stone, salientando que um dos principais problemas acerca da imunidade tributária recíproca é a discussão sobre se determinadas funções exercidas pelos Governos Estaduais são ou não essenciais:

> Conceptions of "essential governmental functions" vary with individual philosophies. Some believe that "essential governmental functions" include ownership and operation of water plants, power and transportation systems, etc. Others deny that such ownership and operation could ever be "essential governmental functions" on the ground that such functions "could be carried on by private enterprise".[35]

Justice Butler, acompanhado por Justice McReynolds, divergiu do posicionamento majoritário da Corte, aduzindo que tal posicionamento, ao aceitar a tributação federal, admite a proposição de que embora o imposto federal possa aumentar o custo dos governos estaduais, pode haver a sua incidência se não reduzir funções essenciais à sua existência, acarretando, desta forma, a anulação de mais de um século de precedentes.

---

[32] Indian Motocycle Co. v. United States, 283 U.S. 570 (1931).
[33] South Carolina v. United States, 199 U.S. 437 (1905).
[34] Helvering v. Gerhardt, 304 U.S. 405, 421 (1938).
[35] Idem.

2.6. Graves v. New York ex rel. O'Keefe

Em março de 1939, a Suprema Corte dos Estados Unidos apreciou *Graves vs. New York ex rel. O'Keefe*, em que se discutiu se o Estado de Nova Iorque poderia tributar de forma constitucional os salários de empregado da *Home Owner's Loan Corporation*, instituída pelo Governo Federal, como instrumentalidade dos Estados Unidos, em lei que declarou isentos de tributos seu capital, reservas, lucros, empréstimos e vendas, mas silenciou sobre os ordenados do seu funcionalismo.[36]

O feito envolveu a tributação do salário de empregado que trabalhou durante o ano de 1934 no cargo de advogado, tendo recebido naquele ano o salário de US$ 2.400,00, o qual declarou como sujeito à incidência do imposto estadual em sua declaração de renda, já que não incluído em norma de imunidade.

Todavia, o empregado postulou perante a *New York State Tax Commissioners* a devolução do valor do imposto pago, baseado no fato de que seu salário seria constitucionalmente isento, porque a *Home Owner's Loan Corporation* seria uma instrumentalidade do Governo dos Estados Unidos e ele, durante o exercício fiscal, era um empregado do Governo Federal engajado na *performance* de uma função governamental.

Justice Stone, responsável por apresentar o entendimento da Corte, destacou que o núcleo da controvérsia estaria em saber se o imposto estadual sobre o salário do empregado impõe um ônus inconstitucional sobre o Governo Federal, e lembrou que as diferenças entre as imunidades concedidas ao ente federal e aos entes estaduais vinham sendo objeto de discussão na Corte.

O julgador referiu que o imposto em tela era não discriminatório por não ser um imposto sobre a *Home Owner's Loan Corporation* ou sobre a sua propriedade ou renda, tampouco pago pela empresa ou pelo Governo a partir de seus fundos. Enfatizou que a teoria antigamente aprovada, de que um imposto sobre a renda é legalmente ou economicamente um imposto sobre a sua fonte, não seria mais sustentável. Segundo ele, a única possibilidade para haver uma imunidade constitucional sobre imposto estadual sobre renda de um salário de empregado do Governo Nacional ou de uma agência governamental seria se o ônus econômico fosse de alguma forma passado adiante de modo a impor um ônus no Governo Nacional equivalente a uma interferência de um Governo no outro na *performance* de suas funções.

Citando Helvering v. Gerhardt, *Justice* Stone discorre sobre as razões que impedem o reconhecimento da imunidade tributária a empregado da *Home Owners' Loan Corporation*:

> Assuming, as we do, that the Home Owners' Loan Corporation is clothed with the same immunity from state taxation as the government itself, we cannot say that the present tax on the income of its employees lays any unconstitutional burden upon it. All the reasons for refusing to imply a consti-

---
[36] BALEEIRO, Aliomar. Op cit., p. 238.

> tutional prohibition of federal income taxation of salaries of state employees, stated at length in the Gerhardt case, are of equal force when immunity is claimed from state income tax on salaries paid by the national government or its agencies. In this respect, we perceive no basis for a difference in result whether the taxed income be salary or some other form of compensation, or whether the taxpayer be an employee or an officer of either a state or the national government, or of its instrumentalities. In no case is there basis for the assumption that any such tangible or certain economic burden is imposed on the government concerned as would justify a court's declaring that the taxpayer is clothed with the implied constitutional tax immunity of the government by which he is employed.[37]

Outrossim, o julgador finalizou sua explanação, ponderando que estão anuladas as conclusões alcançadas em casos passados, como The Collector v. Day, que reconheceram uma imunidade constitucional implícita de tributação de renda sobre os salários de oficiais ou empregados dos Governos Nacional ou Estadual ou de suas instrumentalidades.

Justice Hughes, sem apresentar seus fundamentos, disse que acompanhava *Justice* Stone no resultado.

Já *Justice* Frankfurter salientou a necessidade da explicação da mudança de entendimento da Suprema Corte acerca da imunidade tributária recíproca, mencionando que uma alteração de entendimento que havia sido manifestado em inúmeras decisões poderia ser justificada apenas se baseada na própria Constituição como um documento histórico elaborado para uma nação em desenvolvimento.

Justificando a mudança de posicionamento da Corte, *Justice* Frankfurter rechaçou os argumentos apresentados por *Chief Justice* Marshall em McCulloch v. Maryland:

> One of the most trenchant minds on the Marshall court, Justice William Johnson, early analyzed the dangerous inroads upon the political freedom of the States and the Union within their respective orbits resulting from a doctrinaire application of the generalities uttered in the course of the opinion in McCulloch v. Maryland. The seductive cliche that the power to tax involves the power to destroy was fused with another assumption, likewise not to be found in the Constitution itself -- namely, the doctrine that the immunities are correlative -- because the existence of the national government implies immunities from state taxation, the existence of state governments implies equivalent immunities from federal taxation. When this doctrine was first applied, Mr. Justice Bradley registered a powerful dissent, the force of which gathered, rather than lost, strength with time.[38]

Graves v. New York ex rel. O´Keefe consiste verdadeiramente em um *leading case*, em que afinal, a Corte renovada após o famoso embate com Roosevelt, a propósito do *New Deal*, reconheceu ao Estado de Nova Iorque o direito de fazer incidir imposto de renda a um procurador da *Home Owner´s Loan Corporation*, instituída pela União, titular de todo o seu capital.[39]

Justice Butler e *Justice* McReynolds divergiram, com fulcro no argumento de que, sendo a *Home Owner´s Loan Corporation* uma instrumentalidade dos Estados Unidos, a exemplo do decidido em New York ex rel. Rogers v. Graves[40]

---

[37] Graves v. New York ex rel. O'keefe, 306 U.S. 466, 486 (1939).
[38] Idem.
[39] BALEEIRO, Aliomar. Op cit., p. 239.
[40] New York ex rel. Rogers v. Graves, 299 U.S. 401 (1937).

não deveria haver a incidência do imposto. Ainda, encerraram demonstrando sua insatisfação com a mudança de posicionamento da Corte, declarando que (...) *safely it may be said that presently marked for destruction is the doctrine of reciprocal immunity that, by recent decisions here, has been so much impaired.*[41]

Conforme destaca Baleeiro, a partir do decênio 1950-60, a Suprema Corte desviou sua atenção para as atividades dos subversivos e para as garantias aos direitos individuais, proteção de minorias com a dessegregação, desinteressando-se da imunidade recíproca.[42]

Desta forma, apresentadas as três fases da imunidade recíproca no direito norte-americano, parte-se para uma breve apresentação da matéria no direito brasileiro.

3. A imunidade recíproca no direito brasileiro

Conforme alertou Baleeiro, deve-se ter cautela na invocação dos precedentes norte-americanos no direito brasileiro, pois neste a imunidade recíproca também abrange os Municípios que não se encontram subordinados aos Estados, ao contrário daquele, onde os Municípios não passam de instrumentos de organização estadual.[43] Além disso, nos Estados Unidos, um imposto estadual pode atingir agência da União, sem levar em consideração os demais cidadãos americanos oriundos de outros Estados.[44]

No Brasil, o princípio da imunidade recíproca foi incluído expressamente em todos os textos constitucionais da era republicana. Particularmente na Constituição de 1891, em função de decorrer de forte influência norte-americana, ainda se pode notar um traço marcante do posicionamento de Marshall em McCulloch v. Maryland, oportunidade em que foi enfatizada a proteção às instrumentalidades da União em detrimento das instrumentalidades estaduais.

O artigo 10 da Constituição de 1891[45] trouxe a *vedação de que os Estados tributassem bens e rendas federais ou serviços a cargo da União, e reciprocamente*, ou seja, proibiu que Estados tributassem a União e tributassem outros Estados, mas não impediu que a União tributasse os Estados. Nota-se, portanto, como antes referido, um claro resquício do período inicial de desenvolvimento da

---
[41] Graves v. New York ex rel. O'keefe, 306 U.S. 466, 492 (1939).
[42] BALEEIRO, Aliomar. Op cit., p. 241.
[43] Idem, ibidem.
[44] Idem, p. 242.
[45] Redigido por Rui Barbosa, o artigo 10 estabelecia: É proibido aos Estados tributar bens e rendas federais ou serviços a cargo da União, e reciprocamente.

imunidade recíproca nos Estados Unidos, quando a União em formação confrontava os já fortalecidos Estados.

Não obstante, na Constituição seguinte, a de 1934, já se verificava a imunidade tributária recíproca com os mesmos contornos hoje verificados, através da vedação de que a União, os Estados, o Distrito Federal e os Municípios tributassem bens, rendas e serviços uns dos outros, previsão esta do artigo 17, X, daquela Carta Constitucional.[46]

Depois disso, todas as Constituições posteriores mantiveram basicamente o mesmo conteúdo normativo no que concerne à imunidade tributária recíproca,[47] inclusive no atual texto constitucional, que traz a regra em exame no artigo 150, VI, "a",[48] dentro da seção destinada às limitações constitucionais ao poder de tributar.

Cumpre destacar, contudo, que, em 17 de março de 1993, a Emenda Constitucional nº 03 trouxe uma nova regra de competência em seu artigo 2º, *caput,*[49] na qual outorgou à União a possibilidade de instituir imposto provisório sobre movimentações financeiras (IPMF). Esta regra, além de permitir a criação de um novo imposto, o desvinculava das regras das imunidades, inclusive da imunidade recíproca, conforme previsão do § 2º do referido artigo.[50]

Muito embora se tratasse de emenda constitucional, a sua disposição acerca da inaplicabilidade das imunidades ao novo imposto foi declarada inconstitucional no julgamento da Ação Direta de Inconstitucionalidade nº 939/DF,[51] ajuizada pela Confederação Nacional dos Trabalhadores no Comércio.

Ocorre que, não obstante a previsão expressa da imunidade tributária recíproca no texto constitucional, sua eventual inexistência não teria o condão de excluir tal regra do ordenamento jurídico brasileiro, haja vista a sua intrínseca relação com o princípio federativo, a ser examinado na sequência.

---

[46] Artigo 17 – É vedado à União, aos Estados, ao Distrito Federal e aos Municípios: (...) X – tributar bens, rendas e serviços uns dos outros, estendendo-se a mesma proibição às concessões de serviços públicos, quanto aos próprios serviços concedidos e ao respectivo aparelhamento instalado e utilizado exclusivamente para o objeto da concessão.

[47] A imunidade recíproca constou expressamente: na Carta de 1937 no artigo 32, alínea "c"; na Carta de 1946 no artigo 31, inciso V, alínea "a" e parágrafo único; na Carta de 1967 no artigo 20, inciso III, alínea "a"; na Carta de 1969 (Emenda nº 1) no artigo 19, inciso III, alínea "a".

[48] Art. 150. Sem prejuízo de outras garantias asseguradas ao contribuinte, é vedado à União, aos Estados, ao Distrito Federal e aos Municípios: (...) VI – instituir impostos sobre: a) patrimônio, renda ou serviços, uns dos outros;

[49] Art. 2.º A União poderá instituir, nos termos de lei complementar, com vigência até 31 de dezembro de 1994, imposto sobre movimentação ou transmissão de valores e de créditos e direitos de natureza financeira.

[50] § 2.º Ao imposto de que trata este artigo não se aplica o art. 150, III, *b*, e VI, nem o disposto no § 5.º do art. 153 da Constituição.

[51] Ação Direta de Inconstitucionalidade nº 939, Tribunal Pleno, Supremo Tribunal Federal, Relator: Min. Sydney Sanches, julgado em 15/12/1993.

3.1. O princípio federativo

O princípio federativo insculpido no artigo 1º, *caput,* da Constituição Federal, tem a função histórica de manter a unidade, preservando as diferenças sociológicas, culturais, éticas e econômicas locais, no respeito às multiplicidades regionais. Além disso, em alguns países, como no Brasil e na Alemanha, o federalismo teve relevante papel na preservação da democracia.[52] No que tange à importância do Federalismo em nosso país, relevante a lição de Misabel Abreu Machado Derzi:

> Embora não tenhamos tido fortes raízes históricas ligadas ao Federalismo, a intermitência da democracia brasileira recomendou e ainda recomenda a adoção dessa forma de Estado e sua manutenção. E não importam as críticas que possam ser levantadas. O papel que cumpre o Estado federal, como garantia adicional da liberdade e da República democrática, é suficiente para legitimá-lo.[53]

Tamanha é a importância do princípio em tela no direito brasileiro, que a Constituição Federal, em seu artigo 60, § 4º, inciso I, atribuiu-lhe a condição de cláusula pétrea, não podendo, portanto, sequer ser suprimido mediante Emenda Constitucional.

Desta forma, fala-se que a imunidade recíproca decorre do princípio federativo porque a federação implica autonomia política, administrativa e legislativa dos entes federados. A eventual tributação de um ente pelo outro redundaria no exercício de uma soberania que inexiste na relação harmônica em que não pode haver ingerência de um na autonomia do outro.[54]

Aliomar Baleeiro aborda com precisão este aspecto da imunidade recíproca como forma de harmonização da relação entre as pessoas políticas:

> Politicamente, a Constituição visa a uma união indestrutível à base da concórdia, do respeito e da solidariedade recíprocos.
>
> Não seria compatível com esses fins supremos, substancialmente ligados à unidade nacional, preocupação máxima de todos os grandes estadistas brasileiros desde a Independência, a interpretação que permitisse aos Estados entre si retaliações tributárias, como os impostos interestaduais, tão combatidos na primeira República, ou as práticas mais ou menos idênticas que ainda hoje ensombram a vida dos Estados americanos, segundo depoimento de financistas da mais alta circunspecção.[55]

Assim, ainda que não tivesse sido incluída na Carta Magna a regra referente à imunidade tributária recíproca, não poderia ser admitida a tributação entre as pessoas políticas sob pena de violação do pacto federativo, violação esta que se mostra inaceitável do ponto de vista constitucional.

Na ação civil originária nº 515/DF, que tramitou perante o Supremo Tribunal Federal, o Banco Central do Brasil pleiteou o reconhecimento da imunidade tri-

---

[52] DERZI, Misabel Abreu Machado. A Imunidade Recíproca, o Princípio Federal e a Emenda Constitucional n. 3, de 1993. In: *Revista de Direito Tributário* n.º 62, p. 85.
[53] Idem, ibidem.
[54] LEITE, Harrison Ferreira. Em Prol da Imunidade Recíproca. In: Revista *Tributária e de Finanças Públicas* n.º 60, p. 105.
[55] BALEEIRO, Aliomar. Op cit., p. 250-251.

butária recíproca em relação ao IPTU e à Taxa de Limpeza Pública exigidos pelo Distrito Federal em relação a sete imóveis residenciais de propriedade da instituição financeira, utilizados como reserva técnica e destinados à ocupação por membros de sua diretoria.

No decorrer do feito, foi suscitada uma questão de ordem no sentido de definir qual seria efetivamente o tribunal competente para a apreciação da causa, oportunidade em que a Relatora, Ministra Ellen Gracie, enfatizou:

> Sendo a imunidade recíproca uma forma de manifestação do princípio federativo, considero possuir o conflito em questão estreita ligação com o pacto da Federação, hipótese em que esta Corte tem reconhecido, excepcionalmente, sua competência originária, no exercício outorgado pelo art. 102, I, f da CF.[56]

Assim, mostra-se clara a importância do princípio federativo, como elemento embasador da regra da imunidade tributária recíproca no direito brasileiro.

3.2. O princípio da igualdade entre as pessoas políticas

Entre as pessoas políticas, reina a absoluta igualdade jurídica, não havendo a sobreposição de umas sobre as outras, pelo menos não em termos jurídicos. Assim, evidente que não podem sujeitar-se à incidência de impostos.[57]

Segundo considerável parcela da doutrina, a imunidade tributária recíproca atende a dois princípios constitucionais: o princípio federativo e o princípio da igualdade, que, na área tributária é examinado de acordo o critério da capacidade econômica.

A propósito, Misabel Abreu Machado Derzi entende que a inexistência de capacidade econômica das pessoas estatais, muito embora seja suficiente para acarretar a imunidade recíproca, deve ser considerada um critério complementar, na medida em que também justifica outras imunidades, como a das instituições de educação e dos partidos políticos, por exemplo. Merece transcrição o seguinte excerto da manifestação da renomada jurista:

> É que a imunidade recíproca, assentada apenas na ausência de capacidade contributiva, fica empobrecida em sua importância prevalente e em seus distintos desdobramentos. A imunidade recíproca responde a dois princípios constitucionais igualmente intangíveis, por meio de emenda constitucional: ao princípio federal e ao princípio da igualdade (que, no Direito Tributário, deve ser examinado segundo o critério da capacidade econômica). Quer se examine o tema sob um ângulo – o da isonomia política dos entes da Federação – quer sob outro – o da inexistência de capacidade econômica – a imunidade intergovernamental obriga e não pode ser reduzida por modificação posterior que altere o Texto Constitucional originário. Na Constituição Brasileira, a imunidade recíproca não se fundamenta em um ou outro, mas ao contrário, no duplo princípio, no federal e na ausência de capacidade econômica, ambos limitadores da faculdade de emendar ou de revisar a Carta, própria do Poder Legislativo derivado.[58]

---

[56] Ação Civil Originária nº 515 QO, Tribunal Pleno, Supremo Tribunal Federal, Relatora: Min. Ellen Gracie, julgado em 04/09/2002.
[57] CARRAZZA, Roque Antonio. *Curso de Direito Constitucional* Tributário. 24ª ed. São Paulo: Malheiros Editores, 2008, p. 719.
[58] DERZI, Misabel Abreu Machado. Op cit., p. 88.

O Supremo Tribunal Federal, ao julgar improcedente, por maioria, a Ação Direta de Inconstitucionalidade nº 3.089/DF, que visava ao reconhecimento da inconstitucionalidade dos itens 21 e 21.01 da lista de serviços anexa à Lei Complementar nº 116/03, que estabelecem a incidência do ISSQN sobre os serviços de registros públicos, cartorários e notariais, utilizou a capacidade contributiva como um dos critérios para a incidência da exação municipal. Segundo o entendimento majoritário da Suprema Corte, o recebimento de remuneração pela prestação dos serviços revela a existência de capacidade contributiva.

Sobre o tema, dignos de transcrição os seguintes trechos do voto proferido pelo Ministro Joaquim Barbosa, Relator para o acórdão, que demonstra de forma expressa a utilização da capacidade contributiva como fundamento para o não reconhecimento da imunidade tributária recíproca aos serviços prestados por notários e registradores:

> Observo que a imunidade tributária recíproca opera como mecanismo de ponderação e calibração do pacto federativo, destinado a assegurar que entes desprovidos de capacidade contributiva vejam diminuída a eficiência na consecução de seus objetivos definidos pelo sistema jurídico.
> (...)
> Assim entendo, em primeiro lugar, porque a tributação de serviço de índole pública, mas explorado economicamente por particular não implica risco algum ao equilíbrio entre os entes federados e, em segundo, porque os agentes notariais demonstram capacidade contributiva objetiva, por se dedicarem com inequívoco intuito lucrativo à atividade.
> (...)
> Por fim, sob o ângulo da relevância do pacto federativo e da capacidade contributiva, a atividade notarial é em tudo semelhante aos demais serviços públicos concedidos (...)
> (...)
> Em todos os casos, a presença de um agente com o propósito de lucro, que deverá suportar inicialmente o ônus da tributação, afasta o risco ao equilíbrio entre os entes federados e confirma, objetivamente, que o tributo será suportado por quem demonstre capacidade contributiva.[59]

3.3. Questões pontuais a respeito da imunidade recíproca

Não se pretende aqui esgotar o tema da imunidade recíproca, porém, cumpre mencionar algumas controvérsias a respeito da matéria na doutrina e na jurisprudência.

A primeira questão pontual diz respeito aos tributos abrangidos pela regra de imunidade. Não obstante o inciso VI do artigo 150 da Carta Magna seja claro ao limitar aos impostos, existe divergência se outras espécies tributárias não seriam alcançadas pela imunidade recíproca.

O Supremo Tribunal Federal, respeitando a literalidade da norma constitucional, não tem permitido a extensão da imunidade recíproca a outros tributos além dos impostos:

---

[59] Ação Direta de Inconstitucionalidade nº 3089, Tribunal Pleno, Supremo Tribunal Federal, Relator: Min. Carlos Britto, Relator para o Acórdão: Min. Joaquim Barbosa, julgado em 13/02/2008.

> CONSTITUCIONAL. TRIBUTÁRIO. ECT – EMPRESA BRASILEIRA DE CORREIOS E TELÉGRAFOS: IMUNIDADE TRIBUTÁRIA RECÍPROCA: C.F., art. 150, VI, a. EMPRESA PÚBLICA QUE EXERCE ATIVIDADE ECONÔMICA E EMPRESA PÚBLICA PRESTADORA DE SERVIÇO PÚBLICO: DISTINÇÃO. *TAXAS: IMUNIDADE RECÍPROCA: INEXISTÊNCIA.*
> (...)
> *II. – A imunidade tributária recíproca -- C.F., art. 150, VI, a -- somente é aplicável a impostos, não alcançando as taxas.* III. – R.E. conhecido e improvido.[60] (Grifei)
> AGRAVO REGIMENTAL EM RECURSO EXTRAORDINÁRIO. CONSTITUCIONAL. TRIBUTÁRIO. PASEP. CONTRIBUIÇÃO EXIGIDA DE ENTES ESTATAIS. IMUNIDADE. 1. PASEP. Exigibilidade da contribuição pelas unidades da federação, pois a Constituição de 1988 retirou o caráter facultativo, bem assim a necessidade de legislação específica, para a adesão dos entes estatais ao Programa de Formação do Patrimônio do Servidor Público. Precedente do Plenário. 2. *Imunidade recíproca.* Matéria não discutida nas instâncias ordinárias. Inovação da lide. Impossibilidade. *Inexigibilidade do tributo em decorrência de imunidade conferida aos entes da federação. Improcedência da pretensão. A imunidade tributária diz respeito aos impostos, não alcançando as contribuições.* Agravo regimental não provido.[61] (Grifei)

Consoante o posicionamento do Supremo Tribunal Federal, não há abertura para a inclusão de outras espécies tributárias no âmbito da imunidade recíproca, sob pena de incorrer-se em flagrante inconstitucionalidade.

A segunda questão pontual reside na forma de interpretação dos conceitos de "renda", "patrimônio" e "serviços", se baseada na acepção concedida pelas regras de competência da Constituição, de cunho restritivo; ou se mais profunda, no sentido de identificar quem suportará a carga financeira do tributo, permitindo, a partir de uma visão ampliativa, a extensão da imunidade a outros impostos que não aqueles estritamente incidentes sobre renda, patrimônio e serviços.

Conforme a seguinte ementa de julgado do Supremo Tribunal Federal, a referida Corte firmou posicionamento no sentido de não beneficiar o contribuinte de fato com a imunidade recíproca:

> AGRAVO REGIMENTAL NO AGRAVO DE INSTRUMENTO. TRIBUTÁRIO. FORNECIMENTO DE ENERGIA ELÉTRICA PARA ILUMINAÇÃO PÚBLICA. ICMS. IMUNIDADE INVOCADA PELO MUNICÍPIO. IMPOSSIBILIDADE. 2. A jurisprudência do Supremo firmou-se no sentido de que a imunidade de que trata o artigo 150, VI, a, da CB/88, somente se aplica a imposto incidente sobre serviço, patrimônio ou renda do próprio Município. 3. *Esta Corte firmou entendimento no sentido de que o município não é contribuinte de direito do ICMS, descabendo confundi-lo com a figura do contribuinte de fato e a imunidade recíproca não beneficia o contribuinte de fato.* Agravo regimental a que se nega provimento.[62] (Grifei)

Misabel Abreu Machado Derzi, atualizando a obra de Aliomar Baleeiro, relata que o renomado jurista manifestou entendimento por uma visão mais am-

---

[60] Recurso Extraordinário nº 364202, Segunda Turma, Supremo Tribunal Federal, Relator: Min. Carlos Velloso, julgado em 05/10/2004.

[61] Agravo Regimental no Recurso Extraordinário nº 378144, Primeira Turma, Supremo Tribunal Federal, Relator: Min. Eros Grau, julgado em 30/11/2004.

[62] Agravo Regimental no Agravo de Instrumento nº 671412, Segunda Turma, Supremo Tribunal Federal, Relator: Min. Eros Grau, julgado em 01/04/2008.

pliativa da imunidade recíproca, no sentido de estender a imunidade recíproca a outros impostos que não incidam sobre renda, patrimônio ou serviços:

> Presumir que, nas aquisições de bens de qualquer natureza – industrializados ou não – para o desempenho das atividades essenciais da pessoa estatal sofra ela o ônus dos tributos incidentes, especialmente o Imposto sobre Produtos Industrializados e o Imposto sobre Operações de Circulação de Mercadorias e Serviços, com redução de seu patrimônio (ou de sua renda) e por esses fundamentos, reconhecer a imunidade.[63]

Seguindo o entendimento de Aliomar Baleeiro, Harrison Ferreira Leite, realizando um estudo dos conceitos de patrimônio, renda e serviços, chega a um posicionamento distinto do adotado pela Suprema Corte:

> Uma vez assimilado os conceitos de patrimônio, renda e serviços, deve-se lembrar que a imunidade resvala não apenas sobre a incidência dos impostos que têm por fatos geradores o patrimônio, as rendas ou os serviços, mas também os impostos que formalmente incidentes sobre outras realidades venham a molestar o patrimônio ou a renda das mesmas.[64]

A terceira questão pontual refere-se ao § 2º do artigo 150,[65] que estende a imunidade recíproca a patrimônio, renda e serviços vinculados às finalidades essenciais ou dela decorrentes das autarquias e fundações instituídas e mantidas pelo Poder Público. Há nesse particular um debate acerca da inclusão de empresas públicas e sociedades de economia mista na regra de imunidade.

Atualmente, é pacífico o entendimento no Supremo Tribunal Federal de que a imunidade recíproca é extensiva às empresas públicas e sociedades de economia mista que prestem serviço público de execução obrigatória e exclusiva do Estado:

> RECURSO EXTRAORDINÁRIO. CONCESSÃO DE EFEITO SUSPENSIVO. PRESENÇA DOS PRESSUPOSTOS AUTORIZADORES DA TUTELA. AÇÃO CAUTELAR SUBMETIDA A REFERENDO. TRIBUTÁRIO. IMUNIDADE RECÍPROCA. ART. 150, VI, a, DA CONSTITUIÇÃO FEDERAL. 1. Plausibilidade jurídica do pedido (fumus boni juris) diante do entendimento firmado por este Tribunal quando do julgamento do RE 407.099/RS, rel. Min. Carlos Velloso, 2ª Turma, DJ 06.8.2004, no sentido de que *as empresas públicas e sociedades de economia mista prestadoras de serviço público de prestação obrigatória e exclusiva do Estado são abrangidas pela imunidade tributária recíproca prevista no art. 150, VI, a, da Constituição Federal.* 2. Exigibilidade imediata do tributo questionado no feito originário, a caracterizar o risco de dano irreparável ou de difícil reparação (periculum in mora). 3. Decisão cautelar referendada.[66] (Grifei)

Outrossim, o caso mais usual na jurisprudência é o da Empresa Brasileira de Correios e Telégrafos, que tem obtido êxito em boa parte das demandas em que pleiteou o reconhecimento da imunidade recíproca.

---

[63] BALEEIRO, Aliomar. Op cit., p. 306.

[64] LEITE, Harrison Ferreira. Op cit., p. 109.

[65] § 2º – A vedação do inciso VI, "a", é extensiva às autarquias e às fundações instituídas e mantidas pelo Poder Público, no que se refere ao patrimônio, à renda e aos serviços, vinculados a suas finalidades essenciais ou às delas decorrentes.

[66] Ação Cautelar nº 1851 QO, Segunda Turma, Supremo Tribunal Federal, Relatora: Min. Ellen Gracie, julgado em 17/06/2008.

Contudo, há parcela da doutrina que vê com ressalvas esta visão ampliativa da imunidade recíproca, havendo inclusive manifestações contrárias à imunidade concedida aos Correios, sob a alegação de que os mesmos, exercendo sua atividade nos moldes atualmente verificados, enquadrar-se-ia na regra do artigo 173 da Carta Magna.[67] A propósito, imperativa a transcrição do entendimento de Alda de Almeida e Silva:

> Retomando a questão dos requisitos para o benefício da imunidade recíproca, verifica-se que a ECT, por ser pessoa jurídica de direito privado e por não estar incluída no rol das beneficiárias, não faz jus àquela desoneração tributária. Por outro lado, mesmo que o texto constitucional tivesse adotado o critério objetivo, que leva em conta a atividade exercida, não importando a natureza jurídica da pessoa, ainda assim não poderia ser a ECT incluída na regra da imunidade recíproca, em razão, primeiro, da vedação constitucional do gozo de privilégios fiscais (art. 173 e parágrafos) e, segundo, pela contraprestação paga pelo usuário por meio de preços e tarifas, cujos valores são estabelecidos pelo Ministério das Comunicações.[68]

Assim, apresentadas as principais controvérsias acerca da regra da imunidade recíproca, encerra-se o estudo proposto com as conclusões obtidas, as quais visam, acima de tudo, a incentivar o debate acadêmico sobre a matéria.

4. Conclusões

O estudo da *reciprocal immunity of Federal and State Instrumentalities* demonstra claramente que a evolução do tema nos julgamentos da Suprema Corte norte-americana se deu de forma paralela com a evolução dos Estados Unidos enquanto nação. Em McCulloch v. Maryland, a União, fragilizada diante dos poderosos Estados, tem a seu favor uma imunidade tributária que sequer poderia ser qualificada como recíproca, na medida em que nada foi decidido no sentido de vedar que a União tributasse as instrumentalidades dos Estados, mas apenas o contrário.

Na segunda fase, contudo, verifica-se um tratamento mais próximo do que se poderia chamar de recíproco, eis que determinadas instrumentalidades estaduais passaram a ser protegidas, destacando-se o salário de magistrado do Estado de Massachusetts, conforme salientado em The Collector v. Day.

Já na terceira fase, com certa resistência de parte de seus integrantes, a Suprema Corte consolida o entendimento no sentido da restrição do conceito de instrumentalidades, evitando desta forma que o poder tributário das pessoas políticas ficasse inteiramente à mercê de inusitadas situações que, supostamente, seriam merecedoras de imunidade.

---

[67] Art. 173. Ressalvados os casos previstos nesta Constituição, a exploração direta de atividade econômica pelo Estado só será permitida quando necessária aos imperativos da segurança nacional ou a relevante interesse coletivo, conforme definidos em lei. (...)

[68] SILVA, Alda de Almeida e. *Imunidade Tributária Recíproca*. In. Direito Público: Revista Jurídica da Advocacia-Geral do Estado de Minas Gerais. v. 2, p. 27.

A invocação dos precedentes norte-americanos no direito brasileiro deve ser realizada de forma muito atenta, diante das diferenças estruturais existentes entre Brasil e Estados Unidos. A principal diferença verificada consiste no fato de os Municípios no Brasil serem pessoas políticas dotadas de autonomia, enquanto nos Estados Unidos consistem em mero instrumento de organização do Estado. Diante de tal autonomia no direito pátrio, os Municípios encontram-se abrangidos pela imunidade recíproca, situação não verificada no direito-americano, em que a questão envolve apenas União e Estados-membros.

No Brasil a imunidade tributária recíproca possui, ainda hoje, uma importância determinante em questões jurídicas pontuais, citando-se a título de exemplo a tributação dos serviços prestados por notários e registradores, e dos serviços prestados pela Empresa Brasileira de Correios e Telégrafos. Na primeira hipótese, conforme verificado no decorrer do estudo, a imunidade não foi reconhecida; já na segunda, foi estendida a imunidade recíproca aos Correios, não obstante constituídos sob a forma de empresa pública.

Enfim, trata-se de tema de extrema relevância pela sua constante atualidade, na medida em que sempre surgem novos casos concretos com peculiaridades a serem estudadas no sentido de definir pelo cabimento (ou não) da extensão da regra da imunidade recíproca.

5. Referências bibliográficas

BALEEIRO, Aliomar. *Limitações Constitucionais ao Poder de Tributar*. 7ª ed., atualizada por DERZI, Misabel Abreu Machado, Rio de Janeiro: Forense, 2006.

BLACK, Henry Campbell. *Black's Law Dictionary*, 8th edition, West Publishing Co., 2004.

CARRAZZA, Roque Antonio. *Curso de Direito Constitucional Tributário*. 24ª ed. São Paulo: Malheiros Editores, 2008.

DERZI, Misabel Abreu Machado. *A Imunidade Recíproca, o Princípio Federal e a Emenda Constitucional n. 3, de 1993*. In: Revista de Direito Tributário n.º 62.

LEITE, Harrison Ferreira. Em Prol da Imunidade Recíproca. In: *Revista Tributária e de Finanças Públicas* n.º 60.

LENZ, Carlos Eduardo Thompson Flores. A imunidade tributária recíproca. In: *Revista do Tribunal Regional Federal da Quarta Região*. vol. 1. n.º 1.

SILVA, Alda de Almeida e. Imunidade Tributária Recíproca. In. *Direito Público: Revista Jurídica da Advocacia-Geral do Estado de Minas Gerais*. v. 2.

Precedentes do Direito Norte-Americano Citados

Brush v. Commissioner, 300 U. S. 352 (1937).

Dobbins v. Commissioners of Erie County, 41 U. S. 435 (1842).

Graves v. New York ex rel. O'keefe, 306 U.S. 466 (1939).

Helvering v. Gerhardt, 304 U.S. 405 (1938).

McCulloch v. Maryland. 17 U.S. 316 (1819).

New York ex rel. Rogers v. Graves, 299 U.S. 401 (1937).

Pollock v. Farmers' Loan & Trust Company, 158 U. S. 601 (1895).

Roger v. Graves, 199 U.S. 405 (1938).

The Collector v. Day, 78 U. S. 113 (1870).

Weston v. City Council of Charleston, 27 U. S. 449 (1829).

Precedentes do Direito Brasileiro Citados

Ação Cautelar nº 1851 QO, Segunda Turma, Supremo Tribunal Federal, Relatora: Min. Ellen Gracie, julgado em 17/06/2008.

Ação Civil Originária nº 515 QO, Tribunal Pleno, Supremo Tribunal Federal, Relatora: Min. Ellen Gracie, julgado em 04/09/2002.

Ação Direta de Inconstitucionalidade nº 939, Tribunal Pleno, Supremo Tribunal Federal, Relator: Min. Sydney Sanches, julgado em 15/12/1993.

Ação Direta de Inconstitucionalidade nº 3089, Tribunal Pleno, Supremo Tribunal Federal, Relator: Min. Carlos Britto, Relator para o Acórdão: Min. Joaquim Barbosa, julgado em 13/02/2008.

Agravo Regimental no Recurso Extraordinário nº 378144, Primeira Turma, Supremo Tribunal Federal, Relator: Min. Eros Grau, julgado em 30/11/2004.

Agravo Regimental no Agravo de Instrumento nº 671412, Segunda Turma, Supremo Tribunal Federal, Relator: Min. Eros Grau, julgado em 01/04/2008.

Recurso Extraordinário nº 364202, Segunda Turma, Supremo Tribunal Federal, Relator: Min. Carlos Velloso, julgado em 05/10/2004.

— III —

Imunidade ao ITR (CF/1988, art. 153, § 4º) e imunidade do ouro ativo financeiro (CF/1988, art. 153, § 5º)

CLITO SANTINI

GUILHERME RICARDO ROEDEL SPERB

Sumário: 1. Introdução; 2. Imunidade ao ITR (CF/1988, art. 153, § 4º); 2.1. Principais características da imunidade ao ITR; 2.2. Requisitos da imunidade ao ITR; 2.3. Hipóteses da imunidade ao ITR; 2.3.1. A pequena gleba rural que é o imóvel rural com área igual ou inferior; 2.3.2. Os imóveis rurais da União, dos Estados, do Distrito Federal e dos Municípios; 2.3.3. Os imóveis rurais de autarquias e fundações instituídas e mantidas pelo Poder Público; 2.3.4. Os imóveis rurais de instituições de educação e de assistência social, sem fins lucrativos; 2.3.5. Terras tradicionalmente ocupadas por índios; 2.3.6. Enfiteuta ou foreiro; 2.3.7. Usufrutuário; 2.3.8. Arrendamento, comodato ou parceria; 2.3.9. Assentamento rural; 2.3.9. Assentamento rural; 2.4. Conflito entre o IPTU e o ITR; 3. Imunidade do ouro ativo financeiro (CF/1988, art. 153, § 5º); 3.1. Principais características da imunidade do ouro ativo financeiro; 3.2. A Lei nº 7.766/1989; 3.3. A jurisprudência do Supremo Tribunal Federal; 4. Conclusão; 5. Bibliografia.

1. Introdução

Este trabalho trata da imunidade ao imposto sobre a propriedade territorial rural (ITR) prevista no artigo 153, § 4º, da Constituição Federal de 1988, e da imunidade do ouro ativo financeiro estabelecida no artigo 153, § 5º, da Constituição de 1988, apresenta as principais características destas espécies de imunidades, analisa, em cada uma delas, os aspectos mais relevantes, assim considerados aqueles que suscitam maiores discussões em sede doutrinária.

No que se refere à imunidade ao ITR, o trabalho contempla também os requisitos exigidos para o gozo desta imunidade, examina as diversas hipóteses de ocorrência desta imunidade e aborda o tema referente ao conflito de competência existente entre o imposto sobre a propriedade territorial rural (ITR) e o imposto sobre a propriedade predial e territorial urbana (IPTU).

No que se refere à imunidade do ouro ativo financeiro, o trabalho analisa a definição do ouro ativo financeiro estabelecida na Lei Ordinária nº 7.766/1989 e as controvérsias surgidas na doutrina de Direito Tributário com relação ao fato da definição do ouro ativo financeiro ter sido veiculada em Lei Ordinária, e não em Lei Complementar. Ademais, analisa detidamente a decisão proferida pelo Tribunal Pleno do Supremo Tribunal Federal no julgamento do recurso extraordinário nº 190.363/RS.

Por fim, cabe salientar que este trabalho tem por finalidade aprimorar o estudo da imunidade ao imposto sobre a propriedade territorial rural (ITR) prevista no artigo 153, § 4º, da Constituição Federal de 1988, e da imunidade do ouro ativo financeiro estabelecida no artigo 153, § 5º, da Constituição de 1988, bem como possibilitar a sua utilização teórica e prática pelos operadores do Direito Tributário.

2. Imunidade ao ITR (CF/1988, art. 153, § 4º)

2.1. Principais características da imunidade ao ITR

São imunes ao ITR (Imposto Territorial Rural) pequenas glebas rurais, definidas em lei, quando as explore, só ou com sua família, o proprietário que não possua outro bem imóvel, rural ou urbano.

Com efeito, nossa Carta Magna insere em seu artigo 153, § 4º, a seguinte norma: "o imposto previsto no inc. VI, terá suas alíquotas fixadas a desestimular a manutenção de propriedade improdutiva e não incidirá sobre pequenas glebas rurais, definidas em lei, quando as explore, só ou com sua família, o proprietário que não possua outro imóvel".

Referida imunidade tributária, concebida em defesa dos interesses econômicos do pequeno agricultor, visa a estimular a fixação do homem ao campo, com evidentes benefícios reflexos na produção agrícola e na manutenção do equilíbrio do índice demográfico rurícola e citadino.

Mas, para que se possa validamente invocar o benefício de imunidade tributária, urge estejam necessariamente presentes os requisitos estipulados pelo artigo 2º da Lei Federal nº 9.393, de 19 de dezembro de 1996, editada para os fins de definir as dimensões da propriedade, conforme previsto em nossa Carta Magna (art. 153, § 4º).

A imunidade, como instituto consagrado constitucionalmente, cinge-se numa limitação ao poder de tributar. Consiste em instituto de índole constitucional que, segundo alguns autores, limita a própria competência tributária.

Encontra-se ela albergada no campo diverso da isenção, vez aquela não é alcançada por qualquer hipótese de incidência. Em outras palavras, a imunidade está fora do campo de hipótese de incidência ou da imposição tributária. Seu arcabouço, como dito, é a disposição constitucional.

2.2. Requisitos da imunidade ao ITR

A imunidade tributária legalmente assegurada (CF/1988, art. 153, § 4°, com a redação dada pela Emenda Constitucional n° 42, de 2003, art. 1°, Lei n° 9.393, de 1996, art. 2°, RITR/2002, art. 3°, I, IN SRF n° 256, de 2002, art. 2°, I), está voltada à proteção da pequena propriedade, geograficamente localizada fora da zona urbana, tornada produtiva com o trabalho do agricultor hipossuficiente e de sua família.

2.3. Hipóteses da imunidade ao ITR

2.3.1. A pequena gleba rural que é o imóvel rural com área igual ou inferior

• 100 ha, se localizado em município compreendido na Amazônia Ocidental ou no Pantanal mato-grossense e sul-mato-grossense.

a) No estado do Mato Grosso: os seguintes municípios: Barão de Melgaço, Cáceres, Curvelância, Itaquira, Nossa Senhora do Livramento, Poconé e Santo Antonio do Leverger;

b) No estado do Mato Grosso do Sul, os seguintes municípios: Anastácio, Aquidauana, Bela Vista, Bodoquena, Bonito, Caracol, Corguinho, Coxim, Ladário, Miranda, Porto Murtinho, Rio Negro, Rio Verde de Mato Grosso e Sonora.

• 50 ha, se localizado em município compreendido no Polígno das Secas ou na Amazônia Oriental (os municípios que formam a Amazônia Oriental são: os municípios localizados nos estados do Amapá, Maranhão, Pará e Tocantins; e os municípios localizados no estado do Mato Grosso, exceto os integrantes do Pantanal mato-grossense).

• 30 ha, se localizados em qualquer outro município (Lei n° 9.393, de 1996, art. 2° parágrafo único; RITR/2002, art. 3°, § 1°, IN SRF n° 256, de 2002, art. 2°, § 1°) desde que a explore o proprietário, titular do domínio útil ou possuidor a qualquer título que não possua qualquer outro imóvel, rural ou urbano. (CF/88, art. 153, 4°, com redação dada pela Emenda Constitucional n° 42, de 2003, art. 1°, Lei n° 9.393, de 1996, art. 2°, RITR/2002, art. 3°, I; IN SRF n° 256, de 2002, art. 2°, I).

2.3.2. Os imóveis rurais da União, dos Estados, do Distrito Federal e dos Municípios

A imunidade tributária recíproca dos entes políticos, prevista no art. 150, VI, "a", da Constituição Federal de 1988, é extensiva às autarquias, no que se refere ao patrimônio, à renda e aos serviços vinculados a suas finalidades essenciais ou às delas decorrentes (STF, 1ª T., AgRgAg 463910-MG, rel. Min. Carlos Brito. J.20.6.2006, DJU 8.9.2006, p. 36).

2.3.3. Os imóveis rurais de autarquias e fundações instituídas e mantidas pelo Poder Público

Quanto às autarquias e fundações, instituídas e mantidas pelo Poder Público, seus imóveis rurais são imunes do ITR apenas quando vinculados às finalidades essenciais dessas instituições, e desde que não explorem atividades econômicas regidas pelas normas aplicáveis a empreendimentos privados (IN SRF nº 60, de 2001, art. 2º).

2.3.4. Os imóveis rurais de instituições de educação e de assistência social, sem fins lucrativos

A imunidade tributária, em rigor, não alcança o templo propriamente dito, Isto é, o local destinado a cerimônias religiosas, mas, sim, a entidade mantenedora do templo, a igreja.

A palavra "templos" tem sido entendida com certa dose de liberalidade. São considerados "templos" não apenas os edifícios destinados à celebração pública dos ritos religiosos, isto é, os locais onde o culto se professa, mas, também, os seus anexos. Considerando-se "anexos dos templos", em termos de religião católica, a casa paroquial, o seminário, o convento, abadia etc., deste que, é claro, não sejam empregados em fins econômicos. Se a religião for protestante, são anexos: a casa do pastor, o centro de formação de pastores etc. Se a religião for a israelita, a casa do rabino, o centro de formação de rabinos etc.

A imunidade tributária, destarte, não se estende aos imóveis da igreja não relacionados com as suas finalidades essenciais, bem como às rendas provenientes de aluguéis de imóveis, da venda de objetos sacros, da exploração comercial de estacionamentos, da venda de licores etc., ainda que os rendimentos assim obtidos revertam em benefício do culto, por não serem estas funções essenciais de nenhum culto.

Por fim, o imóvel rural de templo de qualquer culto somente será alcançado pela imunidade tributária se vinculado às finalidades ou funções essenciais da igreja, ou seja, no qual funcione centro de formação de religiosos (como seminário, convento, etc.), admitida a produção de alimentos tão somente para o consumo próprio dos internos, portanto, sem destinação comercial (CF/88, art. 150, inc. VI, al. "b" e § 4º).

Os imóveis rurais de que tratam as hipóteses descritas nos itens 2.3.3 e 2.3.4 supra, somente são imunes do ITR quando vinculados às finalidades essenciais das entidades neles mencionadas (Constituição Federal de 1988, art. 150, inc. VI, als. "a" e "c", e §§ 2º e 4º, e art. 153, § 4º, com a redação dada pela Emenda Constitucional nº 42, de 19 de dezembro de 2003, art. 1º, Lei 9.393, de 1996, art. 2º RITR/2002, ar. 3º, IN SRF nº 256, de 2002, art. 2º).

Ou, ainda, para o gozo da imunidade, as instituições de educação ou de assistência social devem prestar os serviços para os quais houveram sido instituídas e os colocar à disposição da população em geral, em caráter complementar às atividades do Estado, sem fins lucrativos, e atender aos seguintes requisitos:

a) não distribuir qualquer parcela de seu patrimônio ou de suas rendas a qualquer título;

b) aplicar integralmente, no País, seus recursos na manutenção e desenvolvimento dos objetivos institucionais;

c) não remunerar, por qualquer forma, seus dirigentes pelos serviços prestados;

d) manter escrituração completa de suas receitas e despesas em livros revestidos das formalidades que assegurem a respectiva exatidão;

e) conservar em boa ordem, pelo prazo de cinco anos, contados da data da emissão, os documentos que comprovem a origem de suas receitas e a efetivação de suas despesas, bem assim a realização de quaisquer outros atos ou operações que venham a modificar sua situação patrimonial;

f) apresentar, anualmente, declaração de rendimento, em conformidade com o disposto em ato da Secretaria da Receita Federal do Brasil;

g) assegurar a destinação de seu patrimônio a outra instituição que atenda às condições para o gozo da imunidade, no caso de incorporação, fusão, cisão ou de encerramento de suas atividades, ou órgão público;

h) outros requisitos, estabelecidos em lei específicas, relacionados com o funcionamento destas entidades. (CTN, art. 14, com redação data pela Lei Complementar n° 104, de 10 de outubro de 2001, art. 1°, Lei n° 9.532, de 10 de dezembro de 1997, art. 12, RITR, art. 3°, § 2°, IN SRF n° 256, de 2002, art. 2°, IV, e § 4°, Lei ° 9.718, de 27 de novembro de 1998, art. 10).

2.3.5. Terras tradicionalmente ocupadas por índios

As terras tradicionalmente ocupadas por índios são bens da União, porém os índios têm a posse permanente, a título de usufruto especial. Essas terras são intransferíveis e indisponíveis, e os direitos sobre elas imprescritíveis. Além disso, as florestas e demais formas de vegetação que integram o patrimônio indígena estão submetidas ao regime de preservação permanente. Por conseguinte, essas terras são imunes do ITR. Cabe à União, por intermédio da Fundação Nacional do Índio (FUNAI), declarar essas áreas para efeito do ITR, pois a imunidade não desobriga o contribuinte de apresentar a DITR (Lei n° 4.771, de 1965, art. 3°, § 2° - Código Florestal, CF/88, arts. 20, XI, e 231, §§ 2° e 4°).

2.3.6. Enfiteuta ou foreiro

O enfiteuta foreiro é o titular do domínio útil, enquadrando-se, nesta condição, na definição de contribuinte do ITR. Portanto, faz jus à imunidade, desde que satisfeitas as condições previstas da Constituição Federal de 1988, em seu artigo 153, § 4°, com a redação dada pela Emenda Constitucional n° 42, de 2003, art. 1° Lei n° 9.393, de 1996, arts. 2° e 4°, RITR/2002, art. 3°, I, IN SRF n° 256, de 2002, art. 2°, I.

Podemos dizer, ainda, que o foreiro ou enfiteuta pode vender ou dar em pagamento o domínio útil, desde que com prévia opção de preferência ao senhorio direto. Existem na enfiteuse, simultaneamente, dois domínios: o direto e o útil. O senhorio direto é, pois, o titular do domínio direto, também chamado de domínio emitente, enquanto o enfiteuta é titular do domínio útil, tendo direito de usar, gozar e dispor, com certas restrições (Código Civil, art. 683).

2.3.7. Usufrutuário

O usufrutuário é considerado possuidor a qualquer título, tem a posse a título de usufruto, enquadrando-se, nesta condição, na definição de contribuinte do ITR. Portanto, faz jus à imunidade, desde que satisfeitas as condições previstas na Constituição de 1988, em seu artigo 153, § 4°, com a redação dada pela Emenda n° 42, de 2003, art. 1°, Lei n° 9.393, de 1996, arts. 2° e 4°, RITR/2002, art. 3°, I, IN SRF n° 256, de 2002, art. 2°, I.

2.3.8. Arrendamento, comodato ou parceria

A pequena gleba rural explorada por contrato de arrendamento, comodato ou parceria, perde a imunidade do ITR, sujeitando-se à apuração do imposto, conforme prevista na IN SRF n° 256, de 2002, art. 2°, § 3°.

2.3.9. Assentamento rural

O imóvel de um assentado é imune do ITR quando, cumulativamente:

a) a titulação do imóvel rural for feita individualmente, ou seja, cada assentado tenha um título de domínio ou de concessão de uso;

b) o imóvel do assentado for enquadrado como uma pequena gleba rural;

c) a exploração do imóvel for realizada pelo assentado; e

d) o assentado não possua qualquer outro imóvel, rural ou urbano.

2.4. Conflito entre o IPTU e o ITR

Sem prévia definição por lei complementar, dirimindo o conflito de competência tributária entre União e os Municípios (CF/1988, art. 146, inc. I), não seria possível o exercício dessa competência impositiva por qualquer uma das entidades políticas. De fato, pelo artigo 153, inciso VI, da Constituição Federal de 1988, cabe à União Federal tributar a propriedade territorial rural pelo ITR.

Para afastar esse conflito de competência tributária entre a União e os Municípios, o § 1º do artigo 32 do Código Tributário Nacional assim prescreveu:

§1º Para os efeitos deste imposto, entende-se como zona urbana a definida em lei municipal, observando o requisito mínimo da existência de melhoramentos indicados em pelo menos dois dos incisos seguintes construídos ou mantidos pelo Poder Público:

I – meio-fio ou calçamento, canalização de águas pluviais;

II – abastecimento de água;

III- sistema de esgotos sanitários;

IV – rede de iluminação pública, com ou sem posteamento para distribuição domiciliar;

V – escola primária ou posto de saúde a uma distância máxima de 3 (três) quilômetros do imóvel considerado.

§ 2º A lei municipal pode considerar urbanas as áreas urbanizáveis, ou de expansão urbana, constantes de loteamentos aprovados pelos órgãos competentes, destinados à habitação, indústria ou ao comércio, mesmo que localizados fora das zonas definidas nos termos do parágrafo anterior.

Como se verifica, o Código Tributário Nacional adotou o critério geográfico para definição da zona urbana. Assim, zona urbana é aquela definida em lei municipal, observado o requisito mínimo da existência de 2 (dois) dos melhoramentos públicos referidos no artigo 32, § 1º, do Código Tributário Nacional. A definição, por lei ordinária, de imóvel rural ou de imóvel urbano, segundo a destinação dada ao bem afronta o critério geográfico acolhido pelo Código Tributário Nacional.

Por isso, o Supremo Tribunal Federal declarou a inconstitucionalidade do artigo 6º e seu parágrafo único da Lei Federal nº 5.868, de 12 de dezembro de 1972, que, para efeito de tributação pelo imposto territorial rural, considerava como imóvel rural, independentemente de sua localização, aquele destinado à exploração agrícola, pecuária, extrativa vegetal ou agroindustrial. Entendeu a Corte Suprema que a fixação de critério para definição de imóvel rural ou urbano é matéria que se insere no campo de normas gerais sobre tributação, razão pela qual somente a lei complementar poderia revogar a expressa disposição do Código Tributário Nacional (RE nº 93.850-8/MG, Tribunal Pleno, Relator Min. Moreira Alves; JSTF, Lex 46, p. 91).

Portanto, a legislação do ITR não adotou o princípio da destinação, mas sim o da localização. Assim, se o imóvel está situado na zona urbana definida em lei municipal independentemente de sua destinação, o imposto devido é o IPTU; se o imóvel está localizado na zona rural, também independentemente de sua destinação, o imposto devido é o ITR (Lei nº 9.393, de 1996, art. 1º e IN SRF nº 60, 2001, art. 1º).

Aliás, a adoção do critério da destinação do imóvel impossibilitaria ao Município o cumprimento de sua missão de ordenar o pleno desenvolvimento das funções sociais da cidade (CF/1988, art. 182), pois simplesmente desapareceria a fronteira entre a zona rural e a urbana. O território municipal ficaria constituído de imóveis urbanos e rurais, de forma intercalada, impedindo ao Município de conferir a função social à propriedade imobiliária, pois esta, em relação ao imóvel rural, cabe apenas à União (CF/1988, art. 186).

3. Imunidade do ouro ativo financeiro (CF/1988, art. 153, § 5º)

3.1. Principais características da imunidade do ouro ativo financeiro

A Constituição Federal de 1988 determina no artigo 153, inciso V, § 5º, que:

> Seção III
> DOS IMPOSTOS DA UNIÃO
> Art. 153. Compete à União instituir impostos sobre:
> V – operações de crédito, câmbio e seguro, ou relativas a títulos ou valores mobiliários;
> § 5º – O ouro, quando definido em lei como ativo financeiro ou instrumento cambial, sujeita-se exclusivamente à incidência do imposto de que trata o inciso V do 'caput' deste artigo, devido na operação de origem; a alíquota mínima será de um por cento, assegurada a transferência do montante da arrecadação nos seguintes termos:
> I – trinta por cento para o Estado, o Distrito Federal ou o Território, conforme a origem;
> II – setenta por cento para o Município de origem.

Alberto Xavier, ao descrever as características da imunidade do ouro ativo financeiro, no artigo intitulado "IOF – Inconstitucionalidade das Novas Incidências do IOF em Geral e sobre o Ouro em Especial", publicado na Revista de Direito Tributário, volume 52, páginas 97-109, ressalta que:

> Assim, à semelhança dos impostos únicos da constituição de 1967, entre os quais o imposto único sobre minerais (IUM) o IOF sobre o ouro ativo financeiro está submetido ao *princípio da unicidade*, na dupla acepção que este comporta: o *princípio do exclusivismo*, que se traduz na exclusão da incidência de outros tributos, e que decorre claramente do uso de expressão 'sujeita-se exclusivamente'; e o *princípio da unicidade em sentido estrito* ou *princípio monofásico*, segundo o qual, mesmo no campo do IOF o imposto só pode incidir uma vez, numa das fases do ciclo produtivo, vedada uma imposição fracionada.
>
> Todavia, ao invés do que sucedia no extinto IUM, em que a Constituição impunha o princípio monofásico, não dava ao legislador ordinário a faculdade de escolher qual das fases do processo produtivo deveria ficar sujeita ao imposto, no IOF sobre o ouro ativo financeiro, tal liberdade não foi outorgada, vez que a própria Constituição determinou qual das fases deveria sofrer a tributação única. E essa foi escolhida como a *operação de origem*, que a Lei 7.766/89 definiu como a *primeira aquisição* do ouro por instituição financeira.
>
> Donde se conclui que sobre o 'ouro financeiro' não só não pode incidir outro tributo, além do IOF, mas também que, no campo deste imposto, nenhuma outra tributação poderá incidir além daquela devida na operação de origem, ou seja, na primeira aquisição efetuada por instituição financeira, pelo que a exigência de nova imposição sobre posteriores transmissões de ouro é inconstitucional".

Em síntese, pode-se afirmar que a doutrina de Direito Tributário identifica duas características principais da imunidade do ouro ativo financeiro prevista no artigo 153, § 5º, da Constituição Federal de 1988, quais sejam:

a) o IOF sobre o ouro ativo financeiro é um tributo monofásico, incide uma única vez, na operação de origem, após tal incidência a norma da imunidade impede novas incidências do IOF; e

b) o ouro ativo financeiro fica sujeito à incidência exclusiva do IOF, desde a sua origem, sendo que a norma da imunidade impede a incidência de outros tributos, notadamente o ICMS.

Além das características antes mencionadas, a doutrina de Direito Tributário também destaca outra relativa ao novo tratamento tributário dado ao ouro pela Constituição Federal de 1988.

Com efeito, antes da vigência da Constituição Federal de 1988, os minerais, entre eles o ouro, estavam sujeitos à incidência do Imposto Único sobre Minerais – IUM.

Com o advento da Constituição Federal de 1988, o Imposto Único sobre Minerais – IUM – foi extinto e, em regra geral, os minerais, enquadrados como mercadorias, passaram a integrar o campo da incidência do Imposto sobre Operações relativas à Circulação de Mercadorias e sobre Prestações de Serviços de Transporte Interestadual e Intermunicipal e de Comunicação – ICMS.

No entanto, a Constituição Federal de 1988 inovou ao estabelecer que o ouro, além de mercadoria, também passou a ser considerado ativo financeiro.

Assim, de acordo com a Constituição Federal de 1988 o ouro passou a ter dois tipos distintos de tratamento tributário, a saber:

a) o ouro mercadoria, o qual está sujeito à incidência do ICMS; e

b) o ouro ativo financeiro, o qual está sujeito à incidência exclusiva do IOF, na operação de origem, nos termos previstos no artigo 153, § 5º, da Carta Magna.

3.2. A Lei nº 7.766/1989

A Lei nº 7.766, de 11 de maio de 1989, ao dispor sobre o ouro, ativo financeiro, e sobre seu tratamento tributário, estabelece, nos artigos 1º e 4º, a definição do ouro ativo financeiro nos seguintes termos:

> Art. 1º O ouro em qualquer estado de pureza, em bruto ou refinado, quando destinado ao mercado financeiro ou à execução da política cambial do País, em operações realizadas com a interveniência de instituições integrantes do Sistema Financeiro Nacional, na forma e condições autorizadas pelo Banco Central do Brasil, será desde a extração, inclusive, considerado ativo financeiro ou instrumento cambial.
>
> § 1º Enquadra-se na definição deste artigo:
>
> I - o ouro envolvido em operações de tratamento, refino, transporte, depósito ou custódia, desde que formalizado compromisso de destiná-lo ao Banco Central do Brasil ou à instituição por ele autorizada.
>
> II - as operações praticadas nas regiões de garimpo onde o ouro é extraído, desde que o ouro na saída do Município tenha o mesmo destino a que se refere o inciso I deste parágrafo.
>
> § 2º As negociações com o ouro, ativo financeiro, de que trata este artigo, efetuada nos pregões das bolsas de valores, de mercadorias, de futuros ou assemelhadas, ou no mercado de balcão com a interveniência de instituição financeira autorizada, serão consideradas operações financeiras.

Art. 4º O ouro destinado ao mercado financeiro sujeita-se, desde sua extração inclusive, exclusivamente à incidência do imposto sobre operações de crédito, câmbio e seguro, ou relativas a títulos ou valores mobiliários.

A Lei nº 7.766/1989, em seus artigos 1º e 4º, define como ouro ativo financeiro aquele destinado ao mercado financeiro, ou seja, a Lei nº 7.766/1989 adotou o critério do destino para definir a natureza do ouro ativo financeiro.

Como regra geral, a Lei nº 7.766/1989 estabelece que as operações com ouro ativo financeiro deverão observar dois requisitos básicos:

a) que as operações sejam realizadas com a interveniência de instituição integrante do Sistema Financeiro Nacional; e

b) que as operações sejam realizadas na forma e nas condições autorizadas pelo Banco Central do Brasil.

Na doutrina de Direito Tributário, há uma grande controvérsia sobre o fato da definição do ouro ativo financeiro ter sido estabelecida pela Lei Ordinária nº 7.766/1989.

Com efeito, na doutrina de Direito Tributário são facilmente identificadas duas correntes a respeito da necessidade ou não da definição do ouro ativo financeiro ser veiculada em Lei Complementar.

Uma corrente doutrinária entende que a definição do ouro ativo financeiro para fins de incidência única do IOF deveria ter sido feita por Lei Complementar. Esta corrente apresenta, entre outros, os seguintes fundamentos:

a) a Constituição Federal de 1988, no artigo 146, inciso I, exige lei complementar para dispor sobre conflitos de competência, em matéria tributária, entre a União Federal (IOF) e os Estados (ICMS);

b) a Constituição Federal de 1988, no artigo 146, inciso II, exige lei complementar para regular as limitações constitucionais ao poder de tributar, ou seja, para dispor sobre a imunidade do ouro ativo financeiro em relação ao IOF;

c) a Constituição Federal de 1988, no artigo 146, inciso III, alínea "a", exige lei complementar para definir o fato gerador, a base de cálculo e os contribuintes do IOF que incide sobre o ouro ativo financeiro; e

d) a Constituição Federal de 1988, no artigo 153, § 5º, ao mencionar lei estaria se referindo à lei complementar.

A outra corrente doutrinária entende que a definição do ouro ativo financeiro para fins de incidência única do IOF pode ser feita por Lei Ordinária. Esta corrente apresenta, entre outros, os seguintes fundamentos:

a) o fato gerador, a base de cálculo e os contribuintes do IOF – ouro ativo financeiro – já estão definidos nos artigos 63 a 66 do Código Tributário Nacional, recepcionado pela Constituição Federal de 1988 como Lei Complementar; e

b) a Constituição Federal de 1988, no artigo 153, § 5º, ao mencionar lei estaria se referindo à lei ordinária, haja vista que a Carta Magna ao exigir lei complementar o faz expressamente.

Cláudio J. G. Guerreiro, no artigo "IOF – Incidência sobre Ouro Ativo Financeiro", publicado na Revista de Direito Tributário, volume 49, páginas 102 a 109, aponta o Professor Ives Gandra da Silva Martins como um dos principais defensores da corrente que entende ser necessária lei complementar para estabelecer a definição do ouro ativo financeiro.

Já o próprio Cláudio J. G. Guerreiro, no artigo "IOF – Incidência sobre Ouro Ativo Financeiro", publicado na Revista de Direito Tributário, volume 49, páginas 102 a 109, e Mônica Castro de Mello Bity, no artigo "Ouro-Ativo Financeiro: Caracterização", publicado na Revista dos Tribunais, volume 674, páginas 19 a 30, entendem ser desnecessária lei complementar para estabelecer a definição do ouro ativo financeiro. Além deles, também pode ser citado o entendimento do Exmo. Sr. Dr. Ministro do Supremo Tribunal Federal, Carlos Velloso, manifestado no voto proferido no julgamento do recurso extraordinário nº 190.363/RS, no sentido de ser desnecessária lei complementar para estabelecer a definição do ouro ativo financeiro.

3.3. A jurisprudência do Supremo Tribunal Federal

Em 13 de maio de 1998, o Tribunal Pleno do Supremo Tribunal Federal julgou o recurso extraordinário nº 190.363/RS.

O objeto do julgamento proferido no recurso extraordinário nº 190.363/RS foi a nova hipótese de incidência do IOF sobre o ouro ativo financeiro instituída pela Lei nº 8.033, de 12 de abril de 1990.

De fato, a Lei nº 8.033, de 12 de abril de 1990, instituiu nova hipótese de incidência do IOF sobre o ouro ativo financeiro, além daquela já prevista na Lei nº 7.766, de 11 de maio de 1989.

Importante ressaltar que a Lei nº 8.033/1990 atribuiu à nova hipótese de incidência do IOF sobre o ouro ativo financeiro o caráter de adicional à exigência já estabelecida na Lei nº 7.766/1989, dispondo em seu artigo 2º, inciso III, que:

Art. 2º O imposto ora instituído terá as seguintes características:
(...)
III - não prejudicará as incidências já estabelecidas na legislação, constituindo, quando ocorrer essa hipótese, um adicional para as operações já tributadas por essa legislação;

No julgamento do Recurso Extraordinário nº 190.363/RS, o Tribunal Pleno do Supremo Tribunal Federal, em decisão unânime, declarou a inconstitucionalidade do inciso II do artigo 1º da Lei nº 8.033/1990, afastando, assim, a nova hipótese de incidência do IOF sobre o ouro ativo financeiro prevista na referida Lei nº 8.033/1990.

O Tribunal Pleno do Supremo Tribunal Federal, no julgamento do recurso extraordinário nº 190.363/RS, adotou o entendimento manifestado no voto proferido pelo Exmo. Sr. Dr. Ministro-Relator, Carlos Velloso, de que a nova incidência do IOF estabelecida na Lei nº 8.033/1990 contrariava a norma inscrita no artigo 153, § 5º, da Constituição Federal de 1988, nos seguintes termos:

> Ora, essa nova incidência é ofensiva ao disposto no § 5º do art. 153 da C.F.
>
> (...)
>
> Conforme foi dito, o ouro, enquanto ativo financeiro ou instrumento cambial, sujeita-se, exclusivamente, ao IOF, devido na operação de origem (C.F., art. 153, § 5º), certo que o fato gerador desse imposto, na forma do disposto no art. 8º e seu parágrafo único, da Lei 7.766, de 11.05.89, 'é a primeira aquisição do ouro, ativo financeiro, efetuada por instituição autorizada, integrante do Sistema Financeiro Nacional' (art. 8º, *caput*), ou, tratando-se 'de ouro físico oriundo do exterior, ingressado no País, o fato gerador é o seu desembaraço aduaneiro.' (Parágrafo único do art. 8º). Ora, estabelecendo a Lei 8.033/90 incidência sobre a transmissão do ouro, enquanto ativo financeiro, relativamente às operações subseqüentes à originária (Lei 7.766/89, art. 8º e seu parágrafo único), é inconstitucional.
>
> Não há falar em adicional – art. 2º, III, Lei 8.033, de 1990 – dado que se trata, na verdade, de nova incidência sobre operações subseqüentes à operação originária.

Por fim, cumpre ressaltar que a decisão proferida no julgamento do Recurso Extraordinário nº 190.363/RS restou ementada nos seguintes termos:

> CONSTITUCIONAL. TRIBUTÁRIO. IOF. OURO: TRANSMISSÃO DE OURO ATIVO FINANCEIRO. C.F., art. 153, § 5º. Lei 8.033, de 12.04.90, art. 1º, II.
>
> I. – O ouro, definido como ativo financeiro ou instrumento cambial, sujeita-se, exclusivamente, ao IOF, devido na operação de origem: C.F., art. 153, § 5º. Inconstitucionalidade do inciso II do art. 1º da Lei 8.033/90.

4. Conclusão

No que se refere à imunidade ao ITR, constata-se claramente que o legislador constitucional, ao instituir tal hipótese de imunidade, teve como objetivo estabelecer a proteção dos interesses econômicos do pequeno agricultor, visando a estimular a fixação do homem ao campo, e com isso, obter benefícios reflexos na produção agrícola e na manutenção do equilíbrio do índice demográfico rurícola e citadino.

Já que no que refere à imunidade do ouro ativo financeiro, constata-se que se trata de uma hipótese de imunidade com características próprias, a qual, diante da incidência única do IOF sobre o ouro ativo financeiro, opera impedindo novas incidências do próprio IOF e, diante da incidência exclusiva do IOF sobre o ouro ativo financeiro, opera impedindo a incidência de outros tributos, tais como o ICMS.

Ainda no tocante à imunidade do ouro ativo financeiro, ressalta-se que a definição do ouro ativo financeiro estabelecida na Lei Ordinária nº 7.766/1989 tem suscitado grande controvérsia na Doutrina de Direito Tributário, podendo ser facilmente identificadas duas correntes doutrinárias, uma que defende a necessidade de lei complementar para estabelecer a definição do ouro ativo financeiro e outra que entende que tal definição pode ser feita por Lei Ordinária. Na verdade, esta questão – necessidade ou não de Lei Complementar para definir ouro ativo financeiro – não está resolvida, haja vista que este tema ainda não foi julgado pelo Supremo Tribunal Federal.

Por fim, ainda em relação à imunidade do ouro ativo financeiro, cabe mencionar que, ressalvada a tentativa feita pela Lei nº 8.033/1990, a qual estabeleceu nova hipótese de incidência do IOF sobre o ouro ativo financeiro, não foram identificadas outras tentativas, feitas por legislação tributária infraconstitucional, de burlar a norma da imunidade do ouro ativo financeiro estabelecida no artigo 153, § 5º, da Constituição Federal de 1988.

5. Bibliografia

ATALIBA, Geraldo. *Hipótese de Incidência Tributária*. 5ª ed., 6ª tiragem, São Paulo: Malheiros, 1997.

ÁVILA, Humberto. *Teoria dos Princípios: da definição à aplicação dos princípios jurídicos*. 9ª ed., São Paulo: Malheiros, 2009.

BALEEIRO, Aliomar. *Direito Tributário Brasileiro*. 11ª. ed., atualizada por Misabel Abreu Machado Derzi, Rio de Janeiro: Forense, 2002.

BITY, Monica Castro de Mello. Ouro – ativo financeiro: Caracterização. *Revista dos Truibunais*. São Paulo, vol. 674, 1991.

CARRAZZA, Roque Antônio. *Curso de Direito Constitucional Tributário*. 11ª ed., rev. atual. e ampl., São Paulo: Malheiros, 1998.

COSTA, Regina Helena. *Imunidades Tributárias*. 2ª ed., rev. e atual., São Paulo: Malheiros, 2006.

CÔELHO, Sacha Calmon Navarro, DERZI, Misabel Abreu Machado, e THEODORO, Humberto Jr. *Direito Tributário Contemporâneo*. 2ª ed., rev., atual. e ampl., São Paulo: Revista dos Tribunais, 2004.

DIFINI, Luiz Felipe Silveira. *Manual de Direito Tributário*. 4ª ed., atual., São Paulo: Saraiva, 2008.

FALCÃO, Amílcar de Araújo. *Fato gerador da obrigação tributária*. 6ª ed., 3ª tiragem, atualizada por Flávio Bauer Novelli, Rio de Janeiro: Forense, 1997.

FERREIRA SOBRINHO, Jose Wilson. Tributação do ouro como ativo financeiro. *Repertório IOB de Jurisprudência*. São Paulo: 1/12774, p. 503-500, 1998.

GUERREIRO, Cláudio J. G.. IOF – incidência sobre ouro ativo financeiro. *Revista de Direito Tributário*. São Paulo: Revista dos Tribunais, vol. 49, 1989.

MELEGA, Luiz Henrique Cavalcanti. A tributação do ouro, ativo financeiro. *Repertório IOB de Jurisprudência*. São Paulo: 1/4993, 1992.

PAULSEN, Leandro, e MELO, José Eduardo Soares de. *Impostos: federais, estaduais e municipais*. 4ª ed., Porto Alegre: Livraria do Advogado, 2008.

XAVIER, Alberto. IOF – Inconstitucionalidade das Novas Incidências do IOF em Geral e sobre o Ouro em Especial. *Revista de Direito Tributário*. São Paulo: Revista dos Tribunais, vol. 52, 1990.

— IV —

Imunidade a contribuições para a Seguridade Social

DANIEL MARCHIONATTI BARBOSA

Sumário: Introdução. 1. A imunidade das receitas de exportação (art. 149, § 2º, inciso I); 1.1. Classificação; 1.2. Interpretação e finalidade; 1.3. Contribuições sociais abrangidas; 1.3.1. A abrangência das contribuições para a Seguridade Social sobre receitas; 1.3.2. Variações cambiais ativas; 1.3.3. A questão da CSLL; 1.3.4. A questão da CPMF; 2. Imunidade das entidades beneficentes de assistência social (art. 195, § 7º); 2.1. Classificação; 2.2. Interpretação e finalidade; 2.3. Regulamentação da imunidade; 2.3.1. Regulamentação por lei ordinária; 2.3.2. Regulamentação por lei complementar; 2.3.3. Regulamentação mista; 2.3.4. Posição do Supremo Tribunal Federal; 2.3.5. Tomada de posição; 2.4. Conteúdo da regulamentação; 2.5. Legislação; 2.5.1. Entidade; 2.5.2. Beneficente; 2.5.3. Assistência social; 2.5.3.1. Destinatários; 2.5.3.2. Contraprestação; 2.5.3.3. Objeto; 2.6. Tributos abrangidos; 3. Aposentadorias e pensões até o limite pago pelo RGPS (art. 40, § 18, art. 195, inciso II); 3.1. Regra de transição; 3.2. Classificação; 3.3. Interpretação e finalidade; 4. Aposentadorias e pensões até o dobro do limite pago pelo RGPS para beneficiário portador de doença incapacitante (art. 40, § 21); 4.1. Classificação; 4.2. Interpretação e finalidade; Conclusão; Referências bibliográficas.

Introdução

O presente trabalho busca analisar as imunidades às contribuições à seguridade social.

As contribuições para a seguridade social são tributos caracterizados por sua destinação:[1] o financiamento da seguridade social. A seguridade social, prevista no Capítulo II do Título VIII da Constituição, compreende ações em três áreas: previdência social, assistência social e saúde (art. 194 da Constituição).

Os dispositivos constitucionais que estabelecem normas de competência para criação das contribuições sociais são diversos daqueles dos impostos. Com isso, as imunidades dos impostos – art. 150, inciso VI, da Constituição – não se aplicam às contribuições para a seguridade social.

---

[1] Para uma crítica às contribuições sociais como "impostos com destinação específica", consultar COELHO, Sacha Calmon Navarro. *Contribuições no direito brasileiro.*

A Constituição da República prevê quatro imunidades às contribuições para a seguridade social.

O art. 149, § 2º, inciso I, com redação pela Emenda Constitucional 33/2001, prevê imunidade às contribuições sociais para as receitas decorrentes de exportação, nos seguintes termos:

> Art. 149. Compete exclusivamente à União instituir contribuições sociais, de intervenção no domínio econômico e de interesse das categorias profissionais ou econômicas, como instrumento de sua atuação nas respectivas áreas, observado o disposto nos arts. 146, III, e 150, I e III, e sem prejuízo do previsto no art. 195, § 6º, relativamente às contribuições a que alude o dispositivo.
>
> [...]
>
> § 2º As contribuições sociais e de intervenção no domínio econômico de que trata o caput deste artigo: (Incluído pela Emenda Constitucional nº 33, de 2001)
>
> I – não incidirão sobre as receitas decorrentes de exportação; (Incluído pela Emenda Constitucional nº 33, de 2001)

O art. 195, § 7º, da Constituição da República Federativa do Brasil, prevê imunidade para as entidades beneficentes de assistência social, nos seguintes termos:

> § 7º São isentas de contribuição para a seguridade social as entidades beneficentes de assistência social que atendam às exigências estabelecidas em lei.

O art. 40, § 18, incluído pela Emenda Constitucional 41/03, e o art. 195, inciso II, com redação dada pela Emenda Constitucional 20/98, estabelecem imunidade para as aposentadorias e pensões pagas pelos regimes previdenciários próprios dos servidores públicos até o limite do valor pago pelo regime geral da previdência social e para as pagas pelo regime geral da previdência social:

> Art. 40. § 18. Incidirá contribuição sobre os proventos de aposentadorias e pensões concedidas pelo regime de que trata este artigo que superem o limite máximo estabelecido para os benefícios do regime geral de previdência social de que trata o art. 201, com percentual igual ao estabelecido para os servidores titulares de cargos efetivos.
>
> [...]
>
> Art. 195, II – do trabalhador e dos demais segurados da previdência social, não incidindo contribuição sobre aposentadoria e pensão concedidas pelo regime geral de previdência social de que trata o art. 201;

Por fim, o § 21 do art. 40, introduzido pela Emenda Constitucional 47/05, imuniza a parcela dos proventos de aposentadorias e pensões pagas nos regimes de previdência próprios dos servidores públicos correspondente a até o dobro do teto dos benefícios do regime geral da previdência quando o beneficiário for portador de doença incapacitante:

> Art. 40, § 21. A contribuição prevista no § 18 deste artigo incidirá apenas sobre as parcelas de proventos de aposentadoria e de pensão que superem o dobro do limite máximo estabelecido para os benefícios do regime geral de previdência social de que trata o art. 201 desta Constituição, quando o beneficiário, na forma da lei, for portador de doença incapacitante.

Muito embora a Constituição refira a isenções, e não incidências, está na verdade tratando de imunidades. "Isenção prevista na Constituição imunidade é".[2]
Neste trabalho vamos analisar as imunidades mencionadas.

1. A imunidade das receitas de exportação (art. 149, § 2º, inciso I)

O art. 149, § 2º, inciso I, com redação pela Emenda Constitucional 33/2001, prevê que as receitas decorrentes de exportação são imunes às contribuições sociais do *caput* do mesmo artigo.

1.1. Classificação

A imunidade é *objetiva* – das receitas decorrentes de exportação – e *incondicional* – não admite intermediação pelo legislador.

1.2. Interpretação e finalidade

É voz corrente na doutrina[3] e na jurisprudência[4] que a imunidade deve ser interpretada de forma ampla, com livre utilização dos critérios hermenêuticos, servindo a finalidade de critério máximo interpretativo. Se o instituto é interpretado de acordo com sua finalidade, uma interpretação correta de seu alcance não pode prescindir da perfeita identificação da finalidade para o qual é proposto.

O texto constitucional deixa claro um esforço desonerativo dos tributos *indiretos* que incidem sobre as exportações. Por estar em análise a tributação de transações internacionais, as definições de tributo *direto* e *indireto* empregadas para chegar a essa conclusão são aquelas usadas nas convenções internacionais. Especificamente, as definições constantes da Ata Final que Incorpora os Resultados da Rodada Uruguai de Negociações Comerciais Multilaterais do GATT, diploma internacional em execução no Brasil por força do Decreto

---

[2] BRASIL. Supremo Tribunal Federal. Ação Direta de Inconstitucionalidade 2.028.
[3] Nesse sentido é a lição de FALCÃO, Amílcar. Imunidade e isenção tributária – Instituição de assistência social. p. 372, e *Fato gerador da obrigação tributária*. p. 67, distinguindo a interpretação da isenção daquela da imunidade: "Sendo a isenção uma exceção à regra de que, havendo incidência, deve ser exigido o pagamento do tributo, a interpretação dos preceitos que estabeleçam isenção deve ser estrita, restritiva. Inversamente, a interpretação, quer nos casos de incidência, quer nos de não-incidência, quer, portanto, nos de imunidade, é ampla, no sentido de que todos os métodos, inclusive o sistemático, o teleológico etc., são admitidos". Na mesma linha é a lição de BORGES, José Souto Maior, *Teoria geral da isenção tributária*, p. 221: "a índole da imunidade é essencialmente política, o que – como pondera Amílcar Falcão – impõe ao intérprete a necessidade de fazer os imprescindíveis confrontos e as necessárias conotações de ordem teleológica, toda vez que concretamente tiver que dedicar-se à sua exegese".
[4] BRASIL. Supremo Tribunal Federal. Segunda Turma. Recurso Extraordinário 102.141. Brasília, DF, 18 de dezembro de 1985.

1.355/94. O Anexo I do Acordo sobre subsídios e medidas compensatórias (por sua vez, integrante do Anexo 1A do Acordo Constitutivo da OMC) dispõe, na nota 58:

> Para as finalidades do presente Acordo:
> O termo "impostos diretos" significa impostos sobre salários, lucros, juros, rendas, direitos de autor e todas as outras formas de ganho, além de impostos sobre a propriedade de bens imóveis.
> [...]
> O termo "impostos indiretos" significa tributos sobre vendas, consumo, volume de negócio, valor acrescido, franquias, selo, transmissões, estoques e equipamentos, ajustes fiscais na fronteira e todos os impostos além dos que se denominam impostos diretos e direitos de importação.

É importante ter em vista essa diferenciação, porque, ao passo que a desoneração de tributos indiretos em função de exportações é tolerada no âmbito internacional, a desoneração de tributos diretos é considerada *subsídio*, conforme alínea "e" da "Lista Ilustrativa de Subsídios à Exportação" do diploma mencionado:

> Isenção, remissão, ou diferimento, total ou parcial, concedido especificamente em função de exportações, de impostos diretos ou impostos sociais pagos ou pagáveis por empresas industriais ou comerciais.

Retornando ao texto da Constituição, percebe-se a ampla desoneração das exportações quanto aos tributos *indiretos*: desde o texto original, as exportações de produtos industrializados são imunes ao IPI (art. 153, § 3º, inciso III) e ao ICMS em alguns casos (art. 155, § 2º, inciso X, *a*). Os serviços sujeitos ao ISS, a lei complementar deverá excluir a incidência quando exportados (art. 156, § 3º, inciso II). A partir da Emenda Constitucional 33/01, as receitas decorrentes de exportação passaram a ser imunes às contribuições sociais e às de intervenção no domínio econômico. A Emenda Constitucional 43/03 estendeu a imunidade do ICMS a todas as exportações de produtos e de serviços tributados por tal imposto.

Em verdade, o único tributo indireto potencialmente incidente sobre as exportações é o Imposto de Exportação, tributo de finalidade extrafiscal, empregado para evitar desequilíbrios no consumo interno. Salvo situações excepcionais, a alíquota do Imposto de Exportação é posicionada em zero.

No entanto, não há na Constituição menção à desoneração de tributos *diretos*.

É nesse contexto que a imunidade do art. 149, § 2º, inciso I, está inserida. Sua função, indubitavelmente, é a desoneração das exportações, fomentando o investimento econômico em setores exportadores. No entanto, essa finalidade observa as limitações decorrentes dos acordos de comércio internacionais dos quais o Brasil é signatário. Assim, a desoneração deve ser interpretada como abrangente apenas às contribuições *indiretas* sobre as exportações.

1.3. Contribuições sociais abrangidas

A redação deficiente dada pela Emenda Constitucional 33/01 ao art. 149, § 2º, inciso I, da Constituição, deixa para ser resolvida pela via interpretativa a determinação das contribuições abrangidas pela imunidade.

O texto constitucional não deixa claro se a imunidade alcança as contribuições para a seguridade social, notadamente as incidentes sobre receitas ou faturamento, como a Cofins (art. 195, inciso I, *b*) e a contribuição ao PIS (art. 239). Em caso positivo, a via interpretativa deve ser usada para avaliar se as variações cambiais ativas são imunes. Também, para avaliar se as receitas decorrentes de exportação devem ser excluídas na apuração da base de cálculo da Contribuição Social sobre o Lucro – CSLL (art. 195, inciso I, *c*). Por fim, se a movimentação financeira de valores decorrentes de exportação estavam sujeitos à Contribuição sobre Movimentações Financeiras – CPMF (art. 74 do ADCT).

1.3.1. A abrangência das contribuições para a Seguridade Social sobre receitas

O inciso I do § 2º do art. 149 afirma que *as receitas decorrentes de exportação* são imunes às contribuições sociais do *caput*. O *caput* desse artigo traz a regra de competência para instituição de contribuições sociais. No entanto, em relação às contribuições para a seguridade social, existe artigo específico que traz regra de competência, o art. 195 da Constituição.

A referência do art. 149, § 2º, inciso I, a dispositivo não específico causa certa perplexidade ao aplicador. A pura e simples leitura do texto constitucional pode levar a concluir que as contribuições para a seguridade social estão abrangidas na imunidade; ou que não estão, sendo a imunidade exclusiva das contribuições sociais gerais.

Essa perplexidade precisa ser superada pela via interpretativa, tendo em vista a finalidade da imunidade: desonerar as exportações quanto a tributos indiretos.

Não há contribuições sociais gerais incidentes sobre as receitas decorrentes de exportação. Há duas contribuições para a seguridade social: a Cofins (art. 195, inciso I, *b*) e a contribuição para o PIS (art. 239) são contribuições sociais incidentes sobre receitas. Essas contribuições são bastante expressivas em termos econômicos.

Dado esse contexto, parece que não haver lógica em instituir uma imunidade que não se aplica às contribuições atualmente existentes (todas contribuições para a seguridade social), apenas para evitar que se criem contribuições sociais gerais sobre as receitas de exportação no futuro.

Além disso, a Cofins e a contribuição ao PIS recebem tratamento de tributos indiretos pela própria Constituição, que prevê, no § 12 do art. 195 (Incluído pela

Emenda Constitucional nº 42, de 19.12.2003), a possibilidade de adoção de não cumulatividade para as mesmas:

> § 12. A lei definirá os setores de atividade econômica para os quais as contribuições incidentes na forma dos incisos I, b; e IV do *caput*, serão não-cumulativas.

Portanto, parece estar perfeitamente de acordo com a finalidade da imunidade a abrangência da Cofins e da contribuição ao PIS.

Essa interpretação foi adotada pela Secretaria da Receita Federal na Solução de Consulta nº 31, de 25 de fevereiro de 2003,[5] o que acabou eliminando conflitos entre o fisco e os contribuintes.

Assim, as receitas decorrentes de exportação são imunes às contribuições para a seguridade social sobre receitas – a Cofins e a contribuição ao PIS.

1.3.2. Variações cambiais ativas

Estabelecido que as receitas decorrentes de exportação são imunes à Cofins e à contribuição ao PIS, resta ver se as variações cambiais ativas também estão protegidas pela imunidade ou se estão sujeitas às contribuições.

Entre a data da contratação do câmbio e a respectiva liquidação do contrato de câmbio pode ocorrer variação das taxas de câmbio. Se o real se valorizar em relação ao dólar (queda no preço do dólar), o exportador brasileiro receberá a diferença positiva em reais.

As regras da boa contabilidade determinam que essa diferença seja anotada como receita financeira.

A Secretaria da Receita Federal, fundada nas regras contábeis, classifica essa diferença positiva como receita de natureza financeira. Em consequência, entende que é uma receita que não decorre da exportação. Nesse sentido é a Solução de Consulta nº 378, de 30 de novembro de 2004.[6]

---

[5] EMENTA: Imunidade. A imunidade conferida pelo art. 149, § 2º, inciso I, da Constituição Federal alcança as contribuições sociais que possuem como base de incidência as receitas decorrentes de exportação, atingindo a Cofins. EMENTA: Imunidade. A imunidade conferida pelo art. 149, § 2º, inciso I, da Constituição Federal alcança as contribuições sociais que possuem como base de incidência as receitas decorrentes de exportação, atingindo a Contribuição para o PIS/PASEP.

[6] EMENTA: A imunidade prevista pelo § 2º do art. 149 da CF alcança apenas as contribuições sociais que possuem como base de cálculo as receitas decorrentes dos atos de exportação strictu sensu, não alcançando as contribuições sociais que possuem como base de cálculo receitas de operações realizadas com os recursos advindos das referidas exportações ou de operações de financiamentos contraídos para viabilizá-las. Consequentemente, tal imunidade não alcança a Contribuição para os Programas de Integração Social – PIS e de Formação do Patrimônio do Servidor Público – Pasep incidente sobre variações monetárias positivas advindas de contratos de adiantamento de câmbio, posto serem estes utilizados para financiar a exportação, dissociados, portanto, do ato de exportar. EMENTA: A imunidade prevista pelo § 2º do art. 149 da CF/88 alcança apenas as contribuições sociais que possuem como base de cálculo as receitas decorrentes dos atos de exportação strictu sensu, não alcançando as contribuições sociais que possuem como base de cálculo receitas de operações realizadas com os recursos advindos das referidas exportações ou de operações de financiamentos contraídos para viabilizá-las. Consequentemente, tal imunidade não alcança a Contribuição para o Financiamento da Seguridade Social – Cofins incidente sobre variações monetárias positivas advindas de contratos de adiantamento de câmbio, posto serem estes utilizados para financiar a exportação, dissociados, portanto, do ato de exportar.

A jurisprudência vem entendendo o contrário.[7] No Tribunal Regional Federal da 4ª Região, ambas as Turmas competentes para a matéria entendem que a variação cambial ativa é imune.[8]

Acreditamos que esse é o entendimento mais adequado. A variação cambial ativa decorre da exportação, e como tal deve ser tratada.

Interessante apontar que tal interpretação decorre apenas da letra da Constituição, não sendo necessário recorrer à interpretação teleológica. Pelo contrário, a interpretação teleológica poderia levar à conclusão contrária. As oscilações cambiais estão fora do controle do exportador. Muito embora seja previsível que variações podem ocorrer, não há como prever quando, nem em que medida. Nesse contexto, pode-se afirmar que o exportador não conta com variações cambiais ativas para optar por investimento na atividade econômica exportadora. Assim, a desoneração das variações cambiais teria duvidoso efeito no fomento das exportações.

A despeito disso, a interpretação literal da imunidade basta para operar a exclusão da competência tributária, merecendo afirmação a imunidade das receitas decorrentes das variações cambiais.

1.3.3. A questão da CSLL

A Contribuição Social sobre o Lucro Líquido – CSLL – tem fundamento no art. 195, inciso I, c, da Constituição, incidindo sobre o lucro. Não incide sobre as receitas.

A legislação define o lucro, base de cálculo do tributo, de maneira idêntica à renda, base de cálculo do Imposto de Renda da Pessoa Jurídica – IRPJ. A apuração dessa base parte das receitas tributáveis auferidas pelo contribuinte.[9]

---

[7] TRF – Primeira Região. AMS 200432000029000. Sétima Turma. Data da decisão: 15/1/2008. TRF – Primeira Região. AMS 200538000209924. Oitava Turma. Data da decisão: 6/2/2007. TRF – Segunda Região. AMS 200002010227084. Terceira Turma Esp. Data da decisão: 12/12/2006.

[8] TRF4, AC 2006.71.14.000002-7, Primeira Turma, Relator Francisco Donizete Gomes, D.E. 29/01/2008, julgado em 23/1/08; TRF4, AMS 2006.72.05.002405-7, Segunda Turma, Relatora Eloy Bernst Justo, D.E. 13/02/2008, julgada em 22/1/08.

[9] Existem três modalidades de apuração do lucro para tributação da CSLL (idênticas à apuração da renda para o IRPJ): lucro real, lucro presumido e lucro arbitrado. Explicando de uma maneira grosseira, apenas para que se compreenda a controvérsia, o lucro real é apurado tomando as receitas tributáveis e subtraindo as despesas dedutíveis. O lucro presumido é apurado tomando as receitas tributáveis, multiplicadas por um coeficiente de presunção (conforme o setor da atividade econômica, art. 15 da Lei 9.249/95). O lucro arbitrado é idêntico ao presumido, apenas o coeficiente de presunção é substituído pelo coeficiente de arbitramento, 20% maior do que aquele (art. 16 da Lei 9.249/95). O resultado dessas operações será a base de cálculo do tributo, que por sua vez será multiplicada pela alíquota.

Ex.: um prestador de serviços com receitas tributáveis somando R$ 1.000.000 e despesas dedutíveis de R$ 700.000. Conforme a modalidade de opção, se apura a base de cálculo. Lucro real: R$ 1.000.000 – R$ 700.000 = R$ 300.000. Lucro presumido: R$ 1.000.000 x 0,32 (coeficiente de presunção) = R$ 320.000. Lucro arbitrado: R$ 1.000.000 x 0,384 (coeficente de arbitramento) = R$ 384.000. O resultado correspondente à opção do contribuinte é a base de cálculo. Sobre ele incidirá a alíquota do tributo.

Os contribuintes sustentam que, em função da imunidade das receitas decorrentes de exportação, essas receitas não podem ser consideradas tributáveis, devendo ser excluídas do cálculo de apuração do lucro.

Na Solução de Consulta nº 378, de 30 de novembro de 2004, a Secretaria da Receita Federal adotou entendimento contrário às teses dos contribuintes.[10]

A maior parte da jurisprudência dos Tribunais Regionais Federais seguiu a linha da Receita. No entanto, o Supremo Tribunal Federal deferiu liminar na Ação Cautelar nº 1.738-9/SP, Relator Min. Cezar Peluso, em 17 de setembro de 2007, entendendo ser relevante o argumento dos contribuintes.

A defesa da extensão da imunidade argumenta que a finalidade da imunidade é desonerar as exportações, evitando a "exportação de tributos", portanto não haveria sentido em tributar o lucro do exportador. Também sustenta que a imunidade é das receitas decorrentes de exportação a qualquer contribuição social, e não às contribuições sociais sobre as receitas decorrentes de exportação. Uma última linha de argumentação sustenta que não haveria sentido em imunizar apenas a Cofins e a contribuição ao PIS, visto que as receitas decorrentes de exportação já não eram tributadas por essas contribuições em função de isenções legalmente previstas. Assim, a Emenda Constitucional que introduziu a imunidade só faria sentido se se estendesse à CSLL.[11]

Muito embora sofisticadas, essas linhas de argumentação não se sustentam.

Como afirmado na análise da finalidade dessa imunidade, a Constituição cria um sistema de desoneração das exportações quanto a tributos *indiretos*. Tributos *diretos* não são desonerados.

A CSLL é, sob a definição do acordo da OMC, um tributo direto, visto que incide sobre o lucro. Qualquer tipo de benefício concedido ao exportador sob essa contribuição seria considerado subsídio.

A finalidade da imunidade em análise é desonerar as exportações, mas sem violar os acordos internacionais que não toleram a desoneração da tributação *direta*. Portanto, a extensão teleológica não é adequada.

Além disso, a imunidade em análise é objetiva, desonerando receitas das exportações sobre as contribuições sobre elas incidentes. As imunidades objetivas já adotadas na Constituição não desoneram o contribuinte de pagar o Imposto

---

[10] EMENTA: A imunidade prevista pelo § 2º do art. 149 da CF/88 alcança apenas as contribuições sociais que possuem como base de cálculo as receitas decorrentes de exportação, não alcançando a Contribuição Social sobre o Lucro Líquido, haja vista incidir esta sobre o lucro e não sobre a receita.

[11] Defendem que a imunidade determina a exclusão das receitas de exportação do cálculo do lucro: CARRAZZA, Roque Antônio; BOTALLO, Eduardo D. Operações de exportação e equiparadas e imunidade à contribuição social sobre o lucro. FERNANDES, Rodrigo de Salazar e. A CPMF e a imunidade das receitas de exportação em relação à incidência das contribuições sociais. SARAIVA, Carmen Ferreira; FONSECA, Silvia Saraiva. A imunidade da receita da exportação em face da contribuição social sobre o lucro líquido. FERNANDES, Edison Carlos. – Imunidade da contribuição social sobre o lucro líquido: CSLL para as receitas de exportação após a emenda constitucional nº 33, de 2001.

de Renda e a Contribuição sobre o Lucro apurado com base nas receitas ingressantes em decorrência dessas operações. No caso da imunidade dos livros, jornais e periódicos, por exemplo, Solução de Consulta nº 16, de 02 de maio de 2002, da Secretaria da Receita Federal, afirma que a imunidade dos livros, periódicos e papel não alcança o IRPJ e a CSLL:

> A imunidade tributária de que gozam os livros, jornais, periódicos e o papel destinado à sua impressão, por ser objetiva, alcança apenas, em nível federal, o IPI e os Impostos de Importação e Exportação. Portanto, as empresas que exploram a produção, a comercialização, a importação e a exportação dos citados produtos sujeitam-se à incidência do Imposto de Renda das Pessoas Jurídicas, bem como das contribuições sociais.

Esse entendimento é tradicional e razoavelmente consagrado em nosso direito,[12] não recebendo maiores contestações. Na mesma linha, parece que não haveria muito sentido em subjetivar a imunidade das receitas decorrentes de exportação.

Em verdade, a interpretação teleológica leva à conclusão de que, a despeito da infeliz redação do texto constitucional, o que se imunizou não foram as receitas de exportação às contribuições sociais, mas as receitas de exportação às contribuições incidentes sobre receitas.

O argumento de que a simples elevação da isenção ao grau de imunidade não leva à conclusão esperada. A elevação de *status* jurídico de desoneração ao grau de imunidade não é inaudita em nossa história recente. Curiosamente, o precedente também trata de desoneração de exportações. A Lei Complementar 87/96, em seu art. 3º, inciso II, isentava ao ICMS qualquer operação de exportação. Disposição semelhante foi trazida ao plano constitucional pela Emenda 42/03, que alterou o art. 155, §2º, inciso X, *a* (originalmente eram imunes apenas as operações com produtos industrializados, excluídos os semi-elaborados definidos em lei complementar). Ou seja, na plena vigência da regra de isenção, foi introduzida no texto constitucional imunidade com o mesmo conteúdo.

Em verdade, a própria extensão do texto constitucional revela que a inserção de regras na Carta é usada como estratégia para solidificar decisões que não têm a fundamentalidade normalmente associada às normas constitucionais. Mesmo que as receitas de exportação já fossem isentas à Cofins e à contribuição ao PIS, a elevação da desoneração ao grau de imunidade se justificaria.

Por fim, deve-se registrar que a simples exclusão das receitas de exportação da base de apuração da CSLL, sem exclusão das despesas relacionadas à exportação, geraria um desequilíbrio na apuração da base de cálculo – seria possível apropriar despesas, sem oferecer à tributação as receitas a elas relacionadas. Caso a extensão da imunidade à CSLL seja acolhida, a contribuição precisará sofrer revisão na forma de apuração para os contribuintes que trabalhem tanto com exportação quanto no mercado interno.

---

[12] COSTA, Regina Helena. *Imunidades tributárias*. p. 187.

1.3.4. A questão da CPMF

A questão da incidência da extinta CPMF (ou de outra contribuição que venha a substituí-la) sobre as receitas decorrentes de exportação está relacionada aos fundamentos mencionados em relação à CSLL.

A questão está em julgamento no Supremo Tribunal Federal, que já reconheceu repercussão geral ao Recurso Extraordinário 566.259, que debate essa questão.

2. Imunidade das entidades beneficentes de assistência social (art. 195, § 7º)

O art. 195, § 7º, da Constituição da República Federativa do Brasil, prevê imunidade para as entidades beneficentes de assistência social.

2.1. Classificação

A imunidade do § 7º do art. 195 da Constituição da República pode ser classificada como *subjetiva e condicional*.[13]

Subjetiva – em oposição a objetiva – por ser concedida em razão da qualidade do sujeito – entidade beneficente de assistência social.

A classificação da imunidade em *condicional* decorre da referência feita pela Constituição a lei regulamentadora das exigências para sua fruição. A Constituição prevê a intermediação do legislador para estabelecimento de exigências para o gozo da imunidade. Muito embora a classificação das imunidades em incondicionadas (ou autoaplicáveis) e condicionadas (ou não autoaplicáveis) seja tradicional em nosso direito, sua utilidade é negada por autorizada parcela da doutrina. A tese é de que a própria Constituição traz os conceitos representativos dos requisitos da imunidade. O significado desses conceitos pode ser obtido de plano pela via interpretativa, não restando espaço para inovação pelo legislador, ou mesmo para restrição das imunidades por omissão.[14]

No entanto, o Supremo Tribunal Federal afirmou, no julgamento do Mandado de Injunção 232, que a imunidade depende de regulamentação. O acórdão[15] está assim ementado:

---

[13] Sobre a classificação das imunidades, COSTA, Regina Helena. *Imunidades tributárias*. pp. 123-132.

[14] VELLOSO, Andrei Pitten, em *Comentários à Lei de Custeio da Seguridade Social*, afirma "a independência das imunidades da atuação do legislador (ou sua auto-aplicabilidade, conforme a terminologia do Direito Constitucional) e a sujeição do legislador às imunidades". Em semelhante sentido, afirma SOUZA, Hamilton Dias de, em *Comentários ao Código Tributário Nacional*, v. 1, p. 10, que "os preceitos constitucionais sobre imunidade produzem efeitos independentemente da edição de lei integrativa, ainda que esta seja requerida expressamente na Constituição".

[15] BRASIL. Supremo Tribunal Federal. Mandado de Injunção nº 232. Brasília, DF, 2 de agosto de 1991.

Mandado de injunção.

– Legitimidade ativa da requerente para impetrar mandado de injunção por falta de regulamentação do disposto no § 7º do artigo 195 da Constituição Federal.

– Ocorrência, no caso, em face do disposto no artigo 59 do ADCT, de mora, por parte do Congresso, na regulamentação daquele preceito constitucional.

Mandado de injunção conhecido, em parte, e, nessa parte, deferido para declarar-se o estado de mora em que se encontra o Congresso Nacional, a fim de que, no prazo de seis meses, adote ele as providencias legislativas que se impõem para o cumprimento da obrigação de legislar decorrente do artigo 195, § 7º, da Constituição, sob pena de, vencido esse prazo sem que essa obrigação se cumpra, passar o requerente a gozar da imunidade requerida.

No julgado em questão, foi dito que a imunidade não é autoaplicável. Também foi afirmada a mora na regulamentação que, de acordo com a maioria, deveria obedecer aos prazos do art. 59 do ADCT:

Art. 59. Os projetos de lei relativos à organização da seguridade social e aos planos de custeio e de benefício serão apresentados no prazo máximo de seis meses da promulgação da Constituição ao Congresso Nacional, que terá seis meses para apreciá-los.

Parágrafo único. Aprovados pelo Congresso Nacional, os planos serão implantados progressivamente nos dezoito meses seguintes.

Foi estabelecido o prazo de 90 dias para a regulamentação da imunidade. Em verdade, o julgamento foi iniciado em 06/2/91, oportunidade em que não existia legislação sobre o assunto. No entanto, foi concluído em 2/8/91, alguns dias após a edição da Lei 8.212/91, publicada no Diário Oficial em 25/7/91. Assim, muito embora a Corte não tenha atentado, por ocasião da conclusão do julgamento, a mora já havia sido emendada.

A toda sorte, o Supremo determinou que, caso a regulamentação não fosse expedida, a entidade impetrante passaria a usufruir a imunidade, por aplicação analógica do art. 14 do Código Tributário Nacional. Os Ministros Marco Aurélio, Carlos Velloso e Célio Borja conferiam efeitos concretos ao mandado de injunção para determinar a aplicação imediata do art. 14 do CTN. Entretanto, a leitura da fundamentação dos votos desses Ministros deixa claro que não foi afirmada superioridade do Código Tributário Nacional ou aplicabilidade plena da norma que regulamenta o art. 150, inciso VI, *c*, da Constituição (imunidade a impostos das "instituições de educação e de assistência social, sem fins lucrativos") às contribuições para a seguridade social. O que tais magistrados propunham era apenas emprestar efeitos concretos ao mandado de injunção para a aplicação do CTN por ser a norma mais próxima encontrável no direito positivo.

Em suma, o Supremo afirmou o caráter condicionado da imunidade em questão.

2.2. Interpretação e finalidade

A imunidade deve ser interpretada de forma livre, servindo a finalidade de critério máximo interpretativo. Se o instituto é interpretado de acordo com sua finalidade, uma interpretação correta de seu alcance não pode prescindir da perfeita identificação da finalidade para o qual é proposto. Incumbe investigar a finalidade das imunidades em geral e das contribuições securitárias em particular.

Luciano Amaro associa as imunidades à persecução de valores: "O fundamento das imunidades é a preservação de *valores* que a Constituição reputa relevantes, que faz com que se ignore eventual capacidade econômica revelada pela pessoa" (grifamos).[16] Essa mesma linha é desenvolvida por José Souto Maior Borges:

> A análise teleológica do grupo de preceitos básicos de preceitos imunitórios estabelecidos na Constituição Federal demonstra que, através deles, se procura *assegurar certos valores sociais*; preceitos básicos do regime político. A regra de imunidade é estabelecida em função de considerações de ordem extrajurídica. Através da imunidade, nos termos em que está disciplinada na Constituição Federal, torna-se possível a preservação de valores sociais da mais diversa natureza: políticos, religiosos, educacionais, sociais e culturais (grifamos).

Já Humberto Ávila[17] faz referência ao *estímulo* a fatos e situações para consecução de objetivos do próprio Estado:

> Os fatos e situações excluídos do poder de tributar do Estão (por imunidade) correspondem a fatos e situações cuja soma forma atividades a serem *estimuladas* pelo Estado. O dever de o Estado garantir a estrutura federativa implica excluir de cada ente federado o poder de tributar o patrimônio, renda ou serviços dos outros (a). O dever de o Estado estimular e garantir a liberdade religiosa e de culto implica excluir da tributação os templos de qualquer culto (b). O dever do Estado em garantir o processo democrático, em erradicar a pobreza e promover o desenvolvimento social implica excluir da tributação o patrimônio, renda ou serviços dos partidos políticos, das entidades sindicais dos trabalhadores, das instituições de assistência social sem fins lucrativos (c). O dever de o Estado estimular a difusão de idéias implica a proibição de tributar os livros, jornais, periódicos e o papel destinado à sua impressão.
>
> Isso equivale a dizer que a causa justificativa da imunidade é facilitar, por meio da exclusão de encargos tributários, a *consecução de finalidades a ser atingidas pelo próprio Estado*. (grifamos)

As imunidades – ao menos a maior parte delas[18] – servem a valores, mais especificamente a liberdades, como perceberam Dejalma de Campos e Marcelo Campos:[19]

> A exclusão de competência tributária prevista no artigo 150, VI, da Constituição, decorre diretamente das garantias seja de liberdade política, religiosa ou de expressão. Liberdades estas tão caras ao sistema que o legislador constituinte não confiou ao legislador ordinário sequer a possibilidade de onerar com a carga tributária suas manifestações.

---

[16] *Direito Tributário Brasileiro*, p. 145.

[17] ÁVILA, Humberto. *Sistema constitucional tributário.* p. 214.

[18] Acreditamos que algumas imunidades têm finalidade primordialmente econômica, ou, melhor elaborando, servem para consagrar compromissos de não tributação de setores que são estratégicos por razões primordialmente econômicas, não correspondendo, ao menos de forma direta, a direito fundamental ou a outro valor social relevante. É o caso, por exemplo, das imunidades a tributos nas exportações, que acima de tudo buscam aquecer a economia por meio da produção para a exportação. A toda sorte, ainda que uma imunidade se esgote em finalidade econômica, sua intronização no texto Constitucional é índice da importância da decisão de não tributar. Em sentido semelhante, CARVALHO, Rogério Tobias de, *Imunidade tributária e contribuições para a seguridade social,* p.107.

[19] CAMPOS, Dejalma de; CAMPOS, Marcelo. *A imunidade e as garantias constitucionais* – alcance do artigo 150, VI, d da CF.

Amílcar Falcão foi quem melhor captou o papel das imunidades, ao afirmar que elas se destinam ao:

> (...) resguardo mesmo de princípios fundamentais do regime, a incolumidade de valores éticos e culturais que o ordenamento constitucional positivo consagra e que pretende manter livres de eventuais interferências ou perturbações inclusive pela via oblíqua ou indireta da tributação.[20]

Ou seja, ao mesmo tempo em que servem a valores e princípios, as imunidades consagram liberdades contra interferências estatais indevidas.

No caso das imunidades das entidades beneficentes de assistência social, para além dos efeitos simplesmente tributários, a imunidade consagra espaço de atuação da sociedade organizado no campo da assistência social. A imunidade, associada ao reconhecimento das ações de iniciativa da sociedade no campo da seguridade social (*A seguridade social compreende um conjunto integrado de ações de iniciativa dos Poderes Públicos e da sociedade*, art. 194), permite deduzir que as iniciativas privadas nesse campo têm espaço que não pode ser suprimido pela atuação do poder público. Assim, além de não ter competência para tributar as entidades assistenciais quanto a impostos e contribuições sociais, não pode o Estado impor outras exigências fiscais (taxas ou contribuições setoriais) ou administrativas que venham a restringir ou dificultar de forma anormal a atuação dessas entidades.

Particularmente no que se refere às imunidades das instituições e entidades de assistência social (art. 150, VI, *c*, e art. 195, § 7º), a doutrina costuma vislumbrar a finalidade de *"erradicar a pobreza e promover o desenvolvimento social"*,[21] garantir o *"direito fundamental à existência humana digna"*.[22]

De fato, a assistência social tem por objeto a promoção dos direitos sociais, na forma do art. 6º da Constituição:

> Art. 6º São direitos sociais a educação, a saúde, o trabalho, a moradia, o lazer, a segurança, a previdência social, a proteção à maternidade e à infância, a assistência aos desamparados, na forma desta Constituição.

Por sua vez, a promoção dos direitos sociais está identificada com os objetivos fundamentais da República Federativa do Brasil de erradicar a pobreza e a marginalização (art. 3º, inciso III), que por sua vez são formas de promoção da dignidade da pessoa humana (art. 1º, inciso III).

Deve ser notado que a entidade assistencial não é o fim da imunidade; ela é um meio para a promoção dos fins sociais descritos. Dessa forma, a dedicação integral dos recursos da entidade à finalidade assistencial é indispensável para a justificação da imunidade.

Por outro lado, a interpretação da imunidade não pode perder de vista o princípio da livre concorrência (art. 170, inciso IV, da Constituição), e dos prin-

---

[20] FALCÃO, Amílcar de Araújo. *Imunidade e isenção tributária* – Instituição de assistência social.
[21] ÁVILA, Humberto. *Sistema constitucional tributário*. p. 214.
[22] CARVALHO, Rogério Tobias de. *Imunidade tributária e contribuições para a seguridade social*. p. 111.

cípios da generalidade e da universalidade da tributação (art. 150, § 2º, inciso I, da Constituição). Justamente por não pagarem tributos, os entes imunes têm menores custos. Se atuarem no mercado, partem, sob esse aspecto, em vantagem em relação aos agentes econômicos. Essa vantagem pode ser usada para dominação do mercado.[23] [24] A toda sorte, entes imunes que atuem no domínio econômico absorvem parcela do mercado, reduzindo o campo de atuação de entes sujeitos à tributação. Muito embora atividades reveladores de capacidade contributiva sejam praticadas, não há sujeição tributária em função da imunidade, violando-se os princípios da generalidade e da universalidade.

A imunidade das entidades assistenciais em relação às contribuições para a seguridade social não se liga diretamente às finalidades do tributo eximido, ou seja, o que se busca não é necessariamente promover a seguridade social, entendida como "conjunto integrado de ações de iniciativa dos Poderes Públicos e da sociedade, destinadas a assegurar os direitos relativos à saúde, à previdência e à assistência social" (art. 194 da CRFB). A assistência social, na definição da constituição, é mais restrita do que a seguridade social, visto que "é prestada a quem dela necessitar", "independentemente de contribuição", e tem objetivos enumerados no texto constitucional (art. 203).

2.3. Regulamentação da imunidade

Já foi dito que a imunidade em análise admite intermediação por parte do legislador. O § 7º do art. 195 fala do atendimento, pelas entidades beneficiadas, "às exigências estabelecidas em lei".

Questão que se impõe é o veículo a ser empregado na delimitação dessas exigências. Duas posições são verificadas: uma primeira defende a possibilidade de regulamentação por lei ordinária; uma segunda exige a lei complementar.

2.3.1. Regulamentação por lei ordinária

A tese que defende a regulamentação por lei ordinária é baseada principalmente no próprio texto do § 7º do art. 195 da Constituição, que afirma que fala em

---

[23] A imunidade convida à associação de empreendedores a entes imunes com o objetivo de atuar no campo econômico acobertados pela imunidade subjetiva. A remuneração do empreendedor pode ocorrer por contratos de prestação de serviços ou outras formas disfarçadas de distribuição de riquezas.

[24] A atual legislação de defesa da concorrência não oferece solução segura para defender o agente econômico da concorrência desleal do ente imune. O único processo localizado na jurisprudência do Conselho Administrativo de Defesa da Atividade Econômica – Cade, Averiguação Preliminar 08000.013472/1995-51, sociedade do ramo da hotelaria representou contra o Serviço Nacional de Aprendizagem Comercial – Senac, ente que frui imunidade tributária, que mantinha hotel na mesma região que o representante. Foi utilizado como parâmetro normativo o art. 21, inciso XVIII, da Lei 8.884/94, "vender injustificadamente mercadoria abaixo do preço de custo". Esse artigo é imprestável para resolver a situação, justamente porque o gozo de imunidades reduz o custo marginal do ente imune, permitindo a prática de preços menores do que os dos concorrentes sem que isso represente prejuízo. Ao menos de acordo com a legislação atual, o direito de defesa da concorrência não protege os agentes econômicos contra a concorrência de entes imunes à tributação.

"exigências estabelecidas em lei". A jurisprudência do Supremo Tribunal Federal afirma que as referências feitas pela Constituição simplesmente à lei devem ser entendidas como à lei ordinária. Nas hipóteses em que a lei complementar é exigida, o texto constitucional deve ser expresso.

De igual forma, a Constituição não exige a lei complementar para a instituição das contribuições para a seguridade social já discriminadas.[25]

2.3.2. Regulamentação por lei complementar

A tese que defende que a regulamentação da imunidade deve ocorrer obrigatoriamente por lei complementar parte da articulação do § 7º do art. 195 com o art. 146, inciso II, da Constituição da República, que estabelece caber "à lei complementar regular as limitações constitucionais ao poder de tributar".

Essa é a posição de Roque Antônio Carrazza, externada ao comentar o art. 195, § 7º:[26]

> A referida lei só pode ser complementar (nunca ordinária), justamente porque vai regular uma imunidade tributária, que é uma "limitação constitucional ao poder de tributar". Ora (...) as limitações constitucionais ao poder de tributaras, nos termos do art. 146, II, da Constituição Federal, só podem ser reguladas por meio de lei complementar.

Esse entendimento também é adotado por Andrei Pitten Velloso,[27] dentre outros.

2.3.3. Regulamentação mista

Por fim, existe tese que separa a regulamentação da imunidade. Incumbiria à lei complementar, por força da articulação do art. 195, § 7º, com o art. 146, inciso II, regulamentar os requisitos para fruição da imunidade. Já à lei ordinária, incumbiria dispor sobre o estatuto da entidade imune. Leciona Rogério Tobias de Carvalho:[28]

> A aparente antinomia entre o disposto no artigo 146, inciso II, quando em confronto com o artigo 195, § 7º, no que diz respeito ao veículo normativo que os regulamentariam, é solucionada quando reservamos à lei complementar o regulamento da limitação ao poder de tributar consistente nas imunidades; e à lei ordinária a descrição e o funcionamento do que seja entidade beneficente de assistência social. Afinal é, e sempre foi, matéria de lei ordinária disciplinar a constituição de pessoas jurídicas".

2.3.4. Posição do Supremo Tribunal Federal

Não se pode dizer que o Supremo Tribunal Federal tenha firmado jurisprudência sobre a questão da via adequada para regulamentação da imunidade.

---

[25] Supremo Tribunal Federal, ADC 1, julgada em 1º/12/93. Nesse julgado também é afirmada a prescindibilidade de lei complementar para regulamentar referências feitas pela Constituição à lei simplesmente.
[26] *Curso de direito constitucional tributário*. p. 725.
[27] *Comentários à Lei de Custeio da Seguridade Social*, p. 343-344
[28] *Imunidade tributária e contribuições para a seguridade social*, p. 152.

No julgamento da Ação Cautelar na ADIn 1.802-3, relativa à imunidade prevista no art. 150, inciso VI, c, da Constituição,[29] o Tribunal afirmou a tese da regulamentação mista. Mais recentemente, no julgamento da Medida Cautelar na Adin 2.028, considerou relevantes tanto a tese da obrigatoriedade da lei complementar, quanto a da regulamentação mista.[30] Por fim, a 1ª Turma afetou ao plenário o julgamento do RMS 24.065, para que se analise, dentre outras questões, o fundamento da obrigatoriedade da lei complementar.[31]

2.3.5. Tomada de posição

Entendemos que a lei ordinária é suficiente para regulamentar a imunidade às contribuições. Para chegar a essa conclusão, lembramos que o §7º do art. 195 fala apenas em regulamentação por lei, sem fazer referência ao caráter complementar do diploma. A tese da imprescindibilidade de lei complementar articula o § 7º com o art. 146, inciso II, da Constituição da República. No entanto, essa articulação não leva em consideração as funções da lei complementar no ordenamento nacional.

Muitos estudos já foram conduzidos acerca da finalidade da lei complementar no ordenamento jurídico em geral, e no sistema tributário em particular.[32] O que se tem, em suma, é que a lei complementar cumpre duas finalidades distintas. Primeiro, atua em campos estratégicos, exigindo grau mais elevado de consenso para tratamento legislativo de certas matérias. É o caso, por exemplo, da instituição de impostos e contribuições para a seguridade social não previstos na Constituição (art. 154, inciso I, art. 195, § 4º).

Segundo, a lei complementar serve como lei de caráter nacional, impondo observância aos três níveis da federação. É essa a função da lei complementar prevista nas hipóteses do art. 146 da Constituição (I – dispor sobre conflitos de competência, em matéria tributária, entre a União, os Estados, o Distrito Federal e os Municípios; II – regular as limitações constitucionais ao poder de tributar; III – estabelecer normas gerais em matéria de legislação tributária).[33]

---

[29] BRASIL. Supremo Tribunal Federal. Medida Cautelar na Ação Direta de Inconstitucionalidade – MC-Adin 1802-3, julgada em 27/8/98.

[30] BRASIL. Supremo Tribunal Federal. Ação Direta de Inconstitucionalidade 2.028. Brasília, DF, 11 de novembro de 1999.

[31] BRASIL. Supremo Tribunal Federal. Recurso Ordinário em Mandado de Segurança 24.065. 1ª Turma. Brasília, DF, 3 de junho de 2008.

[32] Sobre as finalidades da lei complementar: COELHO, Sacha Calmon Navarro. A lei complementar tributária. ATALIBA. Geraldo. Lei complementar em matéria tributária. ALVIM, Eduardo Arruda. Lei complementar tributária. NETTO, André Luis Borges. Lei complementar tributária. *Revista dos tribunais.* Ano 3. n. 10. Janeiro/março 1995. Compilando a doutrina sobre a questão, CANAZARO, Fábio. *Lei complementar tributária na constituição de 1988,* especialmente pp. 41-51.

[33] Interessante notar a forma como o art. 146-A, introduzido pela Emenda Constitucional 42/2003, manejou essa função: previu a adoção de lei complementar como forma de vincular todos os níveis da federação (*Lei complementar poderá estabelecer critérios especiais de tributação, com o objetivo de prevenir desequilíbrios da concorrência*), mas preservou a possibilidade da União, no que se refere à sua própria competência, tratar a matéria (*sem prejuízo da competência de a União, por lei, estabelecer normas de igual objetivo*).

As limitações constitucionais ao poder de tributar devem ser reguladas por lei complementar por submeterem os três níveis da federação. Da mesma forma, são estabelecidas normas gerais por lei complementar para que os três níveis fiquem a elas vinculados.

A instituição de contribuições para a seguridade social é de competência da União. Essas contribuições são tributos e, em consequência, estão submetidas pelo disposto nas leis complementares acerca das limitações ao poder de tributar e às normas gerais por elas estabelecidas.[34] No entanto, no que é específico das contribuições, não há sentido em exigir tratamento em lei complementar de cunho federativo, visto que são tributos de competência de um único ente da federação: União.

A imunidade prevista no art. 195, § 7º, é específica das contribuições para a seguridade, não havendo sentido em submetê-la à lei complementar de cunho federativo.

Assim, a articulação ao art. 146, inciso II, não é adequada.

Por outro lado, caso o objetivo fosse assegurar maior consenso no trato da matéria, bastaria que o art. 195, § 7º, contivesse referência à lei complementar. Em verdade, a lei complementar é exigida no art. 195 apenas no § 4º, que trata da instituição de contribuições novas (não previstas nos incisos do *caput*), ou seja, em matéria onde um grau mais elevado de consenso é recomendável.

Em suma, diante das finalidades da lei complementar no ordenamento jurídico, não é adequada a tese da necessidade de lei complementar para regular a imunidade prevista no art. 195, § 7º.

2.4. Conteúdo da regulamentação

Afirmamos acima que a imunidade admite regulamentação pela legislação, sendo que a lei ordinária é veículo suficiente para tanto. Duas coisas podem ser regulamentadas pelo legislador: o conceito de entidade beneficente de assistência social e os requisitos de gozo da imunidade.

O primeiro ponto que admite regulamentação é o próprio conceito de entidade beneficente de assistência social. Como afirmado supra, há autores que defendem que o texto da Constituição dá definição suficiente às destinatárias da imunidade, devendo a concretização do conceito ser obtida pela interpretação. Não nos parece que seja assim.

Parece evidente que o legislador não pode desvirtuar os conceitos empregados pela Constituição na regulamentação da imunidade. Tampouco, pode impedir

---

[34] A submissão das contribuições às normas gerais de direito tributário foi o fundamento para a adoção da Súmula Vinculante 8 pelo STF (*São inconstitucionais o parágrafo único do artigo 5º do decreto-lei nº 1.569/1977 e os artigos 45 e 46 da lei nº 8.212/1991, que tratam de prescrição e decadência de crédito tributário*). Todos esses dispositivos estabeleciam normas sobre decadência ou prescrição das contribuições, em descompasso com as previsões da norma geral, o Código Tributário Nacional. Daí a declaração de suas inconstitucionalidades.

a fruição da mesma omitindo-se quanto aos seus requisitos. Assim, é legítimo o controle judicial do conteúdo das normas que dispõem acerca da imunidade, bem como o emprego de analogia ou de injunção em caso de omissão legislativa. Nessa linha, o Supremo Tribunal Federal afirmou no julgamento da Medida Cautelar na ADIn 2.028 que não é dado ao legislador desvirtuar o conceito de entidade beneficente de assistência social como forma de restringir a imunidade,[35] assim como afirmou no Mandado de Injunção 232[36] que a mora do legislador em regulamentar a imunidade poderia ser suprida pela aplicação das disposições do art. 14 do Código Tributário Nacional, concernentes à imunidade aos impostos, às contribuições previdenciárias.

No entanto, algum espaço há para a atuação do legislador na concretização do conceito constitucional. Os termos "beneficente" e "de assistência social" apresentam conteúdo indeterminado, necessitando de concretização para uma apreensão concreta de seu conteúdo.

Os conceitos jurídicos de conteúdo indeterminados são caracterizados pela vagueza semântica, contando com área de inclusão, área de exclusão e zona intermediária ou cinzenta. Tratando-se de termos empregados pela Constituição, é primordialmente do legislador a tarefa de concretizar esses conceitos, reduzindo ou eliminando a zona de dúvida.

O segundo ponto que admite a intermediação legislativa é o estabelecimento dos requisitos de gozo da imunidade. A Constituição afirma que as entidades podem ser submetidas a "requisitos estabelecidos em lei". Incumbe ao legislador eleger os requisitos que julgar importantes para o gozo da imunidade, desde que esses requisitos sejam necessários, adequados e razoáveis. Não há dúvida, por exemplo, que o legislador pode exigir da entidade contabilidade regular, para verificar a efetiva aplicação dos recursos na finalidade assistencial. Mais uma vez, o controle judicial é dos requisitos estabelecidos é plenamente possível.

A análise dos conceitos de "entidade", "beneficente" e "assistência social" será feita a partir da legislação que trata do assunto e das decisões do Supremo Tribunal Federal sobre o tema.

2.5. Legislação

A despeito da discussão acerca da fonte legislativa adequada, o art. 195, § 7º, da Constituição da República, recebeu regulamentação sempre por leis ordinárias. A primeira delas foi a Lei 8.212/91, a Lei de Custeio da Previdência Social, que tratou do assunto em seu art. 55.

---

[35] BRASIL. Supremo Tribunal Federal. Ação Direta de Inconstitucionalidade 2.028. Relator Ministro Moreira Alves. Brasília, DF, 11 de novembro de 1999.
[36] BRASIL. Supremo Tribunal Federal. Mandado de Injunção nº 232. Brasília, DF, 2 de agosto de 1991.

Posteriormente, o dispositivo foi alterado pelas Leis 9.429/96, 9.528/97, 9.732/98 e pela Medida Provisória 2.187-13, de 2001. A redação do art. 55 é, com suas alterações, a seguinte:

Art. 55. Fica isenta das contribuições de que tratam os arts. 22 e 23 desta Lei a entidade beneficente de assistência social que atenda aos seguintes requisitos cumulativamente: (*Redação original*)

I – seja reconhecida como de utilidade pública federal e estadual ou do Distrito Federal ou municipal; (*Redação original*)

II – seja portadora do Certificado ou do Registro de Entidade de Fins Filantrópicos, fornecido pelo Conselho Nacional de Serviço Social, renovado a cada três anos; (*Redação original*)

II – seja portadora do Certificado e do Registro de Entidade de Fins Filantrópicos, fornecido pelo Conselho Nacional de Assistência Social, renovado a cada três anos; (*Redação dada pela Lei 9.429, de 26.12.1996*)

II – seja portadora do Registro e do Certificado de Entidade Beneficente de Assistência Social, fornecidos pelo Conselho Nacional de Assistência Social, renovado a cada três anos; (*Redação dada pela Medida Provisória 2.187-13, de 2001*)

III – promova a assistência social beneficente, inclusive educacional ou de saúde, a menores, idosos, excepcionais ou pessoas carentes; (*Redação original*)

III – promova, gratuitamente e em caráter exclusivo, a assistência social beneficente a pessoas carentes, em especial a crianças, adolescentes, idosos e portadores de deficiência; (*Redação dada pela Lei 9.732, de 11.12.98*)

IV – não percebam seus diretores, conselheiros, sócios, instituidores ou benfeitores, remuneração e não usufruam vantagens ou benefícios a qualquer título; (*Redação original*)

V – aplique integralmente o eventual resultado operacional na manutenção e desenvolvimento de seus objetivos institucionais, apresentando anualmente ao Conselho Nacional da Seguridade Social relatório circunstanciado de suas atividades. (Redação original)

V – aplique integralmente o eventual resultado operacional na manutenção e desenvolvimento de seus objetivos institucionais apresentando, anualmente ao órgão do INSS competente, relatório circunstanciado de suas atividades. (*Redação dada pela Lei 9.528, de 10.12.97*)

§ 1º Ressalvados os direitos adquiridos, a isenção de que trata este artigo será requerida ao Instituto Nacional do Seguro Social-INSS, que terá o prazo de 30 (trinta) dias para despachar o pedido. (*Redação original*)

§ 2º A isenção de que trata este artigo não abrange empresa ou entidade que, tendo personalidade jurídica própria, seja mantida por outra que esteja no exercício da isenção. (*Redação original*)

§ 3º Para os fins deste artigo, entende-se por assistência social beneficente a prestação gratuita de benefícios e serviços a quem dela necessitar. (*Incluído pela Lei 9.732, de 11.12.98*)

§ 4º O Instituto Nacional do Seguro Social – INSS cancelará a isenção se verificado o descumprimento do disposto neste artigo. (*Incluído pela Lei 9.732, de 11.12.98*)

§ 5º Considera-se também de assistência social beneficente, para os fins deste artigo, a oferta e a efetiva prestação de serviços de pelo menos sessenta por cento ao Sistema Único de Saúde, nos termos do regulamento. (*Incluído pela Lei 9.732, de 11.12.98*)

§ 6º A inexistência de débitos em relação às contribuições sociais é condição necessária ao deferimento e à manutenção da isenção de que trata este artigo, em observância ao disposto no § 3o do art. 195 da Constituição. (*Incluído pela Medida Provisória 2.187-13, de 2001*)

Especificamente quanto às instituições de educação de ensino superior, a Lei 11.096/05 tratou da imunidade em seus arts. 11 e 12:

Art. 10. A instituição de ensino superior, ainda que atue no ensino básico ou em área distinta da educação, somente poderá ser considerada entidade beneficente de assistência social se oferecer, no mínimo, 1 (uma) bolsa de estudo integral para estudante de curso de graduação ou seqüencial de formação específica, sem diploma de curso superior, enquadrado no § 1º do art. 1º desta Lei, para cada 9 (nove) estudantes pagantes de cursos de graduação ou seqüencial de formação específica regulares da instituição, matriculados em cursos efetivamente instalados, e atender às demais exigências legais.

§ 1º A instituição de que trata o caput deste artigo deverá aplicar anualmente, em gratuidade, pelo menos 20% (vinte por cento) da receita bruta proveniente da venda de serviços, acrescida da receita decorrente de aplicações financeiras, de locação de bens, de venda de bens não integrantes do ativo imobilizado e de doações particulares, respeitadas, quando couber, as normas que disciplinam a atuação das entidades beneficentes de assistência social na área da saúde.

§ 2º Para o cumprimento do que dispõe o § 1º deste artigo, serão contabilizadas, além das bolsas integrais de que trata o caput deste artigo, as bolsas parciais de 50% (cinqüenta por cento) ou de 25% (vinte e cinco por cento) para estudante enquadrado no § 2º do art. 1o desta Lei e a assistência social em programas não decorrentes de obrigações curriculares de ensino e pesquisa.

§ 3º Aplica-se o disposto no caput deste artigo às turmas iniciais de cada curso e turno efetivamente instalados a partir do 1o (primeiro) processo seletivo posterior à publicação desta Lei.

§ 4º Assim que atingida a proporção estabelecida no caput deste artigo para o conjunto dos estudantes de cursos de graduação e seqüencial de formação específica da instituição, sempre que a evasão dos estudantes beneficiados apresentar discrepância em relação à evasão dos demais estudantes matriculados, a instituição, a cada processo seletivo, oferecerá bolsas de estudo integrais na proporção necessária para restabelecer aquela proporção.

§ 5º É permitida a permuta de bolsas entre cursos e turnos, restrita a 1/5 (um quinto) das bolsas oferecidas para cada curso e cada turno.

Art. 11. As entidades beneficentes de assistência social que atuem no ensino superior poderão, mediante assinatura de termo de adesão no Ministério da Educação, adotar as regras do Prouni, contidas nesta Lei, para seleção dos estudantes beneficiados com bolsas integrais e bolsas parciais de 50% (cinqüenta por cento) ou de 25% (vinte e cinco por cento), em especial as regras previstas no art. 3º e no inciso II do caput e §§ 1º e 2º do art. 7º desta Lei, comprometendo-se, pelo prazo de vigência do termo de adesão, limitado a 10 (dez) anos, renovável por iguais períodos, e respeitado o disposto no art. 10 desta Lei, ao atendimento das seguintes condições:

I – oferecer 20% (vinte por cento), em gratuidade, de sua receita anual efetivamente recebida nos termos da Lei no 9.870, de 23 de novembro de 1999, ficando dispensadas do cumprimento da exigência do § 1º do art. 10 desta Lei, desde que sejam respeitadas, quando couber, as normas que disciplinam a atuação das entidades beneficentes de assistência social na área da saúde;

II – para cumprimento do disposto no inciso I do caput deste artigo, a instituição:

a) deverá oferecer, no mínimo, 1 (uma) bolsa de estudo integral a estudante de curso de graduação ou seqüencial de formação específica, sem diploma de curso superior, enquadrado no § 1º do art. 1º desta Lei, para cada 9 (nove) estudantes pagantes de curso de graduação ou seqüencial de formação específica regulares da instituição, matriculados em cursos efetivamente instalados, observado o disposto nos §§ 3º, 4º e 5º do art. 10 desta Lei;

b) poderá contabilizar os valores gastos em bolsas integrais e parciais de 50% (cinqüenta por cento) ou de 25% (vinte e cinco por cento), destinadas a estudantes enquadrados no § 2º do art. 1º desta Lei, e o montante direcionado para a assistência social em programas não decorrentes de obrigações curriculares de ensino e pesquisa;

III – gozar do benefício previsto no § 3º do art. 7º desta Lei.

§ 1º Compete ao Ministério da Educação verificar e informar aos demais órgãos interessados a situação da entidade em relação ao cumprimento das exigências do Prouni, sem prejuízo das competências da Secretaria da Receita Federal e do Ministério da Previdência Social.

§ 2º As entidades beneficentes de assistência social que tiveram seus pedidos de renovação de Certificado de Entidade Beneficente de Assistência Social indeferidos, nos 2 (dois) últimos triênios, unicamente por não atenderem ao percentual mínimo de gratuidade exigido, que adotarem as regras do Prouni, nos termos desta Lei, poderão, até 60 (sessenta) dias após a data de publicação desta Lei, requerer ao Conselho Nacional de Assistência Social – CNAS a concessão de novo Certificado de Entidade Beneficente de Assistência Social e, posteriormente, requerer ao Ministério da Previdência Social a isenção das contribuições de que trata o art. 55 da Lei nº 8.212, de 24 de julho de 1991.

§ 3º O Ministério da Previdência Social decidirá sobre o pedido de isenção da entidade que obtiver o Certificado na forma do caput deste artigo com efeitos a partir da edição da Medida Provisória no 213, de 10 de setembro de 2004, cabendo à entidade comprovar ao Ministério da Previdência Social o efetivo cumprimento das obrigações assumidas, até o último dia do mês de abril subseqüente a cada um dos 3 (três) próximos exercícios fiscais.

§ 4º Na hipótese de o CNAS não decidir sobre o pedido até o dia 31 de março de 2005, a entidade poderá formular ao Ministério da Previdência Social o pedido de isenção, independentemente do pronunciamento do CNAS, mediante apresentação de cópia do requerimento encaminhando a este e do respectivo protocolo de recebimento.

§ 5º Aplica-se, no que couber, ao pedido de isenção de que trata este artigo o disposto no art. 55 da Lei nº 8.212, de 24 de julho de 1991.

Esses dispositivos definem as entidades beneficentes de assistência social e regulamentam o gozo da imunidade. As disposições da Lei 9.732/98 e na Lei 11.096/95 foram contestadas no Supremo Tribunal Federal, já existindo manifestações parciais acerca de sua constitucionalidade, respectivamente na Medida Cautelar na Adin 2.028[37] e na Adin 3.330.[38]

Passa-se a analisar os conceitos de entidade beneficente de assistência social e os requisitos de gozo da imunidade a partir desses dispositivos legais e das decisões do STF.

2.5.1. Entidade

A legislação específica sobre a imunidade das contribuições não define entidade. No entanto, esse dispositivo é empregado em outros diplomas legislativos.

O termo *entidade* era empregado pelo Código Civil de 1916 como sinônimo de *pessoa jurídica*, mais especificamente de *direito público* (art. 66, inciso III).

Na Constituição de 1988, o termo *entidade* é usado abundantemente, para designar associações ou sociedades, personificadas ou não, públicas ou privadas (art. 5º, VII, XXI, LXX, LXXII, LXIII, art. 17, inciso II, art. 37, XX, § 8º, 40, § 15, 52, inciso VII, 54, I, *b*, etc.).

---

[37] BRASIL. Supremo Tribunal Federal. Ação Direta de Inconstitucionalidade 2.028. Brasília, DF, 11 de novembro de 1999.

[38] BRASIL. Supremo Tribunal Federal. Informativo de Jurisprudência nº 500.

A primeira – e única – coisa que se pode concluir é que o termo entidade exclui a pessoa natural de sua conotação. Qualquer tipo de associação, personificada ou não, poderia ser abrangida no conceito de entidade.

Muito embora não exista disposição específica acerca da exigência de personificação da entidade, está implícita no sistema a necessidade de constituição por forma jurídica personificada. Uma sociedade não personificada não teria condições de atender aos requisitos do art. 55 da Lei 8.212/91.

A entidade deve ser beneficente, ou seja, não pode ter fins lucrativos. A entidade deve ter forma compatível com o caráter beneficente. O Código Civil prevê dois tipos de pessoas jurídicas de direito privado sem fins lucrativos, as associações e as fundações. A entidade imune deve se revestir de uma dessas formas.[39]

2.5.2. Beneficente

O termo "beneficente" é empregado para qualificar a entidade, significando que a mesma deve realizar seu objeto de forma *desinteressada*, ou seja, sem buscar a satisfação de interesses próprios. Como consequência, a entidade não pode ter fins lucrativos.[40]

A redação original do art. 55 se furtava de definir a beneficência. No entanto, a alteração do inciso III pela Lei 9.732/98, passou a exigir que a assistência social fosse promovida *"gratuitamente e em caráter exclusivo"*. Pleonasticamente, a mesma lei introduziu o § 3º, definindo a beneficência como a "prestação *gratuita* de benefícios e serviços". De acordo com essas disposições, a entidade não poderia, de forma alguma, cobrar pelos serviços e benefícios assistenciais prestados, nem ter outras atividades lucrativas para se financiar.

O Supremo Tribunal Federal, no julgamento da ADIn 2.028, suspendeu a eficácia desses dispositivos. Considerou que essa restrição restringe demasiadamente o conceito de entidade de assistência social. Consignou o relator, Ministro Moreira Alves:[41]

> São essas entidades – que, por não serem exclusivamente filantrópicas, têm melhores condições de atendimento aos carentes a quem o prestam – que devem ter sua criação estimulada para o auxílio

---

[39] Rogério Tobias de Carvalho afirma (em *Imunidade Tributária e Contribuições para a Seguridade Social*, p. 120), que, de acordo com o Código Civil atual, as fundações "são as únicas que se prestam a seguir fins de assistência", baseando-se em leitura do parágrafo único do art. 62, que prevê que "A fundação somente poderá constituir-se para fins religiosos, morais, culturais ou de assistência". Não parece exata tal interpretação da redação do dispositivo. O que fica claro é que as fundações terão necessariamente fins pios. Isso não impede que as associações tenham fins assistenciais, o que é perfeitamente compatível com o art. 53, que afirma que essas entidades não podem ter finalidade econômica. Já as sociedades são dedicadas a fins empresariais ou civis, não podendo ser consideradas beneficentes.

[40] CARVALHO, Rogério Tobias de. *Imunidade tributária e contribuições para a seguridade social*. p. 121.

[41] BRASIL. Supremo Tribunal Federal. Ação Direta de Inconstitucionalidade 2.028. Brasília, DF, 11 de novembro de 1999.

ao Estado nesse setor, máxime em época em que, como a atual, são escassas as doações para a manutenção das que se dedicam exclusivamente à filantropia.

Quanto às entidades de ensino superior, a Lei 11.096/05 representou um recuo na restrição legislativa do conceito de beneficência, visto que tolerou a cobrança pelos serviços de ensino, exigindo, no entanto, mínimos de aplicação de recursos em serviços gratuitos. O art. 10 estabeleceu proporção mínima de bolsas por aluno pagante (1 para 9). Já os parágrafos estabeleceram mínimo de receita (20%) a ser aplicada em gratuidade.

Essa lei está sendo contestada no Supremo Tribunal Federal na ADIn 3.330. Até o momento, votou apenas o relator Ministro Carlos Britto, afirmando a constitucionalidade do dispositivo na sessão de 2/4/08. Após, foi requerida vista pelo ministro Joaquim Barbosa. O voto do relator foi assim resumido no Informativo 500 do STF:[42]

ADI e PROUNI – 2
Quanto ao mérito, o Min. Carlos Britto, julgou improcedente o pedido formulado. Afastou, inicialmente, a alegação de que os artigos 10 e 11 da Lei 11.096/2005 ofenderiam o inciso II do art. 146 e o § 7º do art. 195 da CF. Asseverou que o termo "isenção", contido no § 7º do art. 195 da CF, traduziria imunidade tributária, desoneração fiscal que teria como destinatárias as entidades beneficentes de assistência social que satisfizessem os requisitos estabelecidos em lei. Assim, ter-se-ia conferido à lei a força de aportar consigo as regras de configuração de determinadas entidades privadas como de beneficência no campo da assistência social, para fazerem jus a uma desoneração antecipadamente criada. Repeliu, de igual modo, a assertiva de que os dispositivos legais em causa não se limitariam a estabelecer requisitos para o gozo dessa imunidade, mas desvirtuariam o próprio conceito constitucional de "entidade beneficente de assistência social". Aduziu que a elaboração do conceito dogmático haveria de se lastrear na própria normatividade constitucional, normatividade esta que teria as entidades beneficentes de assistência social como instituições privadas que se somariam ao Estado para o desempenho de atividades tanto de inclusão e promoção social quanto de integração comunitária (CF, art. 203, III). Esclareceu que esta seria a principal razão pela qual a Constituição Federal, ao se referir às entidades de beneficência social que atuam especificamente na área de educação, tê-las-ia designado por "escolas comunitárias confessionais ou filantrópicas" (art. 213), e destacou precedentes da Corte que concluíram que a entidade do tipo beneficente de assistência social a que alude o § 7º do seu art. 195 abarcaria a de assistência educacional. Concluiu, no ponto, que a lei impugnada não teria laborado no campo material reservado à lei complementar, mas tratado apenas de erigir um critério objetivo de contabilidade compensatória da aplicação financeira em gratuidade por parte das instituições educacionais, critério que, atendido, possibilitaria o gozo integral da isenção quanto aos impostos e contribuições mencionados nessa lei.
ADI 3330/DF, rel. Min. Carlos Britto, 2.4.2008. (ADI-3330)

A doutrina em geral concorda que as entidades beneficentes podem cobrar por benefícios e serviços como forma de custear suas finalidades assistenciais. O financiamento das entidades de assistência social somente mediante doações inviabilizaria as entidades. De alguma forma, é necessário que as entidades possam cobrar por serviços prestados a quem tenha capacidade econômica para financiar serviços prestados aos necessitados.

---

[42] BRASIL. Informativo de Jurisprudência do Supremo Tribunal Federal nº 500. Disponível em *www.stf.gov.br*. Consultado em 15/5/08.

A doutrina vislumbra diferença entre filantropia e beneficência, sendo que esta seria um gênero do qual aquela seria espécie:[43]

> A qualificação de instituição filantrópica é reservada àquela entidade que pratica atos de filantropia, ou seja, sem nenhuma contraprestação, sem exigir nada em troca, como um ato humanitário. Ocorre que ela pode dedicar-se exclusivamente à filantropia, ou não. De qualquer forma, praticando atos de filantropia, de forma exclusiva ou não, será igualmente conhecida como entidade filantrópica.
> A entidade beneficente também pratica atos de filantropia, no sentido de auxiliar os carentes com intenções humanitárias, desprendimento econômico e pessoal; mas não de forma exclusiva, ou seja, nada impede que cobre de uns, que podem pagar, para deixar de cobrar de outros, que não podem.
> Há uma relação de gênero e espécie entre os dois conceitos. Beneficente lato sensu é gênero, caracterizando todas as entidades as quais distribuem benefícios, de forma desinteressada, e sem fins lucrativos, com ou sem módica contraprestação. Dentre as beneficentes, há aqueles que não exigem nenhuma contraprestação do destinatário de sua benemerência, estas são as exclusivamente filantrópicas, as que se dedicam à caridade.

Evidentemente, o caráter altruísta da entidade não a dispensa de reunir recursos para a prestação de seus serviços. Uma parte desses recursos poderá vir de doações de serviços, divisas e bens. No entanto, o caráter beneficente da entidade não exclui a possibilidade de cobrar contraprestação por seus serviços de quem tenha condições para tanto, financiando total ou parcialmente as benesses oferecidas aos necessitados.

Entendemos que as alterações trazidas pela Lei 9.732/98 fazem com que a entidade precise funcionar exclusivamente com doações de recursos e trabalho, sem poder financiar sua atividade assistencial mediante prestação de serviço remunerado a pessoas com capacidade econômica. Com isso, restringem o conceito de entidade beneficente.

Já a Lei 11.096/05 exige aplicação de uma parcela dos recursos em serviços gratuitos. Trata-se de forma compatibilizar a possibilidade de buscar receitas com a cobrança de serviços, sem deixar de exigir a prestação de percentual mínimo de serviços gratuitos. Havendo proporcionalidade entre as exigências, acreditamos que o critério é compatível com a Constituição.

Em suma, a entidade deve ser considerada beneficente quando destinar seus recursos à satisfação de finalidades de assistência social, ainda que esses recursos sejam obtidos mediante cobrança. Caso a entidade cobre por uma parte de seus serviços, pode a lei exigir a comprovação de investimento mínimo de recursos em serviços gratuitos, desde que não fuja a parâmetros de razoabilidade, a serem aferidos de acordo com o setor de atuação.

2.5.3. Assistência social

A busca pelo significado da locução "assistência social" é auxiliada pela análise do texto da própria Constituição da República. A seguridade social é definida pelo art. 194 como o "conjunto integrado de ações de iniciativa dos Poderes

---
[43] CARVALHO, Rogério Tobias de. *Imunidade tributária e contribuições para a seguridade social*. p. 121-122.

Públicos e da sociedade, destinadas a assegurar os direitos relativos à saúde, à previdência e à assistência social" (art. 194 da CRFB). Ao lado da saúde (art. 196 e ss.) e da previdência social (arts. 201 e 202), a assistência social compõe a seguridade social. É tratada no art. 203 da Constituição, de seguinte redação:

> Art. 203. A assistência social será prestada a quem dela necessitar, independentemente de contribuição à seguridade social, e tem por objetivos:
>
> I – a proteção à família, à maternidade, à infância, à adolescência e à velhice;
>
> II – o amparo às crianças e adolescentes carentes;
>
> III – a promoção da integração ao mercado de trabalho;
>
> IV – a habilitação e reabilitação das pessoas portadoras de deficiência e a promoção de sua integração à vida comunitária;
>
> V – a garantia de um salário mínimo de benefício mensal à pessoa portadora de deficiência e ao idoso que comprovem não possuir meios de prover à própria manutenção ou de tê-la provida por sua família, conforme dispuser a lei.

No plano infraconstitucional, a Lei 8.742/93 repisa, em seu art. 2°, os objetivos constitucionais da assistência social, e define as entidades de assistência social em seu art. 3°:

> Art. 3º Consideram-se entidades e organizações de assistência social aquelas que prestam, sem fins lucrativos, atendimento e assessoramento aos beneficiários abrangidos por esta lei, bem como as que atuam na defesa e garantia de seus direitos.

O art. 203 da Constituição afirma que a assistência social "é prestada a quem dela necessitar", "independentemente de contribuição", e tem objetos enumerados no texto constitucional. Em grande parte, essas características precisam ser refletidas na assistência prestada pelas instituições imunes.

Três pontos são definidos no conceito de assistência social a partir do dispositivo constitucional transcrito: a) os destinatários, b) a contraprestação e c) o objeto.

2.5.3.1. Destinatários

O art. 203 diz que assistência social será prestada *a quem dela necessitar*. Essa expressão revela que a assistência deve ser oferecida de forma indiscriminada. A assistência não pode ter por destinatários grupos fechados de pessoas.

Em grande parte, esse foi um dos fundamentos empregados pelo Supremo Tribunal Federal no julgamento do Recurso Extraordinário 202.700,[44] no qual foi assentado que as entidades fechadas de previdência social não gozavam da imunidade. O acórdão recebeu a ementa que segue:

> RECURSO EXTRAORDINÁRIO. CONSTITUCIONAL. PREVIDÊNCIA PRIVADA. IMUNIDADE TRIBUTÁRIA. INEXISTÊNCIA. 1. Entidade fechada de previdência privada. Concessão de benefícios aos filiados mediante recolhimento das contribuições pactuadas. Imunidade tributária. Inexistência,

---

[44] BRASIL. Supremo Tribunal Federal. Recurso Extraordinário 202.700. Relator(a) Min. MAURÍCIO CORRÊA Brasília, DF, 8 de novembro de 2001. Disponível em: *http://www.stf.gov.br* .

dada a ausência das características de universalidade e generalidade da prestação, próprias dos órgãos de assistência social. 2. As instituições de assistência social, que trazem ínsito em suas finalidades a observância ao princípio da universalidade, da generalidade e concede benefícios a toda coletividade, independentemente de contraprestação, não se confundem e não podem ser comparadas com as entidades fechadas de previdência privada que, em decorrência da relação contratual firmada, apenas contempla uma categoria específica, ficando o gozo dos benefícios previstos em seu estatuto social dependente do recolhimento das contribuições avençadas, conditio sine qua non para a respectiva integração no sistema. Recurso extraordinário conhecido e provido.

Muito embora o caso tratasse de imunidade do IPTU, a observância da universalidade, da generalidade e da não discriminação na prestação do também são importantes para caracterização da assistência social para fins do art. 195, § 7º.

2.5.3.2. Contraprestação

O art. 203 diz que assistência social será prestada *independentemente de contribuição à seguridade social*. Essa expressão revela que a assistência deve ser oferecida de forma gratuita.

Entendemos que essa restrição é aplicada diretamente à assistência social estatal, tanto assim que há referência à contribuição à seguridade social. Em princípio, a assistência social privada não é financiada pelos recursos da seguridade social, pelo que a disposição não pode ser simplesmente transposta ao âmbito privado.

Já dissemos que a cobrança como forma de financiar serviços não descaracteriza o caráter beneficente da entidade. Da mesma forma, a cobrança por serviços não descaracteriza o caráter assistencial.

Entretanto, a entidade deve oferecer quantidade substancial de serviços de forma gratuita, ou ao menos mediante contribuição subsidiada, para que seja considerada de "assistência social".

A definição da quantidade de serviços a serem oferecidos dessa forma incumbe ao legislador.

2.5.3.3. Objeto

O objeto da assistência social pública, conforme art. 203 da Constituição, é I – a proteção à família, à maternidade, à infância, à adolescência e à velhice; II – o amparo às crianças e adolescentes carentes; III – a promoção da integração ao mercado de trabalho; IV – a habilitação e reabilitação das pessoas portadoras de deficiência e a promoção de sua integração à vida comunitária; V – a garantia de um salário mínimo de benefício mensal à pessoa portadora de deficiência e ao idoso que comprovem não possuir meios de prover à própria manutenção ou de tê-la provida por sua família, conforme dispuser a lei.

No entanto, a redação original do art. 55 da Lei 8.212/91 considerava imune a entidade que promovesse "a assistência social beneficente, *inclusive educacio-*

nal ou de saúde, a menores, idosos, excepcionais ou pessoas carentes". A alteração promovida pela Lei 9.732/98 suprimiu a referência à assistência educacional ou de saúde do inciso III. Quanto à assistência educacional, concedeu o benefício à entidade que ofertasse e efetivamente prestasse "serviços de pelo menos sessenta por cento ao Sistema Único de Saúde". Na ADIn 2.028,[45] foi sustentada a invalidade da supressão. O Advogado-Geral da União argumentou que a saúde e a educação não são objetos da assistência social previstos no art. 203, pelo que a redação original da Lei 8.212/91 concedia simples isenção.

Na Medida Cautelar na ADIn, o Supremo Tribunal Federal afastou essa tese, sob o argumento de que a interpretação sistemática da Constituição permite concluir que o objeto da assistência social não é restrito ao contido no art. 203, sendo possível sua ampliação em cotejo com os direitos sociais. Transcrevo trechos do voto do Ministro Moreira Alves, relator:

> Do exame sistemático da Constituição, verifica-se que a Seção relativa à Assistência Social não é exauriente do que se deve entender como Assistência Social, pois, além de não se referir a carentes em geral, mas apenas a família, crianças, adolescentes, velhos e portadores de deficiência sem sequer exigir de todos estes que sejam carentes, preceitua, em seu artigo 203, que ela se fará independentemente de contribuição para à seguridade social, a indicar que será gratuita, o que só se compatibilizará com o disposto no parágrafo único do artigo 149 – que permite que os Estados, o Distrito Federal e os Municípios instituam contribuição cobrada de seus servidores para o custeio, em benefício destes, de sistemas de previdência e assistência social – se se entender que, para a Constituição, o conceito de assistência social é mais amplo não só do doutrinário, mas também do adotado pelo artigo 203 para a disciplina específica prevista nele e no dispositivo que se lhe segue.
>
> [...]
>
> Esse conceito mais lato de assistência social – e que é admitido pela Constituição – é o que parece deva ser adotado para a caracterização dessa assistência prestada por entidades beneficentes, tendo em vista o cunho nitidamente social de nossa Constituição.

Rogério Tobias de Carvalho é favorável à restrição aos objetos previstos no art. 203. Transcrevo:[46]

> Para os fins colimados pela Constituição de 1988, no que se reporta à imunidade prevista no artigo 195, § 7º, apenas aquelas descritas no artigo 203, e que estão intimamente ligadas ao oferecimento do básico vital do ser humano é que são relevantes e produzem os efeitos jurídicos esperados. Há que se adotar, então, uma interpretação estrita, precisa, e não restritiva da expressão, resultado de uma análise sistemática dos dispositivos constitucionais mencionados. No final, conclui-se que a assistência social prestada pelo Estado, ou que se entende necessária para suprir o básico vital para os necessitados é menor do que a assistência social *latu sensu*.
>
> A partir dessa premissa estão automaticamente subtraídas quaisquer instituições de assistência social latu sensu, cujo objeto social extravase o contido no artigo 203 da Constituição da República vigente, ou que se dedique a amparar pessoas fornecendo prestações além do mínimo existencial. Não se trata de negar a tais instituições caráter de assistência social, tampouco o respeito da sociedade que continuam a merecer. Elas fazem jus ao apoio da comunidade e do poder público, através de subvenções, doações ou atém mesmo isenções fiscais. Apenas elas não se subsumem no conceito um pouco mais estreito de assistência social a que se destina o privilégio excepcional da imunidade tributária".

---

[45] MC- ADIn 2.028. Brasília, DF, 11 de novembro de 1999.
[46] *Imunidade tributária e contribuições para a seguridade social*. Renovar, 2006.

Muito embora impondo requisitos, de certa forma a mencionada Lei 11.096/05 recua na restrição quanto ao objeto, estendendo a imunidade às entidades de educação, visto que reconhece como imunes mesmo entidades de ensino superior.

Entendemos que o art. 203 se aplica à assistência social pública. A extensão do objeto da assistência a outros campos, desde que compatíveis com o significado da locução "assistência social", não é vedada, desde que seja admitida na legislação regulamentadora da imunidade.

2.6. Tributos abrangidos

As entidades beneficentes de assistência social são imunes a todas às contribuições para a seguridade social de que sejam contribuintes. São, portanto, imunes às contribuições criadas com base no art. 195, incisos I a IV e § 4º, art. 212, § 5º (salário-educação) e art. 239 (PIS).

A imunidade não alcança as contribuições de terceiros (empregados, prestadores de serviços) que as entidades estão obrigadas a reter e recolher ao fisco.

3. Aposentadorias e pensões até o limite pago pelo RGPS (art. 40, § 18, art. 195, inciso II)

O art. 40, § 18, incluído pela Emenda Constitucional 41/03, e o art. 195, inciso II, com redação dada pela Emenda Constitucional 20/98, estabelecem imunidade para as aposentadorias e pensões pagas pelo regime previdenciário dos servidores públicos até o limite do valor pago regime geral da previdência social e para as pagas pelo regime geral da previdência social.

3.1. Regra de transição

A regra do art. 40, § 18, que trata da imunidade dos benefícios pagos pelo regime próprio dos servidores públicos, foi introduzida pela Emenda Constitucional 41/03, que também introduziu a previsão constitucional para a cobrança de contribuições sobre os benefícios previdenciários dos regimes próprios.[47]

A emenda previu regra de transição, a qual estabelecia imunidade menor para os benefícios já em pagamento por ocasião de sua publicação, ou seja, os aposentados e pensionistas antes da entrada em vigor da emenda pagariam

---

[47] Houve tentativas de cobrança de contribuições de inativos dos regimes próprios de previdência anteriores à Emenda Constitucional 40/03. No plano federal, a Lei 9.783/99 instituía a cobrança, mas teve a eficácia suspensa pelo Supremo Tribunal Federal na Medida Cautelar na Adin 2.010, julgada em 30 de setembro de 1999, sob o fundamento de que inexistia base constitucional para a cobrança. Leis estaduais de teor semelhante também tiveram a eficácia suspensa.

contribuição maior. Era esse o texto do parágrafo único do art. 4º da Emenda Constitucional:

> Art. 4º Os servidores inativos e os pensionistas da União, dos Estados, do Distrito Federal e dos Municípios, incluídas suas autarquias e fundações, em gozo de benefícios na data de publicação desta Emenda, bem como os alcançados pelo disposto no seu art. 3º, contribuirão para o custeio do regime de que trata o art. 40 da Constituição Federal com percentual igual ao estabelecido para os servidores titulares de cargos efetivos.
>
> Parágrafo único. A contribuição previdenciária a que se refere o caput incidirá apenas sobre a parcela dos proventos e das pensões que supere:
>
> I – cinqüenta por cento do limite máximo estabelecido para os benefícios do regime geral de previdência social de que trata o art. 201 da Constituição Federal, para os servidores inativos e os pensionistas dos Estados, do Distrito Federal e dos Municípios;
>
> II – sessenta por cento do limite máximo estabelecido para os benefícios do regime geral de previdência social de que trata o art. 201 da Constituição Federal, para os servidores inativos e os pensionistas da União.

O Supremo Tribunal Federal considerou que o tratamento menos favorecido aos já aposentados e pensionistas em relação àqueles que viessem a fruir benefícios no futuro violava o princípio da isonomia tributária. Sob esse fundamento, declarou a inconstitucionalidade da regra de transição.[48]

Com isso, a regra imunizante mais ampla, constante do art. 40, § 18, passou a ser aplicável a todos os benefícios, inclusive aos já em execução por ocasião da entrada em vigor da emenda.

3.2. Classificação

A imunidade é *objetiva* – das aposentadorias e pensões até o limite do valor pago pelo regime geral da previdência social – e *incondicional* – não admite intermediação pelo legislador.

3.3. Interpretação e finalidade

As imunidades em análise deixam pouco ou nenhum espaço para interpretação, visto que foram estabelecidas por regras com conceitos bem determinados, aplicáveis por simples e direta subsunção. Ainda que pouco contribua na aplicação da imunidade, pode-se buscar sua finalidade.

Com a Emenda Constitucional 41/03, os beneficiários do regime geral da previdência social foram mantidos a salvo da tributação; já os beneficiários dos regimes próprios, passaram a ser tributados, desde que recebam benefícios maiores do que os pagos no regime geral.

---

[48] BRASIL. Supremo Tribunal Federal. Ações Diretas de Inconstitucionalidade 3.105 e 3.128. Plenário. Brasília, DF, 18 de agosto de 2004.

Nisso se pode identificar um objetivo de criar um piso comum de tributação: o valor máximo pago pelo regime geral, colocando-se a salvo benefícios de menor valor.

Também se identifica um propósito de progressiva equiparação entre os regimes previdenciários geral e próprio.

4. Aposentadorias e pensões até o dobro do limite pago pelo RGPS para beneficiário portador de doença incapacitante (art. 40, § 21)

O § 21 do art. 40 imuniza a parcela dos proventos de aposentadorias e pensões pagas nos regimes de previdência próprios dos servidores públicos correspondente a até o dobro do teto dos benefícios do regime geral da previdência quando o beneficiário for portador de doença incapacitante.

4.1. Classificação

A imunidade é *objetiva* – das aposentadorias e pensões até o limite do valor pago pelo regime geral da previdência social – e *incondicional*, muito embora admita algum grau de intermediação do legislador na definição de doença incapacitante e na forma de comprovação da mesma.

4.2. Interpretação e finalidade

A imunidade deve ser interpretada de acordo com sua finalidade, no caso, desonerar evitar a redução de renda pela submissão dos beneficiários portadores de doenças incapacitantes à tributação.

Os portadores de doenças incapacitantes têm, presumivelmente, menor capacidade contributiva, na medida em que costumam ter mais gastos com saúde e pouca ou nenhuma condição de gerar riquezas pelo trabalho.

Conclusão

As imunidades às contribuições sociais são previstas em regras heterogêneas.

A imunidade das receitas de exportação busca estimular as exportações, desonerando as contribuições indiretas incidentes sobre a atividade. Uma interpretação adequada dessa imunidade leva à conclusão de que a Cofins e a contribuição para o PIS estão abrangidas, inclusive quanto às variações cambiais positivas, mas as receitas decorrentes de exportação e a CPMF não.

Já a imunidade das entidades beneficentes de assistência social serve para a promoção dos direitos sociais, consagrando a liberdade de atuação das iniciativas privadas nesse campo. Uma interpretação adequada da imunidade exige que as entidades possam buscar fontes de custeio mediante cobrança por serviços. No entanto, é possível exigir dessas entidades um percentual de prestação gratuita ou subsidiada de serviços, como forma de caracterização da beneficência. A assistência social, por sua vez, não tem o objeto limitado ao descrito no art. 203 da Constituição, podendo, dentro dos limites da razoabilidade, ser considerada assistencial qualquer atividade que atenda a direitos sociais.

As imunidades das aposentadorias e pensões dos inativos buscam evitar a tributação de parcelas dos proventos de menor valor, bem como aproximar as regras dos regimes previdenciários geral e próprio.

Já a imunidade dos beneficiários do regime próprio portadores de doenças incapacitantes coloca a salvo da tributação pessoas que, presumivelmente, têm menos capacidade contributiva.

Referências bibliográficas

ALVIM, Eduardo Arruda. Lei complementar tributária. *Revista dos tribunais.* Ano 2. n. 6. Janeiro/março 1994.

AMARO, Luciano. *Direito Tributário Brasileiro.* 4.ed. Saraiva, 1999.

ATALIBA. Geraldo. Lei complementar em matéria tributária. *Revista de direito tributário.* Ano 13. n. 43. abril/junho 1989.

ÁVILA, Alexandre Rossato da Silva. *Curso de direito tributário.* 3.ed. Porto Alegre: Verbo Jurídico, 2007.

ÁVILA, Humberto. *Sistema constitucional tributário.* 2.ed. São Paulo : Saraiva, 2006.

BORGES, José Souto Maior, *Teoria geral da isenção tributária.* Malheiros, 2007.

BRASIL. Supremo Tribunal Federal. Ação Declaratória de Constitucionalidade nº 1. Tribunal Pleno. Brasília, DF, 1º de dezembro de 1993. Disponível em: *http://www.stf.gov.br.* Consultado em 15/5/08.

——. Ação Direta de Inconstitucionalidade 2.028. Tribunal Pleno. Brasília, DF, 11 de novembro de 1999. Disponível em: *http://www.stf.gov.br.* Consultado em 15/5/08.

——. Ações Diretas de Inconstitucionalidade 3.105 e 3.128. Tribunal Pleno. Brasília, DF, 18 de agosto de 2004. Disponível em: *http://www.stf.gov.br.* Consultado em 15/5/08.

——. Informativo de Jurisprudência nº 500. Disponível em *www.stf.gov.br.* Consultado em 15/5/08.

——. Mandado de Injunção nº 232. Tribunal Pleno. Brasília, DF, 2 de agosto de 1991. Disponível em: *http://www.stf.gov.br.* Consultado em 15/5/08.

——. Tribunal Pleno. Medida Cautelar na Adin 2.010. Tribunal Pleno. Brasília, DF, 30 de setembro de 1999. Disponível em: *http://www.stf.gov.br.* Consultado em 15/5/08.

——. Medida Cautelar na Ação Direta de Inconstitucionalidade – MC-Adin 1802-3. Tribunal Pleno. Brasília, DF, 27 de agosto de 1998. Disponível em: *http://www.stf.gov.br.* Consultado em 15/5/08.

——. Medida Cautelar na Ação Direta de Inconstitucionalidade 2.028. Tribunal Pleno. Brasília, DF, 11 de novembro de 1999. Disponível em: *http://www.stf.gov.br.* Consultado em 15/5/08.

——. Pleno. Medida liminar em Ação Cautelar nº 1.738-9/SP. Relator Min. CEZAR PELUSO. Tribunal Pleno. Brasília, DF, 17 de setembro de 2007. Disponível em: *http://www.stf.gov.br.* Consultado em 15/5/08.

——. Recurso Extraordinário 102.141. Segunda Turma. Brasília, DF, 18 outubro de 1985. Disponível em: *http://www.stf.gov.br.* Consultado em 15/5/08.

———. Recurso Extraordinário 202.700. Relator(a) Min. Maurício Corrêa. Brasília. Tribunal Pleno. DF, 8 de novembro de 2001. Disponível em: *http://www.stf.gov.br*. Consultado em 15/5/08.

———. Recurso Ordinário em Mandado de Segurança 24.065. Primeira Turma. Brasília, DF, 3 de junho de 2008. Disponível em: *http://www.stf.gov.br*. Consultado em 15/5/08.

BRASIL. Tribunal Regional Federal da Primeira Região. AMS 200432000029000. Sétima Turma. Data da decisão: 15/1/2008. Disponível em: *http://www.stf.gov.br*. Consultado em 15/5/08.

———. AMS 200538000209924. Oitava Turma. Data da decisão: 6/2/2007. Disponível em: *http://www.trf1.gov.br*. Consultado em 21/6/08.

BRASIL. Tribunal Regional Federal da Segunda Região. AMS 200002010227084. Terceira Turma Esp. Data da decisão: 12/12/2006. Disponível em: *http://www.trf2.gov.br*. Consultado em 21/6/08.

BRASIL. Tribunal Regional Federal da 4ª Região. Primeira Turma. AC 2006.71.14.000002-7. Relator Francisco Donizete Gomes. Porto Alegre, RS, D.E. 29/01/2008, julgado em 23/1/08. Disponível em: *http://www.trf4.gov.br*. Consultado em 21/6/08.

———. Segunda Turma. AMS 2006.72.05.002405-7. Relator Eloy Bernst Justo. Porto Alegre, RS, D.E. 13/02/2008, julgada em 22/1/08. Disponível em: *http://www.trf4.gov.br*. Consultado em 21/6/08.

BRASIL. Secretaria da Receita Federal do Brasil. Solução de Consulta nº 31. Brasília, DF, 25 de Fevereiro de 2003. Disponível em www.receita.fazenda.gov.br. Consultado em 21/7/08.

———. Solução de Consulta nº 378. Brasília, DF, de 30 de Novembro de 2004. Disponível em www.receita.fazenda.gov.br. Consultado em 21/7/08.

CAMPOS, Dejalma de; CAMPOS, Marcelo. A imunidade e as garantias constitucionais – alcance do artigo 150, VI, d da CF. In *Imunidade tributária do livro eletrônico*. Coordenador Hugo de Brito Machado. 2.ed. São Paulo : Atlas, 2003. pp. 30-34.

CANAZARO, Fábio. *Lei complementar tributária na constituição de 1988*. Porto Alegre: Livraria do Advogado. 2005.

CARDOSO, Daniel GATSCHNIGG. Inconstitucionalidade da inclusão das receitas de exportação na base de cálculo da CSLL. *Revista de Estudos Tributários*. Ano X. nº 60. mar/abril 2008. pp.

CARRAZZA, Roque Antônio. *Curso de direito constitucional tributário*. 18.ed. São Paulo: Malheiros, 2002.

———; BOTALLO, Eduardo D. Operações de exportação e equiparadas e imunidade à contribuição social sobre o lucro. *Revista Dialética de Direito Tributário*. São Paulo. n.91. p. abr. 2003. 108-115.

CARVALHO, Rogério Tobias de. *Imunidade tributária e contribuições para a seguridade social*. Renovar, 2006.

CASTRO, Carlos Alberto Pereira de. LAZZARI, João Batista. *Manual de direito previdenciário.* 5 ed. São Paulo: LTr, 2004.

COELHO, Sacha Calmon Navarro. *Contribuições no direito brasileiro*. São Paulo: Quartir Latin, 2007.

———. A lei complementar tributária. *Arquivos do Ministério da Justiça*. Ano 43. n 176. julho/dezembro 1990.

COSTA, Regina Helena. *Imunidades tributárias*. 2.ed. Malheiros, 2006.

DIFINI, Luiz Felipe Silveira. *Manual de direito tributário*. 3.ed. Saraiva, 2006.

FALCÃO, Amílcar de Araújo. Imunidade e isenção tributária – Instituição de assistência social. *Revista de direito administrativo*. n. 66. outubro/dezembro 1961. pp. 367-375.

———. *Fato gerador da obrigação tributária.* 6ed. Rio de Janeiro : Forense, 1997.

FERNANDES, Edison Carlos. Imunidade da contribuição social sobre o lucro líquido: CSLL para as receitas de exportação após a emenda constitucional nº 33, de 2001. *Revista Dialética de Direito Tributário*. São Paulo. n. 86. nov. 2002. p. 7-12.

FERNANDES, Rodrigo de Salazar e. A CPMF e a imunidade das receitas de exportação em relação à incidência das contribuições sociais. *IOB-Repertório de Jurisprudência*: tributário e constitucional. São Paulo. n.15. ago. 2003. p. 535-529.

FOLLONI, André. A imunidade das receitas decorrentes de exportação. *Revista Dialética de Direito Tributário*. São Paulo. n. 152. p. 40-54. maio 2008.

FORTES, Simone Barbisan; PAULSEN, Leandro. *Direito da Seguridade Social*. Porto Alegre: Livraria do Advogado, 2005.

MARTINS, Ives Gandra da Silva; RODRIGUES, Marilene Talarico Martins. As contribuições sociais nos termos dos arts. 146 e 149 da CF. A imunidade tributária como limitação ao poder de tributar e as instituições de assistência social e filantrópica, à luz do direito positivo. *Cadernos de Direito Tributário e Finanças Públicas*. São Paulo, vol. 1, p. 118-135, 1992.

NETTO, André Luis Borges. Lei complementar tributária. *Revista dos tribunais*. Ano 3. n. 10. Janeiro/março 1995.

SARAIVA, Carmen Ferreira; FONSECA, Silvia Saraiva. -- A imunidade da receita da exportação em face da contribuição social sobre o lucro líquido. *IOB-Repertorio de Jurisprudência*: tributário e constitucional. São Paulo. n. 2. jan. 2004. p. 72-64.

SOUZA, Hamilton Dias de. *Comentários ao Código Tributário Nacional.* Coordenador Ives Gandra da Silva. São Paulo: Saraiva, 1998, 1. v.

SOUZA, Leandro Marins de. *Imunidade tributária entidades de educação e assistência social.* Curitiba: Juruá, 2006.

TOVAR, Leonardo Zehuli. Operações de Exportação, contribuições sociais sobre o lucro e imunidade. *Revista tributária e de finanças públicas.* RT. vol 55. pp. 128-144, 2004.

VELLOSO, Andrei Pitten; ROCHA, Daniel Machado da; BALTAZAR JR, José Paulo. *Comentários à Lei de Custeio da Seguridade Social.* Porto Alegre: Livraria do Advogado, 2005.

— V —

Imunidade dos livros, jornais, periódicos e o papel destinado a sua impressão. Livro eletrônico

FÁBIO WEBER NOWACZYK

Sumário: Introdução; a) Texto atual e seus antecedentes históricos; b) Posicionamento doutrinário sobre os princípios e direitos fundamentais subjacentes; I. Livro, Jornal e Periódico em papel; a) Extensão da norma e seus efeitos sobre os insumos e equipamentos; b) Revistas técnicas; c) Listas telefônicas; II. Avanços tecnológicos e seus efeitos; a) O significado do que se denomina "livro eletrônico"; b) A doutrina e seu dissenso; c) Jurisprudência; Conclusão; Bibliografia

Introdução

O tema a ser tratado neste trabalho é a imunidade prevista no art. 150, inciso VI, alínea "d", da Constituição da República, que trata dos livros, jornais, periódicos e do papel destinado a sua impressão.

A abordagem que será feita restringe-se aos autores nacionais, haja vista a peculiaridade do tema e a especificidade que ele apresenta, tanto em relação a sua redação como quanto ao momento histórico de seu nascimento e, também, das posteriores alterações. Assim, daremos atenção, num primeiro momento, ao texto inserido nas Constituições, desde o seu nascimento na Carta de 1946 até os dias atuais, chamando a atenção para as suas modificações.

Essa imunidade está ligada a valores constitucionais muito caros aos cidadãos e ao regime democrático, haja vista a sua estreita ligação com a liberdade de expressão, que é um dos maiores patrimônios do cidadão e um dos pilares da democracia porque permite que se expressem os mais variados modos de pensar e, assim contribui para a evolução das ideias e não permite que se mantenham no ostracismo as nefastas condutas de qualquer pessoa, político ou cidadão comum. Por isso, merecerão atenção os princípios e direitos fundamentais subjacentes à referida imunidade.

Importante verificar que a evolução tecnológica trouxe novos questionamentos em relação ao que se entende abrangido pela norma constitucional. O progresso da ciência da computação e da tecnologia da informação colocou em xeque posições sedimentadas no Supremo Tribunal Federal, que deverá enfrentar diretamente questões relacionadas com livros, jornais e periódicos elaborados e postos à disposição do público em geral em meio magnético. Assim, faremos uma análise da interpretação dada pelo STF enquanto questionado sobre os tradicionais meios de expressão do pensamento, em papel, e, posteriormente, nos debruçaremos nas possíveis alterações que podem advir com as novidades, frutos dos avanços tecnológicos.

Uma dessas novidades é o chamado "livro eletrônico", cujos questionamentos já começam na adequação ou não dessa forma de denominação, haja vista que alguns autores entendem ser apenas um eufemismo. Abordaremos especificamente essa forma de expressão do pensamento e difusão de ideias – o livro –, que poderá até ser estendida aos jornais e periódicos, mas que não será abordada diretamente neste trabalho.

Trata-se de um tema atualíssimo e que vem recebendo toda a atenção da doutrina, cujos atores têm se dedicado a aprofundar o assunto, mas que ainda não foi objeto de uma análise direta e clara por parte do Pretório Excelso, que demorou para pacificar o seu entendimento a respeito dos meios impressos em papel e que deverá brevemente se posicionar sobre essas questões atuais surgidas com o desenvolvimento tecnológico.

a) Texto atual e seus antecedentes históricos

A imunidade em questão surgiu na Constituição de 1946, insculpida no seu art. 31, inciso V, alínea "c":

> Art. 31. À União, aos estados, ao Distrito Federal e aos municípios é vedado:
> (...)
> V – lançar impostos sobre:
> (...)
> c) papel destinado exclusivamente à impressão de jornais, periódicos e livros.

Norma inexistente nas Cartas anteriores surgiu por iniciativa do Deputado Constituinte Jorge Amado, motivado por interesse cultural, preocupado com o valor elevado dos livros. Entretanto, tendo presente episódios recentes da vida política brasileira, preocupada em assegurar o debate político principalmente por meio da livre manifestação da imprensa, a Assembleia acabou por estender a imunidade pretendida pelo constituinte baiano também ao papel de imprensa, destinado aos jornais e periódicos. Segundo Aliomar Baleeiro,[1] *verbis*:

> Quando Jorge Amado defendeu essa franquia, na Constituinte de 1946, o interesse cultural ocupa o centro de sua argumentação. O imposto encarece a matéria-prima do livro, não apenas pela carga fiscal, que se adiciona ao preço, mas também pelos efeitos extrafiscais, criando, em certos casos, monopólios em favor do produtor protegido aduaneiramente.

---

[1] Baleeiro, Aliomar. *Limitações Constitucionais ao Poder de Tributar.* 2ª ed. Rio de Janeiro: Forense, 1960, p. 191-2

> (...) a Constituição optou pelos valores espirituais, que, ao mesmo tempo, coincidiam com a necessidade de preservar-se a liberdade de crítica e de debate partidário através da imprensa. Estava muito recente a manobra ditatorial de subjugar o jornalismo por meio do papel importado.

Portanto, na Constituição de 1946 era imune apenas o papel, considerando a sua destinação ("destinado exclusivamente à impressão de livros, jornais e periódicos"). Era a imunidade do "papel de imprensa", que não abrangia o que dele se elaborava. Entretanto, a Carta que se seguiu ampliou a norma, haja vista que a Emenda Constitucional nº 18, de 1º.12.65, não alterou a redação da norma em questão.

Como dito, a Constituição de 1967 tornou a norma mais ampla, que veio insculpida no art. 20:

> Art. 20 . É vedado à União, aos Estados, ao Distrito Federal e aos Municípios:
> (...)
> III – Criar imposto sobre:
> (...)
> d) o livro, os jornais e os periódicos, assim como o papel destinado à sua impressão.

A ampliação do texto em relação ao que estava disposto na Constituição de 1946 é evidente. Antes, o produto acabado não estava imune, apenas o papel de impressão.

A norma passou a estar prevista no art. 19, inciso III, alínea "d", da Emenda Constitucional nº 01/69, sem modificações, e acabou sendo repetida na atual Constituição, sem alteração de alcance, apenas na disposição das palavras. Eis o que prevê a Carta de 1988:

> Art. 150. Sem prejuízo de outras garantias asseguradas ao contribuinte, é vedado à União, aos Estados, ao Distrito Federal e aos Municípios:
> (...)
> VI – instituir impostos sobre:
> (...)
> d) livros, jornais, periódicos e o papel destinado a sua impressão.

Importante referir, até porque esse fato que será explorado mais adiante, em especial quando formos tratar do alcance da imunidade sobre os denominados livros eletrônicos, que o jurista Ives Gandra da Silva Martins, em nome do Instituto dos Advogados de São Paulo (IESP) e da Associação Brasileira de Direito Financeiro (ABDF), encaminhou à Assembleia Constituinte projeto que dava a este dispositivo a seguinte redação:[2]

> d) livros, jornais e periódicos e outros veículos de comunicação, inclusive audiovisuais, assim como o papel e outros insumos, e atividades relacionadas com sua produção e circulação.

---

[2] *Apud* Difini, Luiz Felipe Silveira. Alcance da Imunidade de Livros, Jornais e Periódicos. *Ajuris*, vol 83, p.267. Porto Alegre: 2001.

A sugestão, por óbvio, não foi acolhida e esse fato é motivo de várias controvérsias por parte da doutrina, desde o momento que se seguiu à promulgação da Carta mas, em especial, quando ela procura determinar o alcance da norma imunizante na era dos progressos tecnológicos antes referidos. Alguns autores dão muita importância, outros a minimizam e outros tantos interpretam o texto do projeto não acatado de uma forma diferente da maioria.

b) Posicionamento doutrinário sobre os princípios e direitos fundamentais subjacentes

A despeito da posição singular de Roque Antônio Carrazza, a doutrina classifica as imunidades em objetivas ou subjetivas e condicionais ou incondicionais. Tomemos as palavras de Luiz Felipe Silveira Difini,[3] que expressa posição doutrinária majoritária sobre a imunidade em análise:

> A imunidade tributária em comento é objetiva (porque concedida em função do objeto excluído da possibilidade de incidência tributária – os produtos acabados livros, jornais e periódicos e o insumo papel de impressão) e incondicional, pois prevista em norma constitucional auto-aplicável, a dispensar edição de lei complementar para produzir eficácia plena.

Pelo objeto deste trabalho, não cabe aprofundar os estudos a respeito da natureza jurídica da imunidade, pois absolutamente despiciendo se deve ser considerada limitação constitucional ao poder de tributar, limitação à competência tributária, obstáculo constitucional à incidência, regra negativa de competência, vedação ao poder de tributar ou forma qualificada de não incidência, ou outra preferida pelo intérprete. Basta a ideia de que a tributação não pode alcançar determinadas pessoas ou objetos, por determinação constitucional.

Mas, as imunidades, independentemente da sua natureza jurídica, existem apenas pela vontade do constituinte, inclusive na forma e com o alcance que ele entendeu adequados. Elas objetivam resguardar valores relevantes para o regime político e para a sociedade. A doutrina de Bernardo Ribeiro de Moraes[4] pode ser tomada como exemplo:

> Dentro do aspecto sistemático a imunidade tributária constitui um instrumento político-constitucional utilizado pelo legislador constituinte para resguardar determinados princípios fundamentais do regime na defesa da incolumidade de certos valores éticos, culturais, sociais e políticos evitando que sobre certas pessoas, coisas ou bens recaiam imposto. Assim, no aspecto sistemático, existe uma índole política na imunidade tributária, apresentando esta um elemento de infra-estrutura do ordenamento constitucional tributário.

A maioria dos juristas, levando em conta o momento em que essa imunidade foi incluída no ordenamento brasileiro e, também, ponderando as manifestações emitidas por Aliomar Baleeiro, entende que a finalidade da imunidade em co-

---
[3] Op. cit., p. 268
[4] Moraes, Bernardo Ribeiro de. A imunidade tributária e seus novos aspectos *in Imunidades Tributárias,* Coord. Ives Gandra da Silva Martins. São Paulo: CEU/Revista dos Tribunais, 1998 (Pesquisas Tributárias, Nova Série nº 4), p. 112

mento é a preservação da liberdade de expressão intelectual, científica, artística e de manifestação do pensamento. Alguns alargam essa ideia para assegurar proteção para outras garantias constitucionais, assim como tantos outros a restringem, talvez influenciados por várias publicações sem interesse intelectual ou cultural.

Hugo de Brito Machado[5] afirma que a imunidade em questão visa a garantir às liberdades de pensamento e de expressão e "não é, como ingenuamente se pode imaginar, apenas o de baratear tais objetos, estimulando a educação e a cultura, mas sim o de excluir o tributo como dominação estatal sobre as atividades relacionadas a tais meios de transmissão do pensamento".

Ives Gandra da Silva Martins[6] não concordava integralmente com o mestre pernambucano, haja vista que excluía a proteção da educação e da cultura, que, segundo ele, podiam ser obtidas por isenções específicas e acabou por se fixar na proteção dos meios de comunicação de ideias, conhecimento e informação que, em suma, garantem a liberdade de expressão. Em trabalho mais recente,[7] creio que o Prof. Emérito da Universidade Mackenzie alterou um pouco o seu modo de pensar, uma vez que afirmou que a imunidade em comento "objetiva garantir a liberdade de expressão, a informação e formação cultural (...). Liberdade de expressão, informação e cultura são os valores a serem protegidos".

A dita imunidade, por ser objetiva, não admite quaisquer restrições, vedado ao legislador ordinário ou juiz estabelecer distinções onde a Constituição não faz, excluindo as revista erótica, por exemplo, o que, aliás, ingressa no campo da censura. Adequadas as palavras de Sacha Calmon Navarro Coêlho[8] ante, inclusive, a ausência de lei infraconstitucional:

> Devem os juízes agir com cautela para não se tornarem censores. Com espeque no suporte exiológico da imunidade, se tem propagado que livros eróticos (e o clássico *Kama Sutra* o é), as revistas de nus, os livros tidos por perniciosos, não gozam de imunidade, nem os simplesmente informativos ou propagandísticos. Os que veiculam "maus costumes" ou "ideologias exóticas" também estariam fora da outorga imunitória. Estamos no campo predileto do subjetivismo doutrinário e jurisprudencial.

Em uma abordagem um pouco mais aprofundada sobre o tema, Tércio Sampaio Ferraz Júnior[9] afirma que a liberdade de pensamento e de expressão são, enquanto direitos subjetivos públicos, imunidades genéricas; enquanto as imunidades tributárias são específicas porque individualizam o sujeito e o objeto que constitui o veículo de expansão da liberdade em sentido genérico. Assevera que o sistema tributário constitucional reconhece o poder tributante por meio de

---

[5] MACHADO, Hugo de Brito. Imunidade tributária do livro eletrônico. *Revista Opinião Jurídica*, n° 5, p. 120.

[6] MARTINS, Ives Gandra da Silva. Imunidade constitucional de publicações (Interpretação teleológica da norma maior). *Revista de Direito Tributário*, n° 41, p. 225. São Paulo: 1987, p. 225.

[7] MARTINS, Ives Gandra da Silva. Imunidades tributárias in *Imunidades Tributárias*, Coord. Ives Gandra da Silva Martins. São Paulo: CEU/Revista dos Tribunais, 1998 (Pesquisas Tributárias, Nova Série n° 4), p. 36.

[8] COÊLHO, Sacha Calmon Navarro. Imunidades tributárias in *Imunidades Tributárias*, Coord. Ives Gandra da Silva Martins. São Paulo: CEU/Revista dos Tribunais, 1998 (Pesquisas Tributárias, Nova Série n° 4), p. 224.

[9] FERRAZ JUNIOR, Tércio Sampaio. Livro eletrônico e imunidade tributária (publicado na *Revista dos Procuradores da Fazenda Nacional* n° 2). Disponível em http://aldemario.adv.br/livroe.htm, acesso em 6.5.09, p. 1-2

normas rígidas e inflexíveis, de competência e de exclusões, tendo em vista a preservação de direitos fundamentais. E acaba por fixar bem aquilo que ele denomina de funções eficaciais das normas de vedação do art. 150 da Constituição Federal, *verbis:*

> A função primária da vedação contida no art. 150, VI, d, é de bloqueio. Seu primeiro efeito é cercear, por nulidade, a instituição de tributo sobre aqueles objetos. Mas, ao fazê-lo, provoca outros efeitos, preenchendo duas outras funções: protege liberdades individuais (de pensamento, de expressão, de informar e ser informado) – função de resguardo – visa a atingir programaticamente certos objetivos (interesse social na facilitação da difusão da cultura, barateando os veículos especificados) – função programática.

Seja como for, podemos afirmar que a imunidade em comento visa à preservação da liberdade de expressão intelectual, científica, artística e de manifestação do pensamento. Tão importante é a liberdade de pensamento que acabou por fazer brotar de Pontes de Miranda a afirmação de ser ela o núcleo de onde derivam todos os outros direitos fundamentais. Apesar de que, talvez estivesse melhor aplicada à liberdade de expressão do pensamento, assim se manifestou o mestre civilista: "Se falta liberdade de pensamento, todas as outras liberdades humanas estão sacrificadas, desde os fundamentos. Foram os alicerces mesmo que cederam. Todo o edifício tem de ruir".[10] Aliás, essa liberdade de pensamento e de sua expressão, é um dos pilares da democracia de um País, haja vista que o direito à informação acaba por caminhar junto com a ideia de verdade sobre todos os fatos, inclusive aqueles relacionados com a política.

I – Livro, jornal e periódico em papel

a) Extensão da norma e seus efeitos sobre os insumos e equipamentos

Em relação ao papel e aos produtos prontos e confeccionados a partir dele, independentemente de seu conteúdo, segundo a boa doutrina, não há dúvidas a respeito da imunidade, mas muito se discutiu se ela abrangia outros insumos e os equipamentos necessários à elaboração dos produtos acabados. Essa questão tem estreita relação com a interpretação das normas que instituem imunidades e é praticamente consenso tanto na doutrina quanto na jurisprudência que a interpretação dessas normas deve ser ampla, não cabendo aplicação da regra contida no art. 111 do Código Tributário Nacional, que deve ficar restrita apenas às isenções. Amilcar de Araújo Falcão em artigo elaborado no início da década de 60,[11] que se tornou referência acerca da matéria e até hoje é muitas vezes citado, após tecer

---

[10] *Apud* Roque Antonio Carrazza. Importação de bíblias em fitas – sua imunidade – exegese do art. 150, VI, d, da Constituição Federal. *Revista Dialética de Direito Tributário,* nº 26, p. 125. São Paulo: 1997.

[11] FALCÃO, Amilton de Araújo. Imunidade e isenção tributária. Instituição de assistência social. *Revista de Direito Administrativo,* vol. 66, p. 368 e 372. São Paulo: 1966.

comentários sobre a diferença entre isenção e imunidade, deu os exatos contornos da adequada interpretação a esses dois institutos, *verbis:*

> Em verdade, existe substancial diferença, tanto lógica como sistemática entre imunidade e isenção, não obstante a coincidência formal, aparente ou externa, de que uma ou outra dêem como resultado o não pagamento de tributos.
>
> (...)
>
> A distância, além da importância que possui sob o ponto-de-vista doutrinário ou teórico, tem conseqüências práticas importantes, no que se refere à interpretação dos princípios constitucionais que estabelecem imunidades tributárias. É que, sendo a isenção uma exceção à regra de que, havendo incidência, deve ser exigido o pagamento do tributo, a interpretação dos preceitos que estabeleçam isenção deve ser estrita, restritiva. Inversamente, a interpretação, quer nos casos de incidência, quer nos de não-incidência, quer, portanto, nos de imunidade, é ampla, no sentido de que todos os métodos, inclusive o sistemático, o teleológico, etc. são admitidos

Foi exatamente essa corrente doutrinária que ganhou força e prevaleceu entre os doutos e, por fim, acabou por encontrar eco no Supremo Tribunal Federal. O Pretório Excelso teve que enfrentar muitas questões relacionadas com os insumos e máquinas utilizadas na elaboração dos produtos finais alcançados pela imunidade. A Suprema Corte começou a construir o seu atual entendimento em julgados que não delimitavam com exatidão o que no futuro ficaria mais claro, haja vista que alguns dos seus integrantes entendiam pela imunidade amplíssima no sentido de que não seria lógico reconhecer a imunidade para o produto final e deixar ao alcance da tributação os seus insumos, que equivaleria a tributar o produto acabado, mesmo que indiretamente (RE 190.761/SP e 174.476/SP, julgados em 26/09/96). Mas, por fim, o STF acabou por se fixar naquilo que ficou consagrado como "extensão mínima" para a imunidade em questão, a partir dos Recursos Extraordinários nos 203.859-8/SP e 204.234-0/RS, julgados pelo Plenário em 11/12/96. Em verdade, o primeiro dos recursos citados foi aquele que fixou a exata extensão à imunidade, que se mantém até hoje, no sentido de que ela alcança o papel ou qualquer outro material assimilável a papel utilizado no processo de impressão.

No recurso citado, estava em julgamento a tributação ou não sobre rolos de filmes e sobre galões de solução alcalina utilizada para propiciar secagem mais rápida da tinta empregada na impressão dos jornais. O Plenário acabou por admitir a imunidade apenas para o primeiro dos produtos citados, muito embora votos proferidos prestigiassem a interpretação literal no sentido de que a imunidade seria apenas do papel, restrita, portanto. A ementa é curta, mas muito esclarecedora:

> RECURSO EXTRAORDINÁRIO. CONSTITUCIONAL. TRIBUTÁRIO. JORNAIS, LIVROS E PERIÓDICOS. IMUNIDADE TRIBUTÁRIA. INSUMO. EXTENSÃO MÍNIMA.
>
> Extensão da imunidade tributária aos insumos utilizados na confecção de jornais. Além do próprio papel de impressão, a imunidade tributária conferida aos livros, jornais e periódicos somente alcança o chamado papel fotográfico – filmes não impressionados.
>
> Recurso extraordinário parcialmente conhecido e, nessa parte, provido.

(RE 203.859-8/SP, Rel. Min. Carlos Velloso, Tribunal Pleno, maioria, j. 11.12.96, DJ 24.08.01)

Entendo que o voto do Ministro Francisco Rezek representa muito bem o que foi discutido e acabou prevalecendo:

> Não fomos investidos pelo voto popular na prerrogativa de aditar à Constituição locuções adjetivas que ela não contém. O papel destinado à impressão deve recolher o benefício fiscal porque a Carta não diz que é somente aquele que, além de destinado à impressão, integra matéria que se comercias finalmente com o leitor, que é posta nas mãos do leitor mediante pagamento. Mas, dar um entendimento mais largo ao benefício constitucional e fazê-lo compreender insumos sem dúvida alguma envolvidos no processo de produção do livro, do jornal ou do periódico, porém não integrados na categoria papel, penso que, embora com boa motivação teleológica, seria ir além do ponto que, a meu sentir, o Constituinte quis alcançar quando redigiu a norma relacionada ao benefício.

Da mesma forma, o voto do Ministro Néri da Silveira assenta com clareza que a Corte aceitou como imune tudo aquilo que tem a natureza de papel, *verbis*:

> Se os insumos, embora decorram de desenvolvimento tecnológico quanto à impressão de jornais, livros e periódicos, etc., facilitam, por isso mesmo, a melhoria de técnica dessa impressão, desde de que não tenham qualquer correspondência com a natureza de papel ou da matéria papel, penso que não podemos dar a eles extensão tal a poder, também, enquadrá-los na imunidade do art. 150, item VI, letra d, da Carta Magna. Não fico, portanto, na interpretação literal da expressão papel, mas não me afasto, no enquadramento dessa imunidade, daqueles materiais que se consomem na impressão dos livros e jornais, desde que esses materiais tenham correspondência com a natureza do papel de uma forma ou de outra.

Quando ainda pedia decisão mais clara sobre a matéria, haja vista ainda não ter sido realizado o julgamento do RE 203.859, cuja ementa e partes de votos acima transcritos, subiu ao STF apelo acerca da importação de máquinas e equipamentos a serem utilizados no parque gráfico, destinados à impressão de jornais, amparado na interpretação ampla existente nos RE 190.761/SP e 174.476/SP. A Turma decidiu que aqueles julgados não davam guarida à pretensão, haja vista que, por óbvio, as máquinas não são assimiláveis ao papel. Eis a ementa:

> LIVROS, JORNAIS E PERIÓDICOS. IMUNIDADE TRIBUTÁRIA DO ART. 150, VI, *D*, DA CONSTITUIÇÃO.
> O Plenário do Supremo Tribunal Federal, em recentes julgamentos (RE 190.761 e 174.476), versando a imunidade prevista no dispositivo constitucional em referência, entendeu ser ela restrita, no que tange a equipamentos e insumos destinados à impressão de livros, jornais e periódicos, ao papel ou a qualquer outro material assimilável a papel utilizado no processo de impressão.
> Acórdão que dissentiu desse entendimento ao entender estar ao abrigo do privilégio constitucional equipamentos do parque gráfico, que, evidentemente, não são assimiláveis ao papel de impressão.
> (RE 215.798-8/RS, Rel. Min. Ilmar Galvão, Primeira Turma, unânime, j. 16.12.97, DJ 27.03.98)

Essa orientação sobre os insumos traduz firme opinião da Corte, que se mantém até hoje e pode ser exemplificada pelos seguintes julgados: RE 178.863/SP, RE 200.607/RS, RE 208.831/RS, RE 220.154/RS. Interessante decisão no RE 267.690/RS não reconheceu imunidade para a importação de tinta para impressão, conforme orientação sedimentada, mas, também, para filme fotográfico para provas.

Por outro lado, se os livros estão abrangidos pela imunidade, o STF entendeu que, da mesma forma, ela alcança as apostilas, tidas como simplificação de um livro. Nos autos do RE 183.403/SP, a questão discutida era referente à tributação sobre manuais técnicos remetidos por Bosch Telecom Ltda. Eis a ementa:

> IMUNIDADE – IMPOSTOS- LIVROS, JORNAIS, PERIÓDICOS E PAPEL DESTINADO À IMPRESSÃO – APOSTILAS.
> O preceito da alínea "d" do inciso VI do artigo 150 da Carta da República alcança as chamadas apostilas, veículo de transmissão de cultura simplificado.
> (RE 183.403-0/SP, Rel. Min. Marco Aurélio, Segunda Turma, unânime, j. 07.11.00, DJ 04.05.01)

O Pretório Excelso já decidiu que os encartes publicitários distribuídos com jornais e periódicos, pela sua natureza propagandística, de exclusiva índole comercial, não podendo ser considerados como destinados à cultura e à educação, não estão imunes ao imposto municipal sobre serviços (RE 213.094-0/ES, Rel. Min. Ilmar Galvão, Primeira Turma, unânime, j. 22/06/99, DJ 15.10.99). Da mesma forma, o STF entendeu não abrangidos pela imunidade as capas duras auto-encadernáveis distribuídas juntamente com jornais, para efetivar incremento nas suas vendas. Eis a ementa:

> CONSTITUCIONAL. TRIBUTÁRIO. IMUNIDADE: CAPAS DURAS AUTO-ENCADERNÁVEIS IMPRTADAS PARA DISTRIBUIÇÃO DA OBRA "ROTEIROS FIAT/FOLHA-BRASIL", EFETIVADA PARA INCREMENTO DA VENDA DE JORNAIS. C.F. art. 150, VI, *d*.
> (...)
> II – A imunidade tributária do art. 150, VI, *d*, C.F., não abrange as capas duras auto-encadernáveis utilizadas na distribuição de obras para fins de incrementar a venda de jornais.
> (RE 325.334-4/SP, Rel. Min. Carlos Velloso, Segunda Turma, unânime, j. 19.08.03, DJ 19.09.03)

Mais recentemente, o STF teve que enfrentar questão relacionada com a importação de filme de polímero de polipropileno utilizado nas capas dos livros, com o intuito de dar-lhes resistência. Surpreendentemente, a Suprema Corte, com base naqueles precedentes antigos (RE 203.859/SP e 204.234/RS), entendeu aplicável a imunidade a esse produto, denominado filme BOPP, da família dos plásticos, haja vista que adere ao papel e deve ser considerado assimilável ao papel. Eis a ementa e parte do voto do relator:

> CONSTITUCIONAL. TRIBUTÁRIO. IMUNIDADE TRIBUTÁRIA. PAPEL: FILMES DESTINADOS À PRODUÇÃO DE CAPAS DE LIVROS. C.F. art. 150, VI, *d*.
> Material assimilável ao papel, utilizado no processo de impressão de livros e que se integra no produto final – capas de livros sem capa-dura – está abrangido pela imunidade do art. 150, VI, *d*. Interpretação dos precedentes do Supremo Tribunal Federal, pelo seu Plenário, nos RREE 174.476/SP, 190.761/SP, Ministro Francisco Rezek, e 203.859/SP e 204.234/RS, Ministro Maurício Corrêa.
> (RE 392.221-1/SP, Rel. Min. Carlos Velloso, Segunda Turma, unânime, j. 18.05.04, DJ 11.06.04)
> Esclarecido ficou, no acórdão recorrido, que o material objeto da causa – "laminado de Polímero de Polipropileno, ou filme BOPP é um outro material assimilável a papel", por isso que "trata-se de uma

película destinada a dar resistência às capas, integrando-se nestas e, atualmente, de uso constante em todos os livros sem capa-dura, o que é notório".

A mesma matéria foi apreciada pelo STF em outras ocasiões, e a Corte manteve o entendimento acima indicado. Serve de exemplo o RE 597.746-5/SP, Rel. Min. Sepúlveda Pertence, j. 14.11.06, DJ 07.12.06.

Questão interessante diz respeito aos serviços necessários à confecção do produto final como, por exemplo, composição gráfica. Havia posição firmada no RE 102.141/RJ, j. 18.10.85, Segunda Turma, no sentido de que a imunidade não abrange apenas o produto acabado, mas o conjunto de serviços necessário a sua confecção, desde a redação, até a revisão de obra, sem restrição dos valores que o formam. No caso, discutiu-se a contratação de terceiro para realizar tarefas de redação, composição, atualização, correção e revisão de produção editorial de enciclopédia. Entretanto, a posição atual do Pretório Excelso é de que não há imunidade nos serviços de composição gráfica, conforme ementa a seguir transcrita:

> TRIBUTÁRIO. ISS. IMUNIDADE. SERVIÇOS DE COMPOSIÇÃO GRÁFICA. ART. 150, VI, *d*, DA CONSTITUIÇÃO FEDERAL.
> Não há de ser estendida a imunidade de impostos prevista no dispositivo constitucional sob referência, concedida ao papel destinado exclusivamente à impressão de livros, jornais e periódicos, aos serviços de composição gráfica necessários à confecção do produto final.
> (RE 230.782-1/SP, Rel. Min. Ilmar Galvão, Primeira Turma, unânime, j. 13.06.00, DJ 10.11.00)

Assim, em relação aos insumos e serviços, podemos dizer que o STF segue firme na sua posição de reconhecer imune apenas o papel e tudo o que possa ser assimilável a ele e, também, o filme plástico que a ele adere para dar mais resistência aos livros que não possuem capa dura. Para outros insumos e máquinas necessárias a sua elaboração, não há imunidade. Em relação aos serviços terceirizados relacionados com composição gráfica e outros necessários à elaboração do produto final, o entendimento atual é que, da mesma forma, não há imunidade sobre eles.

b) Revistas técnicas

O Supremo Tribunal Federal de há muito decidiu que revistas técnicas estão abrangidas pela imunidade prevista para livros, jornais e periódicos, haja vista que elas mantêm informações de caráter geral e de interesse coletivo e são editadas em períodos fixos e determinados. No RE 86.026, foi apreciada a incidência ou não do imposto municipal de serviços sobre revista de divulgação especializada em assuntos bancários e econômicos (Revista Bancária Brasileira). Eis a ementa:

> Imposto Municipal de Serviços. Imunidade prevista no art. 19, III, letra *d*, da Constituição, a beneficiar revistas técnicas ou científicas. Precedentes do STF. Recurso extraordinário provido.
> (RE 86.026/SP, Rel. Min. Djaci Falcão, Segunda Turma, unânime, j. 22.11.77, DJ 29.12.77)

Ou seja, para o Pretório Excelso o fato de ser periódica e conter informações de caráter geral e de interesse coletivo faz com que essas publicações estejam abrangidas pelo preceito constitucional que prevê a imunidade. Como já dito acima, os encartes com propaganda distribuídos juntamente com jornais não faz jus à imunidade, da mesma forma as publicações que não veiculam informações de caráter geral, em qualquer forma de veiculação.

c) Listas telefônicas

Questão interessante foi enfrentada pelo STF quando teve que se pronunciar sobre estar abrangida ou não pela imunidade a edição das listas telefônicas. Em meados de 1986, a Primeira Turma, como voto desempate do seu presidente, entendeu não ser o caso nos autos do RE 104.563. Eis a ementa:

> Listas Telefônicas. Conceito de periódicos (artigo 19, III, d, da Constituição Federal).
>
> O fato de ser periódica a publicação, por si só, não lhe confere o direito à imunidade. Teleologia da norma.
>
> No caso das listas telefônicas, conceituadas pelo § 1º, do artigo 1º, do Decreto 88.221, de 7/4/1983, como "publicações técnicas periódicas", mas de periodicidade fixada pelo Ministério das Comunicações (art. 4º, II, do mesmo Decreto), não há como privilegiá-las com a imunidade constitucional. Jurisprudência da Corte.
>
> (RE 104.563-9/SP, Rel. Min. Octávio Gallotti, Rel. para acórdão Min Oscar Corrêa, Primeira Turma, maioria, j. 08.04.86, DJ 05.09.86)

Ou seja, o órgão fracionário, por três votos a dois, entendeu relevante o conteúdo daquilo que é veiculado pelas listas telefônicas, e não o fato de ser periódico, até porque essa periodicidade foi estabelecida em lei para a empresa exploradora de serviços públicos. Eis parte do voto do Min. Rafael Mayer, Presidente da Turma:

> As listas telefônicas, ainda que sejam materialmente publicações periódicas, não o são no sentido da forma essencial, pois falta às informações que fazem seu objeto, simples registro de assinantes e de números de telefones, o teor ou conteúdo cultural, que no entanto se apreende mesmo nas simples notícias jornalísticas, que fazem a história do cotidiano.
>
> Não se nega a relevante utilidade pública das listas telefônicas, mas disso não resulta que elas sejam um consistente meio de comunicação de idéias, endereçadas ao espírito humano, destinação que a Constituição contempla, quando dá tratamento privilegiado aos livros, jornais e periódicos, fatores da integração e dinâmica cultural da sociedade e do chamado Estado de Cultura, realidade e desígnio dos quais não participam as publicações de listas telefônicas.

Entretanto, no final de 1987, nos autos do RE 101.441, o Plenário do Pretório Excelso, com voto do Presidente, acabou por decidir que a edição das listas telefônicas é imune ao imposto municipal incidente sobre serviços, mesmo que nelas haja publicidade paga. Eis a ementa:

> Imunidade tributária (art. 19, III, "d", da C.F.). I.S.S. – Listas telefônicas.
>
> A edição de listas telefônicas (catálogos ou guias) é imune ao I.S.S., (art. 19, III, "d", da C.F.), mesmo que nelas haja publicidade paga.
>
> Se a norma constitucional visou facilitar a confecção, edição e distribuição do livro, do jornal e dos periódicos, imunizando-os ao tributo, assim como o próprio papel destinado a sua impressão, é de se entender que não estão excluídos da imunidade os periódicos que cuidam apenas e tão-somente de

informações genéricas ou específicas, sem caráter noticioso, discursivo, literário, poético ou filosófico, mas de inegável utilidade pública, como é o caso das listas telefônicas.
(RE 101.441-5/RS, Rel. Min. Sydney Sanches, Tribunal Pleno, maioria, j. 04.11.87, DJ 19.08.88)

Ou seja, o Plenário, por seis votos a cinco, entendeu relevante o fato de ser periódico e de veicular informações de inegável utilidade pública, apesar do conteúdo não ter caráter noticioso, discursivo, literário, poético ou filosófico.

Interessante que o recurso fora originalmente remetido para a mesma Primeira Turma, mas, como já estava em andamento o julgamento do RE 104.563, o relator determinou que aguardasse a sua conclusão. Entretanto, quando foi solicitado dia para julgamento, por sugestão do novo Presidente da Turma, Ministro Moreira Alves, que não havia participado do julgamento do RE 104.563, a Primeira Turma decidiu enviar os autos ao Plenário.

No seu voto, transparece de modo notável como a alteração da composição e o envio ao Plenário podem modificar a jurisprudência da Corte que, de outra forma, provavelmente sedimentaria posição em sentido contrário ao que acabou prevalecendo, de alteração posterior muito mais difícil. Vejamos o que disse o relator, Min. Sydney Sanches:

> Quando da remessa dos presentes autos ao julgamento da Turma, estava meu voto propenso a seguir e orientação da douta maioria, como é da tradição da Casa, em face de precedentes. Mas como o insigne Ministro Rafael Mayer já não se encontra na Presidência do Turma, e, sim, na do Tribunal, e o douto Ministro Moreira Álves, que a preside atualmente, ainda não votara sobre o tema, a remessa dos autos ao E. Plenário permite e até recomenda que mantenha meu entendimento anterior, até que todos os nobres integrantes da Corte manifestem o seu.

O voto do relator mostra bem o entendimento que prevaleceu no Plenário, *verbis*:

> Permito-me, porém, insistir na idéia de que as listas telefônicas são publicações técnicas periódicas, como está expresso na lei e no decreto referidos. E, aliás, sua própria natureza o evidencia: não há dúvida de que são publicações; de conteúdo técnico informativo extremamente útil; e precisam ser publicadas a certos períodos, sob pena de perderem sua própria finalidade, dificultando sobremaneira as telecomunicações. E a periodicidade fixada pelo Ministério das Comunicações, segundo as conveniências do serviço público, não deixa de ser periodicidade só por isso.
>
> Nem me convenço, data máxima vênia, de que o conteúdo informativo das Listas Telefônicas, em suas várias e conhecidas espécies, seja desprezível para os efeitos da imunidade em questão (art. 19, III, "d", da C.F.), que abrange objetivamente o livro, o jornal e os periódicos, sem qualificações subjetivas, assim como o papel. Não posso desconsiderar, data vênia, a imensa utilidade social de uma lista de telefones públicos e particulares.

Dessa forma, o Pretório Excelso acabou por privilegiar o fato de ser periódico e de conter informações de inegável interesse público, afastando-se do entendimento da Turma que havia se detido mais no objetivo da imunidade em questão, que seria o resguardo da livre manifestação do pensamento, da liberdade de imprensa e do direito de informação, e que, para isso teria de afastar o constrangimento que poderia advir das imposições fiscais. O órgão fracionário não via nas publicações das listas telefônicas qualquer conexão com tais objetivos e, também, que o Decreto nº 88.221, ao conceituar as listas como "publicações técnicas periódicas", não pretendeu inseri-las nas categorias constitucionalmente imunes.

Como vimos, a jurisprudência do STF, apesar de ampliar a interpretação sobre a imunidade em questão, haja vista não ficar presa à literalidade do texto mas sem se afastar em demasia do vocábulo papel, sedimentou entendimento de adotar uma extensão mínima para o art. 150, inciso VI, alínea "d". Mas, esse entendimento acabou por ser atropelado pelos progressos tecnológicos, que para alguns está a determinar modificação na interpretação já pacificada e para outros, não. Mas, de qualquer forma, os enormes progressos obrigam o jurista a, no mínimo, refletir sobre eles e a analisar as consequências sobre o direito positivo e os efeitos sobre a interpretação das normas jurídicas.

II – Avanços tecnológicos e seus efeitos

No mundo de hoje, as mudanças se processam com uma velocidade inimaginável até mesmo para a geração atual, que nasceu sob os efeitos dessas alterações sucessivas. Sem dúvida alguma, as tecnologias de comunicação acabaram por arrastar muitas das atividades que por séculos foram executadas de modo pessoal e direto para outras formas de contato e, assim, por exemplo, na atualidade, propostas de contrato por via virtual e até mesmo a concretização de negócios à distância acabaram por ficar cada vez mais comuns. Adquirir bens, materiais ou imateriais, pela internet, se mostra como atividade cada vez mais corriqueira entre um número crescente de pessoas.

Tem razão Marco Aurelio Greco[12] quando afirma que está nascendo uma nova civilização, em cujo centro está o conceito de *bit,* ao contrário da antiga, estruturada a partir do átomo. Hoje em dia, os bens considerados "virtuais" têm valor próprio, em geral muitas vezes superior aos seus equivalentes em átomos.

Essa mudança, em velocidade espantosa, não encontrou igual velocidade de adaptação das legislações, o que é compreensível, seja pela velocidade com que os avanços da informática ocorrem, seja pela necessidade da maturação do debate a fim de evitar providências legislativas apressadas. Nesse contexto, surge a necessidade de verificar se os livros eletrônicos, produto dessa nova era, está ou não inserido na imunidade do art. 150, inciso VI, alínea "d", da Carta Magna, mas, para isso, necessário chegar ao real significado dessa expressão.

a) O significado do que se denomina "livro eletrônico"

Quando se trata de verificar qual o significado de "livro eletrônico", muitas vezes pode ser tarefa ingrata tendo em vista o motivo pelo qual se está a perquirir

---

[12] GRECO, Marco Aurelio. Imunidade tributária do livro eletrônico *in Imunidade Tributária do Livro Eletrônico,* Coord. Hugo de Brito Machado. 2ª Ed. São Paulo: Atlas, 2003, p. 169.

o que esse signo pode representar. Como a pesquisa na doutrina teve como motivo avaliar se estariam ou não abrangidos pela imunidade, muitos autores acabam por direcionar o seu entendimento levando em conta esse desiderato, que é muito diferente da situação abstrata, inclusive para as pessoas comuns que se interessam por adquirir produtos pela forma eletrônica. Assim, anúncios encontrados em *sites* não se preocupam com o que poderia significar usar ou não a expressão "livro eletrônico", haja vista que se interessam apenas em travar comunicação com os seus eventuais clientes.

Seja como for, a doutrina se divide entre aqueles que não aceitam a expressão, por entender ser um eufemismo, e aqueles que a aceitam e divergem apenas no seu conteúdo.

Entre os que não aceitam a novel expressão está Oswaldo Othon de Pontes Saraiva Filho,[13] que se refere ao produto dizendo que apenas metaforicamente é possível admitir a existência do chamado livro eletrônico e, também, Sacha Calmon,[14] que diz textualmente: "livro eletrônico é eufemismo". Por outro lado, Bernardo Ribeiro de Moraes[15] afirma que livro é gênero, que vem a ser toda edição comercial de obra literária, científica etc, destinada à leitura. Aduz que suporte papel e a forma escrita são fundamentais. Outros instrumentos como, por exemplo, filmes cinematográficos, peças de teatro, CR-Rom etc. podem ter o mesmo conteúdo e a mesma finalidade, mas não são livros, haja vista que os suportes são diferentes. Para Ricardo Lobo Torres,[16] só metaforicamente existe semelhança entre livros e informações na Internet e afirma que hipertexto é diferente de texto impresso. Heleno T. Torres[17] assevera que possuir a mesma informação do livro não é convincente. Por outro lado, Eurico Marcos Diniz de Santi[18] explica que o que aproxima um livro eletrônico de um livro é o conteúdo, mas assevera que ter conteúdo de livro não significa ser um livro.

Para outros autores, o que é essencial em um livro é o seu conteúdo, identificado como um veículo transmissor de ideias e, assim, se for em meio eletrônico ou em papel, há apenas diferença na sua forma, que não é essencial. Filiam-se a essa corrente, entre outros, Hugo de Brito Machado,[19] Roque Carrazza,[20] Tércio

---

[13] SARAIVA FILHO, Oswaldo Othon de Pontes. A não-extensão da imunidade aos chamados livros, jornais e periódicos eletrônicos. *Revista Dialética de Direito Tributário*, nº 33, p. 136. São Paulo: 1998.

[14] Op. cit., p. 223.

[15] Op. cit. p. 137-8

[16] TORRES, Ricardo Lobo. Imunidade tributária nos produtos de informática in *Imunidade Tributária do Livro Eletrônico*, Coord. Hugo de Brito Machado. 2ª Ed. São Paulo: Atlas, 2003, p. 233.

[17] TÔRRES, Heleno Taveira. Tributação e imunidade dos chamados "livros eletrônicos" in *Imunidade Tributária do Livro Eletrônico*, Coord. Hugo de Brito Machado. 2ª Ed. São Paulo: Atlas, 2003, p. 91.

[18] SANTI, Eurico Marcos Diniz de. Imunidade tributária como limite objetivo e as diferenças entre "livro" e "livro eletrônico" in *Imunidade Tributária do Livro Eletrônico*, Coord. Hugo de Brito Machado. 2ª Ed. São Paulo: Atlas, 2003, p. 58.

[19] Op. cit., p. 114-6

[20] Op. cit., p. 128-9

Sampaio Ferraz Júnior,[21] Eduardo Amorim de Lima[22] e Rafhael Frattari Bonito.[23] Em decorrência da afirmação de que os chamados livros eletrônicos não passam de um *software,* muitos deles afirmam que é importante separar os que contêm as informações tais quais os livros impressos daqueles que veiculam videojogos, por exemplo. Há também algum dissenso sobre quais facilidades podem estar incluídas e Hugo de Brito Machado[24] refuta a ideia de hipertexto ser entrave, haja vista que essa ferramenta pode ser vista como uma evolução da tradicional nota de rodapé.

Assim, para aqueles que entendem ser adequada a expressão "livro eletrônico" podemos resumir que se trata de uma evolução do livro papel, que já foi uma evolução do papiro e do barro, e que mantém em relação a estes a essência de ser um meio de transmissão de ideias, de conhecimentos, de informação etc. Teria o conteúdo do livro impresso que qualquer comum do povo pode identificar, mas com outra forma, apenas. Como exemplo, cito o *site* da Cultvox,[25] onde aparece o que seria um livro eletrônico: "Um livro eletrônico é a versão digital de um livro impresso, é adquirido por meio de *download* para ser lido no monitor do seu micro e impresso na sua impressora". Esse é o entendimento que adoto neste trabalho, podendo variar em alguns aspectos, mas que serão ressaltados quando forem abordados.

b) A doutrina e seu dissenso

Necessário relembrar que a atual Carta Política apresenta como estando imunes o produto acabado e o papel destinado a sua impressão. Ou seja, quer queiram ou não levar em consideração essa citação ao papel, o fato é que o constituinte explicitou os livros, jornais e periódicos e, também, um único insumo: papel destinado a sua impressão. Se há autonomia entre o produto acabado e seu insumo ou se o único citado – papel – teria força para atrair apenas para essa forma a imunidade em questão, é um dos pontos de dissenso para autores de escol.

Entre outros aspectos, parte da doutrina se debate se a tentativa de incluir os chamados "livros eletrônicos" na palavra "livro" presente no art. 150, VI, "d", da Constituição Federal representaria interpretação extensiva, analogia integrativa ou apenas interpretação atualizada do texto elaborado há vinte anos, denominada interpretação dinâmica, evolutiva ou concretista.

---

[21] Op. cit., p. 3.
[22] LIMA, Eduardo Amorim de. Da imunidade tributária do livro eletrônico. *Revista Dialética de Direito Tributário,* nº 98, p. 32. São Paulo: 2003.
[23] BONITO, Rafhael Frattari. A imunidade dos livros, jornais, periódicos e do papel destinado a sua impressão, prescrita no art. 150, VI, d, da Constituição Federal, aproveita aos softwares? *Revista Dialética de Direito Tributário,* nº 42, p. 119-20. São Paulo: 1999.
[24] Op. cit. p. 116-7.
[25] http://cultivox.uol.com.br/faq.asp

Oswaldo Othon de Pontes Saraiva Filho,[26] após afirmar que a imunidade em comento admite interpretação extensiva, inclusive reconhecida pelo STF, conforme já demonstrado neste trabalho, assevera não ser aceitável o uso da analogia integrativa, vale dizer, preenchimento de lacunas deixadas pela norma, mesmo não havendo, por parte desta norma, a intenção de abranger casos semelhantes. Esse posicionamento está baseado no fato de que entende não haver lacunas a serem supridas, haja vista que os vários princípios que podem ser conectados com a citada imunidade não determinam a abrangência dela para todos os veículos de comunicação ou difusores de cultura, ciência ou informação. No mesmo sentido se manifesta Sacha Calmon Navarro Coelho,[27] que entende que para a imunidade em comento, existe norma constitucional expressa, não sendo o caso de lacuna a ser suprida por integração, ao revés, cabe aplicar o brocardo "não pode o intérprete distinguir onde a Constituição não distingue quando podia fazê-lo".

Hugo de Brito Machado[28] após lembrar que a imunidade em questão visa à proteção da liberdade de expressão do pensamento, assevera que, como está havendo evolução no plano dos fatos, através da gradativa substituição do livro impresso em papel pelo livro eletrônico, é necessário considerar essa evolução na compreensão da norma. Para que as Constituições rígidas se mantenham no decorrer do tempo, os métodos tradicionais de interpretação não bastam sendo adequada a interpretação concretista, conforme magistério de Paulo Bonavides. Assim, apesar de afirmar que a integração analógica é indispensável à efetividade da Constituição, entende que, como os livros eletrônicos nada mais são que a nova forma assumida pelo livro, não configura integração por analogia nem interpretação extensiva a tese que defende sua imunidade, haja vista que todos os métodos tradicionais de hermenêutica levam à conclusão que o livro eletrônico é imune, com exceção da interpretação literal, causadora de verdadeiros absurdos quando utilizada de forma isolada.

Mas, esse não me parece ser o enfoque mais importante para a questão, haja vista que a expressa citação ao papel destinado à impressão não pode ser desprezada e, assim, entendo que está com a razão Heleno Torres[29] que não aceita como decisiva a história de transformação da coisa que o signo livro pode representar, uma vez que não é simplesmente pelo seu conteúdo que deve ser analisada a imunidade em comento até porque o Direito constrói as suas próprias realidades. O constituinte inseriu o insumo básico para a fabricação de um dos meios de expressão e ele necessariamente deve ser interpretado e não ignorado, como procuram fazer alguns autores, ou mesmo ser desvirtuado, quando dizem ser apenas uma explicitação dos insumos, que nessa visão seriam todos imunes,

---

[26] Op. cit. p. 134
[27] Op. cit. p. 223
[28] Op. cit. p. 114, 117 e 121
[29] Op. cit. p. 92

como Roque Carrazza[30] e Eduardo Amorim,[31] contrariando o que o STF já pacificou há algum tempo.

Ora, se o constituinte de 1988 repetiu a norma já existente na constituição decaída, é bem razoável que ele tenha realmente tido essa intenção e, dessa forma, em vez de procurar atualizar as suas disposições, o correto seria aceitar que pretendeu abarcar apenas os produtos elaborados com o papel, não só pelo que representavam na época, mas pela importância que necessariamente ainda teriam no futuro. E entendo que estão com a razão os autores que veem na não aceitação do projeto apresentado por Ives Gandra Martins, já transcrito no início deste trabalho, uma evidência de que o constituinte não quis alargar a imunidade para outras formas de exteriorização do pensamento e do conhecimento. De gizar que muitos outros meios eram contemporâneos è elaboração da atual Carta como, por exemplo, filmes cinematográficos, radiodifusão, televisão e mesmo a mídia eletrônica, sem a expansão de hoje, é verdade. Aliás, muito adequada a assertiva de Heleno Torres[32] no sentido de que os produtos elaborados com o papel já satisfazem o objetivo e garantem o valor desejado pelo Constituinte, e, assim, "tudo o mais que de aperfeiçoamento técnico, para o uso cibernético, possa surgir, não será mais do que uma exploração de bens de consumo (computadores)". Sem razão o próprio Ives Gandra Martins que procura minimizar o fato da não aceitação quando afirma que a sua proposta não foi rejeitada, uma vez que, na verdade, nem chegou a ser discutida pelas razões por ele apresentadas.[33] Ora, a proposta foi apresentada e representava uma alteração significativa em relação ao que dispunha a Constituição decaída e, dessa forma, não logrando êxito, demonstra que a vontade do legislador foi em sentido contrário. Bastante adequada a menção feita por Eurico Marcos Diniz de Santi[34] que, apesar das controvérsias que o método histórico suscita, a investigação histórica dos debates legislativos possui procedência jurídica, e reforça essa ideia com a previsão constitucional de bloquear a análise, no mesmo período legislativo, de matéria rejeitada no bojo de projeto de emenda constitucional. Conclui, então, asseverando que "se o conteúdo de emenda rejeitada pode inibir a própria competência constitucional de processar emendas, com muito mais razão tal conteúdo há de ser útil para corroborar na composição de sentido do texto constitucional estabelecido". Por outro lado, totalmente inadequada a interpretação dada por Tércio Sampaio F. Júnior,[35] que, aliás, nunca foi mencionada nem pelo próprio autor do projeto, no sentido de que o conteúdo do que foi rejeitado seria apenas a não aceitação de ampliação para outros meios de comunicação para além daqueles que são escritos e aptos de serem lidos, seja em papel ou em outro meio que permita a leitura, mesmo que em

---

[30] Op. cit. p. 134
[31] Op. cit. p. 32
[32] Op. cit. p. 90
[33] Op. cit. p. 38
[34] Op. cit. p. 62-3
[35] Op. cit. p. 3-4.

tela de computador. Segundo ele, o Constituinte teria rejeitado não outras formas de livros, jornais e periódicos que podem ser lidos, mas outros meios de comunicação que não apresentam na leitura a sua interação com o destinatário como, por exemplo, televisão, cinema e radiodifusão. É que esse autor entende que a imunidade alcança toda a mídia escrita, que pode ser mecânica, com suporte em papel, ou eletrônica, com suporte em programas fixados em disquetes, por exemplo.

De outro giro, se nos fixarmos na liberdade de expressão intelectual, científica, artística e de manifestação do pensamento que, segundo maciça doutrina, é o que a imunidade em comento visa proteger, a interpretação dada no sentido de excluir os chamados livros eletrônicos colocaria em risco esse direito fundamental tão caro ao homem e à democracia? Alguns autores entendem que a restrição aniquilaria com essa liberdade tão importante para o ser humano e cidadão. Não me parece que esse seja o resultado que necessariamente adviria. Hugo de Brito Machado[36] se expressa de maneira muito veemente, pois entende que a prevalecer essa exclusão dos livros eletrônicos, a imunidade será amesquinhada por uma forma de esclerose precoce que em breve a invalidará e prossegue "diante da inexorável tendência de substituição da cultura tipográfica, pela cultura eletrônica, ou se entende a imunidade em sentido abrangente desta última, ou se deixa estiolar a norma imunizante, que em breve restará inútil para a proteção dos valores mais caros da humanidade". Heleno Torres,[37] por outro lado, entende que o constituinte pretendeu deixar ao abrigo da imunidade somente os livros, jornais e periódicos confeccionados a partir do papel e, dessa forma, garantiu um espécie de "mínimo existencial" em matéria de acesso à informação e que todos os avanços poderiam ser tributados sem que com isso se agredisse o mandamento constitucional. Acredito que a previsão feita por Hugo de Brito Machado, por demais pessimista, não está levando em conta o momento histórico que a imunidade nasceu quando comparado aos dias de hoje. Atualmente, com regimes democráticos disseminados em grande parte do mundo, a globalização da economia e das comunicações, entre outros aspectos, não há mais espaço para regimes do tipo que existiam na época de Vargas. E mesmo que fosse possível, justamente a mídia eletrônica é a que teria maiores possibilidades de ficar à margem de um controle estatal. Aliás, é o que assevera Ricardo Lobo Torres[38] quando se manifesta em sentido contrário à extensão da imunidade para os livros eletrônicos nos seguintes termos: "A proteção da liberdade [para os livros eletrônicos] é desnecessária, posto que a Internet e outras *'networks of communication'* são livres por definição, sem donos e sem controle estatal, o que provoca a dificílima discussão entre a possibilidade de regulação jurídica, nacional ou internacional, e a existência de um espaço ajurídico *(ein rechtsfreier Raum)*".

A afirmação de Hugo de Brito Machado no sentido de que a não abrangência da imunidade sobre os livros eletrônicos, que avançam em importância na

---

[36] Op. cit. p. 118 e 127
[37] Op. cit. p. 87
[38] Op. cit p. 234.

sociedade moderna, levaria a esclerose da liberdade de expressão nos remete ao inverso, ou seja, se eles forem imunes, estaremos livres das garras dos governantes na forma de tributação e, assim, essa conquista do cidadão estará garantida. Parece muito superficial essa assertiva, haja vista que, muitas vezes, a realidade não corresponde ao que foi preconizado pelo constituinte. Nem falo do não cumprimento do que está disposto na Constituição pelos governos, fato que até poderia ser suscitado, pois a imunidade tal como hoje está disposta já existia na Constituição de 1967 e na Emenda Constitucional nº 1/69, que também garantiam a livre manifestação do pensamento (arts. 150, § 8º e 153, § 3º, respectivamente), mas que não foram capazes de garantir a liberdade prevista na Carta Magna. Deve-se levar em conta ainda que a imunidade não impede a existência de restrições administrativas que podem ser adotadas por motivos outros, verdadeiros ou não. Por questões cambiais, ecológicas, reciprocidade entre países, entre outras, pode ser necessário contigenciar as importações de insumos ou estabelecer quotas de importação, sem que isso represente cerceamento da liberdade de expressão.

Assim, entendo que a não extensão da imunidade para os livros eletrônicos não levará a uma esclerose da norma relacionada com a liberdade de expressão. E sempre restará ao constituinte derivado, quando e se for necessário, emendar a Carta Magna para restabelecer a liberdade arranhada. Mas, se assim for, caberá uma discussão honesta no seio político nos termos propostos por Eurico Marcos Diniz de Santi,[39] *verbis:*

> Convém, entretanto, antes de propor uma emenda constitucional para estender tal benefício ao CD-ROM, perguntar: Será esse benefício tão relevante? Quem são os reais destinatários? E os remédios são imunes? Os preservativos? O flúor, o algodão, a gaze? Os alimentos básicos são imunes? E o gás de cozinha? Há imunidade para cadeira de rodas? Há aqui igualdade? Nem politicamente a imunidade dos CD-ROMs é sustentável. Há outras prioridades políticas.

Até que essa questão seja apreciada na forma e com o conteúdo de discussão política proposta, a matéria fica ao sabor do legislador infraconstitucional, que pode isentar na exata medida que entender cabível.

Calha referir manifestação de Heleno Tôrres[40] no sentido de que nos países europeus os livros convencionais são tributados, sem que isso represente qualquer atentado às liberdades que a imunidade em comento procura garantir, *verbis:* "Em todos os países europeus o próprio livro convencional, inclusive, é tributado (IVA, com alíquota de 4%), e não nos consta haver qualquer repercussão de atentados contra aquelas liberdades, cuja proteção está presente em todas as constituições democráticas daqueles países". E Ricardo Lobo Torres[41] refere jurisprudência americana, que reconhecidamente é firme na defesa da liberdade de expressão ao analisar agressão ou não à 1ª Emenda, no sentido de declarar que os "diferentes meios de comunicação são tratados diferentemente pra os efeitos

---

[39] Op. cit. p. 67
[40] Op. cit. p. 94
[41] Op. cit. p. 224

da 1ª Emenda". Após, transcreveu parte da decisão que entendeu como constitucional a tributação diferenciada da televisão por cabo sem o propósito de censurar ideias, declarando que "a imposição diferenciada dos meios de comunicação, mesmo que membros da imprensa, não ofende a Primeira Emenda a menos que o imposto seja dirigido contra ideias particulares ou apresente o perigo de suprimi-las". Ou seja, a Suprema Corte não entendeu como agressão à liberdade de expressão a tributação sobre meio de comunicação.

Aliás, conforme a realidade europeia e o momento atual vivido no nosso país, ao invés de estender aos livros eletrônicos a imunidade concedida os livros em papel, deveríamos pensar que ela talvez não tenha mais nenhuma razão para existir, salvo o seu pragmático efeito pecuniário de, em tese, baratear o produto e permitir acesso a maior contingente de pessoas. Se o art. 60, § 4º, da Constituição Federal eventualmente impede a sua supressão, que fiquemos com aquilo que o Constituinte originário estabeleceu e nada mais.

A evolução da informática e da mídia eletrônica passou a exigir regramento jurídico específico, haja vista que as disposições tradicionais não atendem em muitas situações. Por isso, conforme Edvaldo Brito,[42] passou-se a falar de um "Direito Informático", a partir da Suécia, que teria sido o primeiro país a se preocupar com a disciplina jurídica dessa matéria. Mas, para o escopo deste trabalho, podemos, em princípio, admitir que os chamados livros eletrônicos são alguma espécie de *software,* até porque, em geral, são produtos desenvolvidos com ferramentas próprias e de uso cativo. Para o grau de desenvolvimento do direito relacionado com os produtos de informática aplicáveis a este trabalho, vamos fixar que *software* se contrapõe a *hardware,* esquecendo eventuais variantes, como arquivos de dados. E esse tem sido o entendimento da doutrina que considera os livros eletrônicos como sendo um *software,* tais como: Oswaldo Othon de Pontes Saraiva Filho, Ricardo Lobo Torres, Hugo de Brito Machado, Rafhael Frattari Bonito e Eduardo Amorim de Lima.

Para autores como Ricardo Lobo Torres[43] o fato de ser um *software,* já é suficiente para ser afastado da imunidade em questão, inclusive pelo simples fato de que já está pacificado pelo STJ que *software* dito de prateleira está no campo de incidência do ICMS e o personalizado está no campo do imposto municipal de serviços.

Dos autores citados, aqueles que defendem a inclusão dos livros eletrônicos na imunidade fazem a ressalva de que o seu conteúdo deve ser aquele que o livro convencional teria, admitindo facilidades das mais variadas, inclusive interação com o usuário e sons. Eles afastam *softwares* com conteúdo diverso como, por exemplo, videojogos.

---

[42] BRITO, Edvaldo. "Softaware": ICMS, ISS ou imunidade tributária. *Revista Dialética de Direito Tributário,* nº 5, p. 19. São Paulo: 1996.
[43] Op. cit., p. 234-5.

Entendo que nesse ponto reside o grande problema dessa construção porque se para um dicionário, com ferramenta de busca de significado de uma palavra, até possa ser possível admitir, em tese, que houve simples transposição para um meio mais moderno e amigável, onde estaria a fronteira quando a multimídia passasse a ser incrementada? Um "livro" sobre a história da música com sons poderia facilmente se transformar em um CD de música com história. A casuística seria a tônica com intermináveis discussões administrativas e judiciais. Não é possível aceitar imune um produto com poucas ferramentas e fora da imunidade assim que tivesse mais atrativos agregados, inclusive pela dificuldade e subjetividade presente em cada caso e que não propiciaria o adequado controle por parte do STF, principalmente pela casuística e pela necessária avaliação de provas, inadequada para recursos extraordinários.

c) Jurisprudência

Se em relação aos livros, jornais, periódicos e seus insumos, o STF já pacificou o seu entendimento de forma a reconhecer imunes apenas os produtos prontos e insumos que se assemelhem ao papel destinado a sua impressão, conforme vasta jurisprudência já referida neste trabalho e a Súmula 657, o mesmo não pode ser dito em relação aos "livros eletrônicos".

O STF ainda não enfrentou diretamente essa nova forma de expressar conhecimento, informação e cultura. As poucas manifestações proferidas pela Corte foram em decisões monocráticas em Recursos Extraordinários ou em Agravos de Instrumento interpostos contra seguimento dos recursos nos tribunais de origem. E nelas, sempre houve referência ao remansoso entendimento construído em cima de discussões relacionadas com produtos prontos e seus insumos, mas sempre relacionados com o produto final em papel. Assim, entendo que o STF ainda não se posicionou claramente sobre a questão, mas, por ora, creio que podemos dizer que a Suprema Corte não admitiu a extensão da interpretação da imunidade em comento para os livros eletrônicos.

No Agravo Regimental no Agravo de Instrumento nº 220.503-1/RJ, julgado pela Segunda Turma em 30/09/08, é possível constatar o que foi dito, haja vista o teor do relatório do Ministro Cezar Peluso:

> Trata-se de agravo regimental contra decisão do teor seguinte:
> 1. Trata-se de agravo de instrumento contra decisão que, na instância de origem indeferiu processamento de recurso extraordinário contra acórdão que reconheceu a imunidade tributária de dicionário eletrônico, contido em software.
> Sustenta a recorrente, com base no art. 102, III, *a*, violação do art. 150, IV, *d*, da Constituição Federal.
> 2. Consistente o recurso.
> O acórdão recorrido está em desconformidade com a orientação sumulada desta Corte, no sentido de que a imunidade prevista no art. 150, VI, *d*, da Carta Magna, não alcança todos os insumos usados na impressão de livros, jornais e periódicos, mas tão somente os filmes e papéis tidos por necessários à sua publicação, tais como papel fotográfico, inclusive o destinado a fotocomposição por laser, os

filmes fotográficos, sensibilizados, não impressionados, para imagens monocromáticas, e o papel para telefoto (súmula 657).

3. Isto posto, invocando o art. 544, §§ 3º e 4º, do Código de Processo Civil, com a redação dada pela Lei nº 9.756/98 e pela Lei nº 8.950/94, acolho o agravo, para, desde logo, conhecer do recurso extraordinário e lhe dar provimento, para indeferir a segurança.

Os Tribunais Regionais Federais e os Tribunais de Justiça já enfrentaram a questão em diversas oportunidades, com decisões contra e a favor da aceitação da imunidade para os ditos livros eletrônicos.

Refiro duas decisões do Tribunal de Justiça do Estado de São Paulo sobre a imunidade para livros eletrônicos. Eis as ementas:

> Mandado do Segurança – Imunidade tributária – Art. 150, VI, *d*, da CF – CD-ROMs e Áudio-books – Impossibilidade de acrescentar ao texto constitucional termos não utilizados pelo legislador.
>
> (Apelação Cível nº 809.273.5/1-00, Rel. Des. Francisco Vicente Rossi, 11ª Câmara, unânime, j. 24.11.08)

> ICMS. Importação de livros eletrônicos (CD ROM) e material didático destinados ao ensino da língua inglesa no país. Pretensão de restringir a imunidade do art. 150, VI, *d*, da CF, ao livro impresso em papel. INADMISSIBILIDADE. Norma de caráter constitucional e não tributário. Irrelevante se confeccionado em papel ou em formato eletrônico.
>
> (Apelação Cível nº 433.222-5/4-00, Rel. Des. Oliveira Santos, 6ª Câmara, unânime, j. 16.06.08)

No primeiro julgamento, a Câmara seguiu a mesma linha de argumentação transcrita na decisão do STF, inclusive com citação de decisões do Pretório Excelso. No julgamento da Sexta Câmara, há discussão do mérito em cima de orientações doutrinárias na forma como exposto neste trabalho. Calha referir que a decisão, no meu entendimento, avançou em muito daquilo que a boa doutrina entende como livro eletrônico, haja vista que, conforme voto do relator, reconheceu a imunidade para "livros no formato eletrônico (CD ROM), além de material didático (fitas cassete, de vídeo, manuais dom professor, livros de exercícios e programas de computador etc) destinados ao ensino da língua inglesa".

Eis ementa de julgamento do Tribunal Regional Federal da 4ª Região a respeito de importação de "dicionário eletrônico":

> IMUNIDADE. LIVROS. *QUICKITIONARY*. CF/88, ART. 150, INC. VI, ALÍNEA *D*.
>
> (...)
>
> A Constituição não tornou imune a impostos o *livro-objeto,* mas o *livro-valor.* E o valor do livro está justamente em ser um instrumento do saber, do ensino, da cultura, da pesquisa, da divulgação de idéias e difusão de idéias, e meio de manifestação do pensamento e da própria personalidade do ser humano. É por tudo isso que representa, que o livro está imune a impostos, e não porque apresenta o formato de algumas centenas de folhas imprssas e encadernadas.
>
> Diante disso, qualquer suporte físico, não importa a aparência que tenha, desde que revele os valores que são imanentes ao livro, é livro, e como livro, estará imune a impostos, por força do art. 150, VI, *d*, da Constituição.
>
> O denominado *quickitionary,* embora não se apresente no formato tradicional do livro, tem conteúdo de livro e desempenha exclusivamente a função de um livro. Não há razão alguma para que seja

excluído da imunidade que a Constituição reserva para o livro, pois tudo que desempenha a função de livro, afastados os preconceitos, só pode ser livro.
(Apelação em Mandado de Segurança nº 2000.70.00.002338-5/PR, Rel. Des. Fed. Vilson Darós, 2ª Turma, unânime, j. 28.08.01)

Conclusão

Trata-se de um tema atualíssimo e que vem recebendo toda a atenção da doutrina, cujos atores têm se dedicado a aprofundar o assunto, mas que ainda não foi objeto de uma análise direta e clara por parte do Pretório Excelso, que demorou para pacificar o seu entendimento a respeito dos meios impressos em papel e que deverá brevemente se posicionar sobre essas questões atuais surgidas com o desenvolvimento tecnológico.

O STF ainda não enfrentou diretamente essa nova forma de expressar conhecimento, informação e cultura. As poucas manifestações proferidas pela Corte foram em decisões monocráticas em Recursos Extraordinários ou em Agravos de Instrumento interpostos contra seguimento dos recursos nos tribunais de origem. E nelas, sempre houve referência ao remansoso entendimento construído em cima de discussões relacionadas com produtos prontos e seus insumos, mas sempre relacionados com o produto final em papel. Assim, entendo que o STF ainda não se posicionou claramente sobre a questão, mas, por ora, creio que podemos dizer que a Suprema Corte não admitiu a extensão da interpretação da imunidade em comento para os livros eletrônicos.

A análise mais importante sobre o tema não está no alcance do vocábulo "livro", mas em quais direitos fundamentais o Constituinte quis proteger. Nesse sentido, concordo com os autores que entendem que a não extensão da imunidade aos chamados "livros eletrônicos" não causará nenhum dano à liberdade de expressão, haja vista que, em que pese o incremento dessa forma de exteriorização do pensamento, o meio tendo o papel como instrumento ainda segue sendo o mais frequente. E dessa forma, eles garantem o que Heleno Torres chamou de "mínimo existencial" em matéria de acesso à informação, previsto pelo Constituinte originário.

Se por um acaso as previsões de muitos autores no sentido de que o meio papel está fadado a desaparecer, poderá o Constituinte derivado emendar a atual Carta para abarcar o meio magnético dentro da imunidade do art. 150, inciso VI, alínea "d". Essa alteração propiciará o debate das prioridades do Estado brasileiro, que serão muito profícuas, nos moldes do exposto no texto e tendo por referência Eurico Marcos Diniz de Santi.

O Constituinte originário fez uma opção bem clara pela repetição do texto da Carta decaída, haja vista a proposta apresentada por Ives Gandra da Silva Martins, que foi rejeitada nos trabalhos de elaboração da Carta Política atual. De gizar que os meios de comunicação que hoje dispomos já eram conhecidos na época da elaboração da atual Carta e, assim, não há como desconhecer essa real opção.

Calha referir, conforme manifestação de Heleno Torres, que nos países europeus os livros convencionais são tributados pelo IVA sem que isso represente qualquer atentado às liberdades que a imunidade em comento procura garantir. Esse aspecto, ligado ao momento histórico em que a imunidade em questão foi introduzida comparado com o atual, de liberdade e de mundo globalizado, nos indica que, talvez, não seja o mais adequado pensar em ampliar a imunidade para os livros eletrônicos mas, ao revés, deveríamos pensar que ela não faz mais sentido. Assim, se o art. 60, § 4º, da Constituição Federal eventualmente impede a sua supressão, que fiquemos com aquilo que o Constituinte originário estabeleceu e nada mais.

Importante referir, também, que sendo um *software,* os livros eletrônicos estariam abrangidos pela interpretação já remansosa do STJ, que os diferencia em "de prateleira" ou "personalizado", com incidência de ICMS ou imposto municipal sobre serviços. A posição doutrinária dos que aceitam a imunidade para o moderno meio de transmissão de pensamento fixam limites para a inclusão de facilidades agregadas, que seriam de difícil aplicação por parte do Pretório Excelso, não só pelo casuísmo, como pela demorada análise probatória, incompatível com o recurso extremo.

Bibliografia

ÁVILA, Humberto. Argumentação jurídica e a imunidade do livro eletrônico. *Revista Dialética de Direito Tributário,* nº 79, p. 163-183. São Paulo: 2001.

BALEEIRO, Aliomar. *Limitações Constitucionais ao Poder de Tributar.* 2ª Ed. Rio de Janeiro: Forense, 1960. 5ª ed, 1977.

BONITO, Rafhael Frattari. A imunidade dos livros, jornais, periódicos e do papel destinado a sua impressão, prescrita no art. 150, VI, d, da Constituição Federal, aproveita aos softwares? *Revista Dialética de Direito Tributário,* nº 42, p. 113-124. São Paulo: 1999.

BRITO, Edvaldo. "Softaware": ICMS, ISS ou imunidade tributária. *Revista Dialética de Direito Tributário,* nº 5, p. 19-28. São Paulo: 1996.

CARRAZZA, Roque Antônio. Importação de bíblias em fitas – sua imunidade – exegese do art. 150, VI, d, da Constituição Federal. *Revista Dialética de Direito Tributário,* nº 26, p. 117-139. São Paulo: 1997.

DIFINI, Luiz Felipe Silveira. *Alcance da imunidade de livros, jornais e periódicos.* Ajuris, vol 83, p. 260-278. Porto Alegre: 2001.

FALCÃO, Amilton de Araújo. Imunidade e isenção tributária. Instituição de assistência social. *Revista de Direito Administrativo,* vol. 66, p. 367-375. São Paulo: 1966.

FERRAZ JÚNIOR, Tércio Sampaio. Livro eletrônico e imunidade tributária. Disponível em http://aldemario.adv.br/livroe. htm. Acesso em 06/05/09. Publicado na Revista dos Procuradores da Fazenda Nacional nº 2.

LIMA, Eduardo Amorim de. Da imunidade tributária do livro eletrônico. *Revista Dialética de Direito Tributário,* nº 98, p. 23-34. São Paulo: 2003.

MARTINS, Ives Gandra da Silva, Coordenador. *Imunidades Tributárias.* São Paulo: CEU/Revista dos Tribunais, 1998 (Pesquisas Tributárias, Nova Série, nº 4).

———. Imunidade constitucional de publicações (Interpretação teleológica da norma maior). *Revista de Direito Tributário,* nº 41, p. 221-237. São Paulo: 1987.

MACHADO, Hugo de Brito, Coordenador. *Imunidade Tributária do Livro Eletrônico.* 2ª Ed. São Paulo: Atlas, 2003.

_____. Imunidade tributária do livro eletrônico. *Revista Opinião Jurídica*, nº 5, p. 111-135. 2005.

NOGUEIRA, Ruy Barbosa. CD-ROM e imunidade tributária. *Revista Dialética de Direito Tributário*, nº 83, p. 168-170. São Paulo: 2002.

SARAIVA FILHO, Oswaldo Othon de Pontes. A não-extensão da imunidade aos chamados livros, jornais e periódicos eletrônicos. *Revista Dialética de Direito Tributário*, nº 33, p. 133-141. São Paulo: 1998.

VESPERO, Regina Celi Pedrotti. A imunidade tributária do art. 150, VI, "d", da Constituição Federal e o denominado livro eletrônico (CD-ROM, DVD, Disquete etc) disponível em *http://www.pge.sp.gov.br/centrodeestudos/revistaspge/revista53/imunidade.htm*. Acesso em 30/04/09.

— VI —

Natureza jurídica da imunidade e demais formas de não tributação: evolução doutrinária e jurisprudencial

GABRIEL PINÓS STURTZ

Sumário: 1. Introdução; 2. Imunidade; 3. Isenção; 4. Redução da base de cálculo; 5. Alíquota zero; 6. Diferimento; 7. Não incidência; 8. Conclusões; 9. Referências bibliográficas

1. Introdução

A imunidade constitucional e outras formas de não tributação é o centro do tema a ser analisado em estudo no qual serão abordados por meio de análise da evolução doutrinária e jurisprudencial, a imunidade, a isenção, a redução da base de cálculo, alíquota zero, diferimento e a não incidência.

O tema ora em debate é de grande relevância para o Direito Tributário, mormente se consideradas as particularidades de cada uma das formas de não tributação e suas consequências jurídicas na relação obrigacional tributária.

Será estudada pormenorizadamente a definição das formas de não tributação com objetivo de analisar a evolução doutrinária e jurisprudencial, principalmente do Supremo Tribunal Federal, sobre a matéria em si, para, ao final, opinar a respeito do conceito, definição e aplicabilidade da imunidade e demais formas de não tributação, enfocando as diferenças entre os institutos jurídicos mencionados e suas consequências para o Direito Tributário.

2. Imunidade

Como é cediço, imunidade é uma forma de exoneração tributária, de modo que o sujeito passivo não recolhe o tributo respectivo em relação aos fatos que configuram hipóteses de imunidade.

Inicialmente, ao se introduzir o tema, chama a atenção do intérprete que tal palavra não se encontra no Texto Constitucional. O jurista que procurar na Carta Magna o vocábulo "imunidade" certamente ficará decepcionado, na medida em que tal palavra, como dito, não consta no seu Texto.

A Lei Maior, ao contrário, usa as expressões "proibição de instituição de tributos", "limitação", "isenção", "não incidência", o que, em princípio, poderia indicar que todos estes institutos são afetos à Carta Magna e se confundem na definição e aplicabilidade.

Porém, sabe-se que quando o Texto Maior usa estes vocábulos, na verdade está referindo à imunidade como instituto jurídico constitucional.

Com efeito, o jurista intérprete da Constituição, ao vislumbrar que há referência que algum imposto, taxa ou contribuição é isento, não incide, ou que há proibição à sua instituição e algumas formas análogas a estas, deverá entender que se está a tratar de imunidade, dada sua natureza constitucional.

Portanto, ainda que haja menção às palavras "proibição", "isenção", "não inicidência", "proibição de tributar", etc., o que a Constituição tem competência para conceder é a imunidade.

O Supremo Tribunal Federal, por exemplo, ainda sob a égide da Constituição anterior, ao solucionar controvérsia, em que pese houvesse referência à "isenção" no Texto Magno, decidiu que se estava a tratar, na verdade, de imunidade. Essa foi a interpretação jurisprudencial levada a efeito pelo Supremo Tribunal Federal. O julgado não é recente e demonstra o entendimento sedimentado de anos da nossa Corte Constitucional: "O artigo 19, III, *c*, da Constituição Federal não trata de isenção, mas de imunidade. A configuração desta está na Lei Maior".[1] Gize-se que o art. 19, III, "c", da CF de 1967 possuía o mesmo texto do atual art. 150, VI, "c", da CF de 1988.[2]

Da mesma forma, vale referir um precedente mais contemporâneo referente à contribuição social previdenciária contemplada no art. 195, § 7º, da Constituição Federal. Neste caso, também é referido pelo texto Constitucional a palavra "isenção", mas o Supremo Tribunal Federal considerou que a cláusula escrita no art. 195, § 7º, não obstante referir-se à "isenção", concedia imunidade:

> A cláusula inscrita no art. 195, § 7º, da Carta Política – não obstante referir-se impropriamente à isenção de contribuição para a seguridade social -, contemplou as entidades beneficentes de assistência social, com o favor constitucional da imunidade tributária, desde que por elas preenchidos os requisitos fixados em lei. A jurisprudência constitucional do Supremo Tribunal Federal já identificou, na cláusula inscrita no art. 195, § 7º, da Constituição da República, a existência de uma típica garantia de imunidade (e não de simples isenção) estabelecida em favor das entidades beneficentes de assistência social.[3]

---

[1] STF. Recurso Extraordinário 93770, rel. Min. Soarez Muñoz, DJ 03.04.1981.

[2] Texto do art. 19, III, 'c' da Constituição de 1967: Art. 19. É vedado à União, aos Estados, ao Distrito Federal e aos Municípios: III - instituir impôsto sôbre: c) o patrimônio, a renda ou os serviços dos partidos políticos e de instituições de educação ou de assistência social, observados os requisitos da lei;

[3] STF. Recurso em Mandado de Segurança n.º 22192. Rel. Min. Celso de Mello, DJ 19.12.96.

Com isso, percebe-se que merece destaque o seguinte ponto: a imunidade possui natureza jurídica constitucional, seja quando o Texto diga respeito à proibição de tributação, isenção, não incidência, etc., enfim, qualquer conjunto de palavras que tem por consequência a não tributação para determinadas situações. Como dito anteriormente, não se encontra a "imunidade" no Texto, mas sim das normas extraídas pelo intérprete que possuam significação de impedir a atuação do poder de tributar em determinadas situações, para determinadas pessoas e em relação a determinados bens.

Não só a jurisprudência, mas também a doutrina clássica e moderna do Direito Tributário e Constitucional sempre interpretou a natureza jurídica da imunidade como constitucional.

De início, vale destacar a doutrina clássica, capitaneada por Rubens Gomes de Sousa e Aliomar Baleeiro. Este último conceituava a Imunidade como uma "limitação constitucional ao poder de tributar".[4]

Esse é, aliás, o conceito que até hoje prevalece na jurisprudência do Supremo Tribunal Federal. Em recente julgado que se elenca a título exemplificativo, até porque inúmeros outros poderiam ser citados, a definição da imunidade como limitação ao poder de tributar é tão evidente que tal expressão consta como indexador da ementa do acórdão:

> LIMITAÇÕES CONSTITUCIONAIS AO PODER DE TRIBUTAR. IMUNIDADE. ENTIDADE BENEFICENTE. IPTU. O Tribunal *a quo* seguiu corretamente a orientação desta Suprema Corte, ao assentar que o fato de uma entidade beneficente manter uma livraria em imóvel de sua propriedade não afasta a imunidade tributária prevista no art. 150, VI, "c" da Constituição, desde que as rendas auferidas sejam destinadas a suas atividades institucionais, o que impede a cobrança do IPTU pelo município. Recurso extraordinário não conhecido.[5]

A definição de Aliomar Baleeiro, percebe-se, ainda permanece arraigada na jurisprudência.

Outro autor muito importante da doutrina clássica do Direito Tributário brasileiro é Rubens Gomes de Sousa, que integrou a comissão do anteprojeto do Código Tributário Nacional que até hoje vigora no país. Ele conceituava a imunidade como "hipótese especial de não incidência"[6] em razão de "proibições contidas na Constituição e que representam limitações da competência da União, dos Estados, dos Municípios e do Distrito Federal".[7]

Para Bernardo Ribeiro de Moraes,

> (...) a imunidade tributária ocorre quando a Constituição, ao proceder a repartição da competência tributária, coloca fora do campo tributário certos bens, pessoas, patrimônios ou serviços (...) constitui

---
[4] BALEEIRO, Aliomar. Imunidades e Isenções Tributárias. *Revista de Direito Tributário* n.º 1. jul/set 1977, p. 70.
[5] STF. Recurso Extraordinário 345830/MG. Rel. Min Ellen Gracie, DJ. 08.11.2002.
[6] SOUSA, Rubens Gomes de. *Compêndio de Legislação Tributária.* 1981, p. 97
[7] Idem. Op. cit., p. 186

uma limitação constitucional à competência tributária (...) na imunidade há a impossibilidade de se configurar uma situação legítima de incidência tributária[8]

Amílcar de Araújo Falcão conceituou a imunidade como

(...) uma forma qualificada ou especial de não-incidência, por supressão, na Constituição, da competência impositiva ou do poder de tributar, quando se configuram certos pressupostos, situações ou circunstâncias previstos pelo estatuto supremo.[9]

E, por fim, Pontes de Miranda conceituava como regra negativa de competência:

As regras jurídicas que vedam às entidades políticas edictarem leis de imposição que apanham determinadas pessoas, ou determinados bens, são regras jurídicas negativas de competência; criam a repeito dessas pessoas, ou dêsses bens, respectivamente, imunidade subjetiva, ou objetiva.[10]

Como se vê, a doutrina clássica definiu a natureza da imunidade como uma forma de não tributação, destacando a natureza constitucional do instituto jurídico em questão.

A doutrina moderna, na mesma linha, não destoa das correntes clássicas e indubitavelmente associa o instituto jurídico da imunidade com a Constituição Federal, mas vai um pouco além.

Modernamente, a imunidade não é vista como mera limitação ao poder de tributar. Tampouco é não incidência qualificada, ou simples norma negativa. Para a doutrina moderna, a imunidade é regra de competência.

Paulo de Barros Carvalho classifica a imunidade como uma norma de estrutura prevista no Texto Constitucional que estabelece a incompetência das pessoas políticas para instituir tributos sobre determinadas situações. Assim manifesta-se o mestre referido sobre a definição da imunidade:

Classe finita e imediatamente determinável de normas jurídicas, contidas no texto da Constituição Federal, e que estabelecem, de modo expresso, a incompetência das pessoas políticas de direito constitucional interno para expedir regras instituidoras de tributos que alcancem situações específicas e suficientemente caracterizadas.[11]

Vale salientar que o renomado mestre separa as normas jurídicas em comportamentais e de estruturação:

As primeiras estão diretamente voltadas para a conduta das pessoas, nas relações de intersubjetividade; as de estrutura ou de organização dirigem-se igualmente para as condutas interpessoais, tendo por objeto, porém, os comportamentos relacionados à produção de novas unidades deôntico jurídicas, motivo pelo qual dispõem sobre órgãos, procedimentos e estatuem de que modo as regras devem ser criadas, transformadas ou expulsas do sistema.[12]

---

[8] MORAES, Bernardo Ribeiro de, *Compêndio de Direito Tributário*. 1984, p. 567.
[9] FALCÃO, Amilcar de Araújo. *Fato Gerador da Obrigação Tributária*. 1964, p. 130.
[10] MIRANDA, Pontes de. *Comentários à Constituição de 1967*. Tomo II, 1967, p. 398.
[11] CARVALHO, Paulo de Barros. *Curso de Direito Tributário*. 2003, p. 181.
[12] Idem. Op. cit. p. 139.

Por isso a imunidade é vista como norma de estrutura, na medida que definidora da competência dos entes federativos na instituição e cobrança de tributos. Ou seja, a imunidade é uma norma de estrutura direcionada aos titulares da capacidade tributária ativa para o exercício do seu poder de tributar, na visão do nobre tributarista citado.

Para Humberto Ávila, a imunidade seria uma subtração do poder de tributar por meio de norma constitucional que impõe uma limitação negativa de competência, como se observa:

> A competência tributária, no entanto, é resultado da análise conjunta de duas espécies de normas jurídicas: de um lado, das normas que atribuem poder ao Estado para instituir tributos por meio da especificação dos fatos e situações que torna suscetíveis de tributação (normas de competência); de outro, das normas que subtraem poder do Estado sobre determinados fatos e situações que torna insuscetíveis de tributação (normas limitativas da competência). A parcela de poder do Estado para instituir tributos é resultado do poder que lhe atribui menos o poder que lhe é subtraído, nos termos da Constituição.[13]

Dos conceitos da doutrina moderna pode-se entender que a imunidade é a própria norma de competência constitucionalmente estabelecida que autoriza, define e limita os entes tributantes no exercício do poder arrecadatório.

Daí a crítica que é feita aos conceitos enraizados na doutrina clássica que associa a imunidade meramente à limitação do poder de tributar, quando na verdade ela não só limita, mas sim define a competência constitucional para a instituição de tributos. É, pois, a própria regra de competência.

Merece atenção essa evolução doutrinária e conceitual no estudo sobre a imunidade, destacando-a e diferenciando-a das demais formas de não tributação como a própria regra de competência estabelecida na Constituição.

E por que a imunidade como regra? Sabe-se que as regras e os princípios diferenciam-se substancialmente na definição e aplicabilidade. Com efeito, os princípios são valores que devem ser realizados pelo ordenamento jurídico e se aplicam, via de regra, por meio de ponderação:

> Os princípios são normas que ordenam que algo seja realizado em uma medida tão alta quanto possível relativamente a possibilidades fáticas e jurídicas. Princípios são, por conseguinte, mandamentos de otimização. (...) o procedimento para a solução de colisões de princípios é a ponderação.[14]

De outro lado, as regras são mandamentos, normas de conduta que se aplicam por meio de subsunção do fato à hipótese respectiva:

> Regras são normas que, sempre, só ou podem ser cumpridas ou não cumpridas. Se uma regra vale, é ordenado fazer rigorosamente aquilo que ela pede, não mais e não menos. Regras contêm, com isso, fixações no espaço do fática e juridicamente possível. Elas são, por conseguinte, mandamentos definitivos. A forma de aplicação de regras não é a ponderação, mas a subsunção.[15]

---

[13] AVILA, Humberto. *Sistema Constitucional Tributário*, 2004, p. 209
[14] ALEXY, Robert. *Constitucionalismo Discursivo*. 2007, p. 64.
[15] Idem, ibidem.

Diante disso, a imunidade constitucional deve ser entendida como regra, ainda que parte da doutrina e da jurisprudência classifique algumas imunidades como princípios.

É que não se pode ponderar as regras imunitórias. Vale dizer, não se pode admitir ponderação entre, por exemplo, solidariedade social (princípio) e imunidade recíproca (regra) ou dos templos de qualquer culto (regra), etc. A ponderação é inviável, na medida em que imunidade é regra e não pode ser flexibilizada em confronto com outro princípio. Ao contrário, ela está sujeita à subsunção: uma vez observada a hipótese de incidência da regra imunitória, ela se subsume à hipótese e se sujeita à consequência jurídica daí advinda. Não se pode, pois, cogitar de ponderação da imunidade, dada sua dimensão de regra que, como dito, define a competência constitucional para a instituição de tributos. Por isso, afirma-se que a norma imunitória constitucional tem dimensão de regra.

Contudo, ainda assim, a finalidade da norma possui valores intrínsecos que poderia qualificar a imunidade, em certos casos, como um princípio, mormente se levado em consideração que sua causa, seu objetivo é, na maioria das vezes, a realização de um princípio.

Explica-se. Por exemplo, na imunidade recíproca (art. 150, a, da CF), é o princípio federalista que está em evidência. Na imunidade dos templos de qualquer culto (art. 150, VI, b, da CF), é a liberdade religiosa que é preservada. Da mesma forma, na imunidade das entidades de assistência social em relação a impostos (art 150, VI, c, da CF) e contribuições (art 195, § 7º, da CF), a Constituição procura facilitar a consecução das finalidades do próprio Estado ou que deveriam ser atingidas pelo próprio Estado. A difusão e liberdade da informação é também fomentada pela imunidade (art. 150, VI, d, da CF).

Com efeito, interpretando-se o valor que está vinculado às regras, observa-se que muitas das imunidades têm relação direta ou indireta com finalidades que o Estado deveria realizar, mas não faz. Daí por que a Constituição imuniza a tributação sobre tais atividades, diminuindo a carga tributária para determinados impostos, taxas e contribuições.[16]

Considerando, então, os princípios subjacentes às regras imunitórias, há espaço para ponderação de princípios, desde que esta ponderação não invada o campo de aplicabilidade das regras.

É que, como visto, a imunidade tem dimensão preponderante de regra, e por isso, sujeita à subsunção, e não à ponderação. O que equivale dizer que a regra imunitória não pode ser flexibilizada.

O que pode, todavia, ser ponderado são os princípios subjacentes às regras imunitórias, tais quais o federalismo, a liberdade religiosa, liberdade de imprensa,

---

[16] Importante salientar que Constituição disciplina a imunidade para taxas, impostos e contribuições. Por exemplo, vê-se no art. 195 a "isenção" da contribuição, quando na verdade se trata de imunidade. Tem-se, também, no art. 5º, LXXIII, a imunidade para as custas na ação popular. Da mesma forma a imunidade para as custas (taxas) nas ações de habeas data e habeas corpus, conforme art. 5º, LXXVII do Texto Constitucional.

etc., mas não as regras de imunidade que determinam a competência tributária nacional. O espaço para ponderação é, pois, restrito ao campo não atingido pelas regras imunitórias.

Outra particularidade acerca da imunidade é a maneira pelo qual suas regras são interpretadas pela doutrina e pela jurisprudência atual do Supremo Tribunal Federal. A Corte usualmente aplica a regra imunitória de forma ampliativa por levar em consideração, como elemento fundamental na interpretação, os valores que ela promove, vale dizer, o seu elemento finalístico.

Nesses casos, observam-se tímidas ponderações levadas a efeito pelo Supremo Tribunal Federal. Alguns casos podem ilustrar o que é afirmado.

Por exemplo, em que pese a regra constitucional refira que a imunidade dos templos de qualquer culto se aplica, tão só, aos bens relacionados às suas finalidades essenciais,[17] os imóveis alugados por igrejas com destinação comercial, de acordo com o Supremo Tribunal Federal, configuram hipótese de não tributação em face da imunidade.

Ora, de acordo com a regra constitucional, imóveis alugados ou explorados economicamente não estão relacionados com a atividade essencial dos templos de qualquer culto. O Supremo Tribunal Federal, porém, entendeu que os imóveis são imunes em relação ao IPTU.[18]

Da mesma forma, o Texto Constitucional fala em imunidade recíproca para União, Estados e Municípios, Autarquias e Fundações Públicas.[19] O Supremo Tribunal Federal, porém, deu uma interpretação ampliativa à regra e estendeu a imunidade à empresa pública, por entender que, neste caso, havia prestação de serviço público exclusivo do Estado.[20]

---

[17] CF, art 150, § 4º - As vedações expressas no inciso VI, alíneas "b" e "c", compreendem somente o patrimônio, a renda e os serviços, relacionados com as finalidades essenciais das entidades nelas mencionadas.

[18] Recurso extraordinário. 2. Imunidade tributária de templos de qualquer culto. Vedação de instituição de impostos sobre o patrimônio, renda e serviços relacionados com as finalidades essenciais das entidades. Artigo 150, VI, "b" e § 4º, da Constituição. 3. Instituição religiosa. IPTU sobre imóveis de sua propriedade que se encontram alugados. 4. A imunidade prevista no art. 150, VI, "b", CF, deve abranger não somente os prédios destinados ao culto, mas, também, o patrimônio, a renda e os serviços "relacionados com as finalidades essenciais das entidades nelas mencionadas". 5. O § 4º do dispositivo constitucional serve de vetor interpretativo das alíneas "b" e "c" do inciso VI do art. 150 da Constituição Federal. Equiparação entre as hipóteses das alíneas referidas. 6. Recurso extraordinário provido. (Recurso Extraordinário 325822/SP. Rel. Min. Gilmar Mendes, DJ. 14.05.2004).

[19] CF art. 150, § 2º - A vedação do inciso VI, "a", é extensiva às autarquias e às fundações instituídas e mantidas pelo Poder Público, no que se refere ao patrimônio, à renda e aos serviços, vinculados a suas finalidades essenciais ou às delas decorrentes.

[20] CONSTITUCIONAL. TRIBUTÁRIO. ECT – EMPRESA BRASILEIRA DE CORREIOS E TELÉGRAFOS: IMUNIDADE TRIBUTÁRIA RECÍPROCA: C.F., art. 150, VI, a. EMPRESA PÚBLICA QUE EXERCE ATIVIDADE ECONÔMICA E EMPRESA PÚBLICA PRESTADORA DE SERVIÇO PÚBLICO: DISTINÇÃO. TAXAS: IMUNIDADE RECÍPROCA: INEXISTÊNCIA. I. - As empresas públicas prestadoras de serviço público distinguem-se das que exercem atividade econômica. A ECT – Empresa Brasileira de Correios e Telégrafos é prestadora de serviço público de prestação obrigatória e exclusiva do Estado, motivo por que está abrangida pela imunidade tributária recíproca: C.F., art. 22, X; C.F., art. 150, VI, a. Precedentes do STF: RE 424.227/SC, 407.099/RS, 354.897/RS, 356.122/RS e 398.630/SP, Ministro Carlos Velloso, 2ª Turma. II. - A imunidade tributária recíproca -- C.F., art. 150, VI, a -- somente é aplicável a impostos, não alcançando as taxas. III. - R.E. conhecido e improvido. (Recurso Extraordinário 424227/SC. Rel. Min. Carlos Velloso, DJ. 10.09.2004).

Por oportuno, é citada mais uma manifestação importante do nosso Tribunal Constitucional em julgado de 1985 que possui a seguinte lição acerca da interpretação ampliativa na sua ementa:

> Em se tratando de norma constitucional relativa às imunidades tributarias genéricas, admite-se a interpretação ampla, de modo a transparecerem os princípios e postulados nela consagrado.[21]

Vê-se que a diretriz interpretativa do Supremo Tribunal Federal é, naquilo que foge do campo das regras (subsunção), ampliar a imunidade em prol dos princípios e valores que a Constituição procura promover.

É interessante, então, ressaltar a interpretação ampliativa que é conferida à imunidade, pois essa é uma particularidade sua em relação às demais formas de não tributação, como adiante se verá.

Por fim, vale salientar que as regras de imunidade não são, via de regra, cláusulas pétreas. É verdade que o Supremo Tribunal, no julgamento da ADIN 939[22] considerou inconstitucional o IPMF em relação à violação da imunidade recíproca. Mas o fundamento do voto do relator não foi a imunidade como cláusula pétrea, e sim a violação da forma federativa do Estado.[23]

Em outra oportunidade, a Corte foi incisiva ao afirmar que as imunidades tributárias não são cláusulas pétreas:

> Mostra-se impertinente a alegação de que a norma art. 153, § 2º, II, da Constituição Federal não poderia ter sido revogada pela EC nº 20/98 por se tratar de cláusula pétrea. 2. Esta norma não consagrava direito ou garantia fundamental, apenas previa a imunidade do imposto sobre a renda a um determinado grupo social. Sua supressão do texto constitucional, portanto, não representou a cassação ou o tolhimento de um direito fundamental e, tampouco, um rompimento da ordem constitucional vigente.[24]

Parece que o Supremo almejou definir a questão de forma efetiva. Daí por que, se afirma, baseado na jurisprudência do Tribunal que possui competência para interpretar a Constituição, que as imunidades não são cláusulas pétreas.

Destarte, classifica-se, pois, a imunidade, como regra de competência constitucional para a instituição de tributos, de conteúdo finalístico, que comporta interpretação ampliativa e que não se confunde com cláusula pétrea.

3. Isenção

Ao contrário do exposto anteriormente em relação à imunidade, que possui natureza jurídica constitucional, a isenção situa-se no plano da legalidade.

---

[21] Recurso Extraordinário 102141/RJ. Rel. Min. Carlos Madeira, DJ 29.11.85.
[22] Ação Direta de Inconstitucionalidade 939/DF. Rel. Min Sydney Sanches, DJ 18.03.94.
[23] "já no que concerne à alteração, por emenda constitucional, do disposto na alíena "a", do mesmo inciso VI, tenho-a por não permitida pelo inciso I, do § 4º do artigo 60 da Constituição Federal, que veda proposta de emenda tendente a abolir a forma federativa do Estado" (voto do relator Sydney Sanches na ADIN 939, p. 240/241)
[24] Recurso Extraordinário 372600/SP. Rel. Min Ellen Gracie, DJ 23.04.2004.

Partindo, mais uma vez, da doutrina clássica para atual, vê-se que Rubens Gomes de Sousa conceituava a isenção como

> (...) favor fiscal, concedido por lei, que consiste em dispensar o pagamento de um tributo devido (...) na isenção o tributo é devido, porque existe a obrigação, mas a lei dispensa o seu pagamento.[25]

Importante salientar que a isenção como dispensa do pagamento do tributo até hoje perdura na doutrina e na jurisprudência do Supremo Tribunal Federal.

Alfredo Augusto Becker dizia:

> A regra jurídica de isenção incide para que a de tributação não possa incidir. A regra jurídica que prescreve a isenção, em última análise, consiste na formulação negativa da regra jurídica que estabelece a tributação.[26]

Para este doutrinador, então, a isenção não seria uma mera dispensa do pagamento do tributo, mas sim uma regra jurídica de isenção que desencadeia a não incidência da regra jurídica de tributação.

Para Paulo de Barros Carvalho, a isenção seria o conjunto de duas normas jurídicas, uma de tributação e outra isentiva:

> (...) o encontro de duas normas jurídicas, sendo uma a regra-matriz de incidência tributária e outra a regra de isenção, com seu caráter supressor da área de abrangência de qualquer dos critérios da hipótese ou da conseqüência da primeira.[27]

Então, uma das regras seria a regra-matriz[28] de incidência tributária (critério material, espacial, temporal, pessoal e quantitativo), aliada à outra, a regra de isenção, que macula um dos seus critérios e tem por consequência a não tributação.

Vale dizer, uma vez atingido um dos critérios material, o espacial, o temporal, o pessoal ou o quantitativo, ou mais de um pela norma isentiva decorrente de lei, está configurada tal espécie de não tributação na visão do eminente professor citado.

Percebe-se, pois, uma evolução da doutrina que inicialmente conceituava a isenção como mera dispensa do pagamento do tributo para uma nova concepção à luz da a aplicabilidade de uma regra isentiva em prejuízo da regra da tributação.

Todavia, o Supremo Tribunal Federal, como referido alhures, em acórdãos recentes, mantém a definição da doutrina clássica da isenção como dispensa do pagamento do tributo.

---

[25] SOUSA, Rubens Gomes de, op. cit., p. 97.
[26] BECKER, Alfredo Augusto. Teoria Geral do Direito Tributário. 1963, p. 277.
[27] CARVALHO, Paulo de Barros. Op. cit., p. 487
[28] a regra-matriz de incidência tributária: "Na hipótese (descritor), haveremos de encontrar um critério material (comportamento de uma pessoa), condicionado no temo (critério temporal) e no espaço (critério espacial). Já na conseqüência (prescritor), depararemos com um critério pessoal (sujeito ativo e sujeito passivo) e um critério quantitativo (base de cálculo e alíquota). A conjunção desses dados indicativos nos oferece a possibilidade de exibir, na sua plenitude, o núcleo lógico estrutural da norma-padrão de incidência tributária" (Paulo de Barros Carvalho, op. cit., p. 239).

Por exemplo, na Ação Direta de Inconstitucionalidade nº 286/RO,[29] consta na ementa do julgado que a isenção é a dispensa do pagamento de um tributo devido em face da ocorrência de seu fato gerador.

Unanimidade há em relação à isenção tanto na doutrina como na jurisprudência no sentido de que sua natureza é legal. Ou seja, a isenção decorre de lei, diferente da imunidade que, como visto anteriormente, decorre da Constituição.

A lei confere isenção. A Constituição confere imunidade. São competências próprias que não se confundem. Se a Constituição falar em isenção, na verdade quer dizer imunidade, como referido alhures. Da mesma forma se, numa situação hipotética, o legislador ordinário referir "imunidade", estará concedendo uma isenção.

Por isso as definições de Souto Maior Borges sobre imunidade e isenção. Para o renomado tributarista,

> A isenção, contrariamente ao que pretende a quase generalidade da doutrina, configura hipótese de não-incidência legalmente qualificada, como a imunidade configura hipótese de não-incidência constitucionalmente qualificada.[30]

Com efeito, a distinção entre imunidade e isenção, natureza constitucional e legal, respectivamente, deve permanecer indubitável. O próprio Código Tributário Nacional, diploma elevado ao *status* de lei complementar, que dispõe sobre normas gerais de Direito Tributário, competência que a Constituição Federal (art. 146, III) lhe outorgou, disciplina a isenção como forma de exclusão do crédito tributário decorrente de lei.[31]

Uma particularidade interessante da isenção é a interpretação restritiva que ela deve ter não só acerca da legislação que disponha sobre ela, mas também no ato de sua outorga, por expressa disposição legal do Código Tributário Nacional. A interpretação deve ser literal para a lei isentiva (art. 111, I, do CTN), bem como para o ato de outorga da isenção (art. 111, II, do CTN).[32]

---

[29] AÇÃO DIRETA DE INCONSTITUCIONALIDADE. LEI 268, DE 2 DE ABRIL DE 1990, DO ESTADO DE RONDÔNIA, QUE ACRESCENTOU INCISO AO ARTIGO 4º DA LEI 223/89. INICIATIVA PARLAMENTAR. NÃO-INCIDÊNCIA DO ICMS INSTITUÍDA COMO ISENÇÃO. VÍCIO FORMAL DE INICIATIVA: INEXISTÊNCIA. EXIGÊNCIA DE CONVÊNIO ENTRE OS ESTADOS E O DISTRITO FEDERAL. 1. A reserva de iniciativa do Poder Executivo para tratar de matéria tributária prevista no artigo 61, § 1º, inciso II, letra "b", da Constituição Federal, diz respeito apenas aos Territórios Federais. Precedentes. 2. A não-incidência do tributo equivale a todas as situações de fato não contempladas pela regra jurídica da tributação e decorre da abrangência ditada pela própria norma. 3. A isenção é a dispensa do pagamento de um tributo devido em face da ocorrência de seu fato gerador. Constitui exceção instituída por lei à regra jurídica da tributação. 4. A norma legal impugnada concede verdadeira isenção do ICMS, sob o disfarce de não-incidência. 5. O artigo 155, § 2º, inciso XII, alínea "g", da Constituição Federal, só admite a concessão de isenções, incentivos e benefícios fiscais por deliberação dos Estados e do Distrito Federal, mediante convênio. Precedentes. Ação julgada procedente, para declarar inconstitucional o inciso VI do artigo 4º da Lei 223, de 02 de abril de 1990, introduzido pela Lei 268, de 02 de abril de 1990, ambas do Estado de Rondônia. (Ação Direta de Inconstitucionalidade nº 286/RO. Rel. Maurício Correa, DJ 30.08.2002).

[30] BORGES, Souto Maior. *Teoria Geral da Isenção Tributária*. 2001, p. 183.

[31] CTN Art. 176. A isenção, ainda quando prevista em contrato, é sempre decorrente de lei que especifique as condições e requisitos exigidos para a sua concessão, os tributos a que se aplica e, sendo caso, o prazo de sua duração.

[32] CTN. Art. 111. Interpreta-se literalmente a legislação tributária que disponha sobre: I - suspensão ou exclusão do crédito tributário; II - outorga de isenção;

Para Bernardo Ribeiro de Moraes,

(...) as normas de isenção tributária constituem matéria de direito excepcional, onde tem guarida a interpretação restrita, limitada. Toda isenção é uma exceção à regra geral de tributação. Como matéria de exceção, a isenção tributária deve ter interpretação restritiva, não se permitindo qualquer extensão a casos não expressamente mencionados.[33]

Neste ponto reside a segunda qualificadora que diferencia substancialmente a isenção da imunidade. Esta última, como visto anteriormente, comporta interpretação ampliativa no entendimento do Supremo Tribunal Federal e doutrina. Aquela, porém, em razão do que dispõe o Código Tributário Nacional, sujeita-se à interpretação literal, o que equivale dizer restritiva.

Por fim, voltando ao assunto da natureza jurídica, se é uma regra que dispensa, ou a incidência de duas regras, ou se é uma regra jurídica de não tributação, cabe salientar que se trata, na verdade, da incidência de uma regra só.

A consequência de não pagar tributo resulta da incidência da regra isentiva. Pode ela estar aliada à regra-matriz de incidência, como refere o prof. Paulo de Barros Carvalho, retirando um dos seus elementos, mas é uma regra só. Isto porque, ao retirar um elemento da regra de tributação, a isenção a afasta. Aí resta só uma regra: a isentiva.

Por exemplo, utilizando os critérios da regra-matriz de incidência tributária, uma regra que configura uma hipótese de tributação comum para fins de IPTU seria: a propriedade de um imóvel (material) no perímetro urbano (espacial) em 1º/01 de cada ano (temporal) que resulta no dever de recolhimento do tributo (quantitativo) do proprietário ao Município (pessoal).

Agora, numa situação hipotética, imagine-se o mesmo Município com uma lei que concede isenção de IPTU para aposentados com idade superior a 65 anos. A regra seria construída da seguinte maneira: a propriedade de um imóvel (material) por um aposentado maior de 65 anos (pessoal) no perímetro urbano (espacial) em 1º/01 (temporal) que resulta na inexistência do dever de recolhimento de tributo (isenção).

Observa-se, pois, a construção da regra isentiva atuando numa situação hipotética. Ela incide por si só. Não se trata de incidência de duas regras em conjunto, mas de uma só que resulta a não tributação.

Então, classifica-se a isenção como uma regra, de natureza legal, que impõe, em determinados casos e situações específicas interpretadas restritivamente, a não tributação.

---

[33] MORAES, Bernardo Ribeiro de. op. cit. p. 566.

4. Redução da base de cálculo

A redução da base de cálculo ocorre em casos nos quais a tributação ocorre, tão só, sobre parte do valor tributável. Vale dizer, somente parte da base de cálculo é tributada, não sua totalidade.

Como exemplo se pode citar a redução da base de cálculo nos produtos da cesta básica. No Estado do Rio Grande do Sul, o ICMS sobre tais produtos é contemplado por uma redução da base de cálculo de 41,176% do valor da operação.[34]

A questão de extrema importância que emerge, mormente em razão das consequências tributárias, seria a respeito da natureza jurídica e efeitos da redução da base de cálculo.

Se tal forma de não tributação estivesse na Constituição (atualmente não há, mas poderia ser levado a efeito por meio de emenda constitucional do legislador constituinte derivado), tratar-se-ia de imunidade, dada a natureza constitucional que ela possui, como alhures referido.

Mas se a redução da base de cálculo for decorrente de lei, como atualmente é, por exemplo, no caso citado da cesta básica no Rio Grande do Sul, não se poderia cogitar de imunidade. Qual seria então a natureza jurídica, nesse caso, da redução da base de cálculo? E qual a importância disso?

Ora, quanto à segunda pergunta, o efeito prático de definição da redução da base de cálculo como espécie autônoma de tributação ou sua equiparação à isenção tem um efeito de suma importância, mormente nos casos de ICMS em que a Constituição Federal impõe o estorno dos créditos da operação anterior nos casos de não incidência ou isenção.[35]

Dada a consequência econômico-tributária que a definição da natureza da redução da base de cálculo acarretaria, os contribuintes levaram a questão ao Supremo Tribunal Federal que, inicialmente, considerou a redução da base de cálculo como espécie de não tributação não prevista no art. 155, § 2º, II da CF, e, por isso, não poderiam ser aplicadas as regras pertinentes à isenção e à não incidência. Diante disso, o Tribunal admitiu o aproveitamento integral dos créditos de ICMS referentes às operações anteriores.[36]

---

[34] Lei Estadual-RS 8820/89, art. 10, § 10 - Poderá ser reduzida a base de cálculo para até 41,176% (quarenta e um inteiros e cento e setenta e seis milésimos por cento) do valor da operação, quando a alíquota aplicável for 17% (dezessete por cento), e para até 58,333% (cinquenta e oito inteiros e trezentos e trinta e três milésimos por cento) do valor da operação, quando a alíquota aplicável for 12% (doze por cento), nas saídas internas das mercadorias que compõem a Cesta Básica do Estado do Rio Grande do Sul, definida pelo Poder Executivo dentre as mercadorias elencadas no Apêndice I que, na sua composição, levou em conta a essencialidade das mercadorias na alimentação básica do trabalhador.

[35] CF, art, 155, § 2º, II - a isenção ou não-incidência, salvo determinação em contrário da legislação: a) não implicará crédito para compensação com o montante devido nas operações ou prestações seguintes; b) acarretará a anulação do crédito relativo às operações anteriores.

[36] ICMS – PRINCÍPIO DA NÃO-CUMULATIVIDADE – MERCADORIA USADA – BASE DE INCIDÊNCIA MENOR – PROIBIÇÃO DE CRÉDITO – INCONSTITUCIONALIDADE. Conflita com o princípio da

Contudo, após revisão do entendimento da Corte, sobrevieram decisões, e a questão foi pacificada no sentido de que a redução de base de cálculo é, na prática, uma isenção parcial, daí por que só pode ser aproveitado o crédito fiscal das entradas tributadas na proporção da saída tributada, como se isenção na saída da mercadoria houvesse, ao menos na parte reduzida da base de incidência.

Em recentíssimo julgado, a Corte esclareceu o posicionamento e ressaltou sua mudança de entendimento sobre a matéria. Trata-se dos Embargos Declaratórios em Recurso Especial 174478/SP[37], no qual extrai-se do voto do Relator o seguinte:

> A atual posição da Corte parece-me, portanto, bastante clara: a redução da base de cálculo do ICMS corresponde à isenção parcial e, não, como outrora se considerava, categoria autônoma em relação assim à isenção, como à da não incidência. Observa-se que a interpretação dada pela corte ao art. 155, § 2º, II, *b*, não representa ampliação do rol das restrições ao aproveitamento integral dos crédito de ICMS, que remanesce circunscrito às hipóteses de não-incidência e isenção; entendeu-se, simplesmente, que a redução de base de cálculo entra nessa última classe, como isenção parcial, que é em substância.[38]

Então, principalmente pela natureza legal da redução da base de cálculo, equipara-se ela à isenção e qualifica-se ela como "isenção parcial," com as consequências jurídicas que lhe são afeitas.

5. Alíquota zero

A figura da alíquota zero ocorre nos casos em que, ou por opção do legislador ou por opção do próprio Poder Executivo nas situações em que a alíquota pode por ele ser fixada (e. g., art. 153, § 1º, da CF[39]), a alíquota aplicável à base de incidência é zero. Via de consequência, o tributo a ser recolhido é zero. Logo, é uma forma de não tributação à ausência de valor a ser recolhido como resultado de uma alíquota zero.

Da mesma forma que a definição da natureza jurídica da redução de base de cálculo é de suma importância em relação às consequências jurídicas que lhe são afeitas, a figura da alíquota zero como meio de não tributação não é diferente.

---

não-cumulatividade norma vedadora da compensação do valor recolhido na operação anterior. O fato de ter-se a diminuição valorativa da base de incidência não autoriza, sob o ângulo constitucional, tal proibição. Os preceitos das alíneas "a" e "b" do inciso II do § 2º do artigo 155 da Constituição Federal somente têm pertinência em caso de isenção ou não-incidência, no que voltadas à totalidade do tributo, institutos inconfundíveis com o benefício fiscal em questão. (STF. Recurso Extraordinário nº 161031. Rel. Min. Marco Aurélio de Mello. Tribunal Pleno, DJ 06.06.97)

[37] STF. Embargos de Declaração no Recurso Extraordinário 174478/SP. Tribunal Pleno. Rel. Min. Cezar Peluso, DJ 30.05.2008.

[38] Voto do relator, p. 250/251 (STF. Embargos de Declaração no Recurso Extraordinário 174478/SP. Tribunal Pleno. Rel. Min. Cezar Peluso, DJ 30.05.2008).

[39] CF, art. 153, § 1º – É facultado ao Poder Executivo, atendidas as condições e os limites estabelecidos em lei, alterar as alíquotas dos impostos enumerados nos incisos I, II, IV e V.

Com efeito, sua definição como forma autônoma de não tributação ou sua equiparação à isenção vai determinar as consequencias jurídicas tributárias respectivas.

Se considerar alíquota zero como isenção, somente por lei poderia ser revogado o benefício, pois a isenção é matéria sujeita à lei. Ademais, deveria ser respeitada a anterioridade, ao menos em relação aos impostos sobre o patrimônio e a renda, conforme dispõe o art. 104, III, do CTN.[40] Daí por que a relevância do estudo da sua natureza jurídica.

Para Paulo de Barros Carvalho, a alíquota zero é um caso de isenção:

> Certos produtos industrializados recebem alíquota zero, segundo a legislação do IPI. Como já dissemos, é uma fórmula inibitória da operatividade funcional da regra-matriz, de tal forma que, mesmo acontecendo o evento tributário, no nível da concretude real, não pode o fato ser constituído e seus peculiares efeitos não se irradiam, justamente porque a relação obrigacional não se poderá instalar à míngua de objeto. Segundo pensamos, é um caso típico de isenção: guarda-lhe a natureza e mantém-lhe as aparências.[41]

O Supremo Tribunal Federal, de outro lado, já equiparou a alíquota zero à isenção, mas em casos de não cumulatividade do IPI, tão só. Dos inúmeros julgados da Corte observa-se que as figuras de não tributação são equiparadas, mas não são consideradas como formas idênticas.[42]

Mas quando o Tribunal foi instado a definir se alíquota zero e isenção se equivaleriam, as decisões foram categóricas no sentido de que tais formas de não tributação são distintas. Ao decidir sobre a isenção do ICM em produtos importados com alíquota zero de IPI (a lei a permitia somente para os produtos isentos ao IPI, conforme art. 1º, § 4º, VI, DL 406/68[43]), o Tribunal decidiu:

> Isenção que trata o art. 1º, § 4º, VI, do DL 406/68. não compreende as mercadorias importadas cuja alíquota foi fixada pela união na escala "zero", pois, embora livre de direitos, pode ela, alíquota, ser elevada pelo CPA. A expressão livre de direitos não equivale a isenção na jurisprudência do STF, cristalizada na S. 576.[44]

Como se observa, o fundamento para distinguir a isenção da alíquota zero foi exatamente o fato de que a alíquota zero pode ser modificada a qualquer tem-

---

[40] Art. 104. Entram em vigor no primeiro dia do exercício seguinte àquele em que ocorra a sua publicação os dispositivos de lei, referentes a impostos sobre o patrimônio ou a renda: III - que extinguem ou reduzem isenções, salvo se a lei dispuser de maneira mais favorável ao contribuinte, e observado o disposto no artigo 178.

[41] CARVALHO, Paulo de Barros. op. cit., p. 491.

[42] CONSTITUCIONAL. TRIBUTÁRIO. IPI. CREDITAMENTO. INSUMOS ISENTOS, SUJEITOS À ALÍQUOTA ZERO. Se o contribuinte do IPI pode creditar o valor dos insumos adquiridos sob o regime de isenção, inexiste razão para deixar de reconhecer-lhe o mesmo direito na aquisição de insumos favorecidos pela alíquota zero, pois nada extrema, na prática, as referidas figuras desonerativas, notadamente quando se trata de aplicar o princípio da não-cumulatividade. A isenção e a alíquota zero em um dos elos da cadeia produtiva desapareceriam quando da operação subseqüente, se não admitido o crédito. Recurso não conhecido. (STF. Recurso Extraordinário n. 350446/PR. Rel. Min Nelson Jobim. Tribunal Pleno, DJ. 06.06.2003)

[43] Dec.-Lei 406/68, art. 1º (...) § 4º São isentas do imposto: VI - A entrada de mercadorias cuja importação estiver isenta do imposto, de competência da União, sôbre a importação de produtos estrangeiros;

[44] STF. Recurso Extraordinário 91501. Rel. Min Thompson Flores. 1ª Turma. DJ 29.08.80.

po pelo Poder Executivo, sem observar as regras de legalidade e anterioridade, nos casos que a Constituição permite, é claro.

Daí grande diferença da alíquota zero para a isenção. Esta última, como visto anteriormente, pressupõe sempre lei que a autorize ou que a revogue e se sujeita à regra da anterioridade nos impostos sobre renda e patrimônio.

Logo, a alíquota zero é uma forma autônoma de não tributação que não se confunde com isenção ou redução de base de cálculo, que pode ou não ser decorrente de lei, conforme o caso.

6. Diferimento

Diferimento é utilizado como forma de desoneração de uma das etapas da cadeia circulatória em tributos, via de regra, não cumulativos, como o ICMS e o IPI.

A lei impõe que, em determinada etapa da circulação, não haja tributação, fazendo com que o adquirente na etapa subsequente arque com o ônus econômico da tributação pelo fato de não ter aproveitado o crédito fiscal da etapa anterior. Por exemplo, na Lei Estadual do RS, é diferido o recolhimento do imposto para a etapa posterior nas importações de energia elétrica, veículos e demais operações de importação e operações internas previstas em regulamento.[45]

Não há necessariamente uma desoneração tributária, na medida que a tributação vai ocorrer, porém em uma etapa seguinte da cadeia circulatória. Então, por isso que a palavra é *diferimento*, na medida em que vai haver a tributação, porém de outra maneira: quem vai arcar com o ônus é o contribuinte da etapa posterior.

Poderia ser entendida como uma hipótese de não tributação para o primeiro contribuinte da cadeia circulatória, mas o seu adquirente, o segundo contribuinte da cadeia circulatória, vai suportar o ônus econômico do recolhimento das duas etapas pelo fato de não aproveitar o crédito fiscal. Logo, não seria uma forma de não tributação se tomado o conjunto da cadeia circulatória e o ônus tributário como um todo.

Roque Joaquim Volkweiss define:

> Diferimento (adiamento, postergação, protelamento) da exigibilidade do crédito tributário para uma etapa, fato ou momento posterior, legalmente previsto, caso em que ocorre a suspensão

---

[45] Art. 25. Difere-se para a etapa posterior, sem a transferência da obrigação tributária correspondente, o pagamento do imposto devido por contribuinte deste Estado: I - nas operações de entrada decorrentes de importação do exterior, promovida por titular de estabelecimento inscrito no CGC/TE, de energia elétrica procedente da Argentina; II - nas operações de entrada decorrentes de importação do exterior, promovida por titular de estabelecimento inscrito no CGC/TE, de veículos automotores novos classificados nos códigos da NBM/SH relacionados no Apêndice II, Seção III, item X, bem como partes, peças, componentes, matérias-primas, materiais secundários e materiais de embalagem, importados: III - nas demais operações de importação de mercadorias e nas operações internas, previstas em regulamento.

temporária do pagamento do crédito tributário; o fato gerador ocorre, a obrigação nasce e o tributo torna-se devido, mas por força de regra jurídica paralela, da mesma natureza daquela que instituiu o tributo, contida no mesmo ou em outro texto legal, seu pagamento fica adiado, postergado ou protelado.[46]

O Supremo Tribunal Federal se pronunciou recentemente sobre o diferimento ao decidir mais um caso de guerra fiscal de ICMS entre os Estados Federados. Sabe-se que os Estados não podem, senão por meio de deliberações, conceder isenções, incentivos e benefícios fiscais (art. 1º da LC 24/75[47] com suporte no art. 155, XII, g, da CF). Porém, nem sempre a norma é respeitada, e os Estados concedem isenções sem previsão em deliberações interestaduais (convênios) e instauram a conhecida e famigerada guerra fiscal.

No caso que ora se trata, em vez de isenção, uma unidade da Federação concedeu o diferimento, e o caso foi levado ao Supremo. A entidade autora da ADIn defendia a natureza de benefício fiscal do diferimento. O Tribunal, contudo, entendeu que o diferimento não é forma de não tributação, mas mera transferência do momento do recolhimento do tributo.

> O diferimento, pelo qual se transfere o momento do recolhimento do tributo cujo fato gerador já ocorreu, não pode ser confundido com a isenção ou com a imunidade e, dessa forma, pode ser disciplinado por lei estadual sem a prévia celebração de convênio.[48]

Logo, por entender que o diferimento não é forma de não tributação, o Tribunal não declarou a inconstitucionalidade da lei que o concedia.

Deveras, diferimento é, como acertadamente decidiu o Tribunal, mera transferência do recolhimento para a etapa posterior. Logo, não pode ser considerado como forma de não tributação.

7. Não incidência

Por fim, a não incidência pura e simples como forma de não tributação se caracteriza pelos eventos que estão fora do campo fático da hipótese de incidência tributária.

---

[46] VOLKWEISS, Roque Joaquim. *Direito Tributário Nacional*. 3ª ed. 2002, p. 244.

[47] LC 24/75, Art. 1º – As isenções do imposto sobre operações relativas à circulação de mercadorias serão concedidas ou revogadas nos termos de convênios celebrados e ratificados pelos Estados e pelo Distrito Federal, segundo esta Lei. Parágrafo único – O disposto neste artigo também se aplica: I - à redução da base de cálculo; II - à devolução total ou parcial, direta ou indireta, condicionada ou não, do tributo, ao contribuinte, a responsável ou a terceiros; III - à concessão de créditos presumidos; IV - à quaisquer outros incentivos ou favores fiscais ou financeiro-fiscais, concedidos com base no Imposto de Circulação de Mercadorias, dos quais resulte redução ou eliminação, direta ou indireta, do respectivo ônus; V - às prorrogações e às extensões das isenções vigentes nesta data.

[48] STF. ADI 2056/MS. Rel. Min Gilmar Mendes. Tribunal Pleno. DJ. 17.08.2007.

De regra, os eventos podem ser enquadrados dentro da hipótese de incidência de determinado tributo e aí podem ou não ser fatos tributáveis. Por exemplo, a propriedade de um imóvel é um evento que se enquadra na hipótese de incidência do IPTU. Uma vez enquadrado na hipótese, pode se tornar fato tributável se ausente qualquer elemento legal (isenção) ou constitucional (imunidade) que o impeça. Vale dizer, o imóvel de uma igreja que é utilizado nos cultos está dentro da hipótese de incidência, mas não é fato tributável em função da regra de competência constitucional de imunidade.

Vale salientar, pois, que, mesmo dentro da hipótese de incidência, o evento pode não se tornar fato tributável. Por isso, é de suma importância não confundir a hipótese de incidência que aqui se fala com a incidência da regra de tributação.

Muitos autores, porém, confundem a não incidência pura e simples com a não incidência da regra de tributação. Por exemplo, na lição de Souto Maior Borges antes mencionada, a imunidade e a isenção são classificadas como formas de não incidência. Na verdade, porém, as situações de isenção e de imunidade estão no campo da incidência, mas o evento respectivo não se torna fato tributável.

Vale dizer, as demais formas de não tributação alhures referidas situam-se no campo de incidência. Nesses casos, seja imunidade, isenção, redução de base de cálculo, ou outra forma de tributação, os eventos estão no campo de incidência tributário, mas não se tornam fatos tributáveis em razão das regras que excluem sua tributação e impedem a concretização dos créditos tributários.

Como exemplo disso, pode-se referir o que dispõe o art. 14, § 2º, do CTN,[49] segundo o qual a imunidade pode ser suspensa pela autoridade fiscal competente. Ora, se uma hipótese de imunidade pode ser suspensa, ela está no campo da incidência tributária, pois só se pode suspender o benefício de algo que está no campo da incidência. Se o caso fosse de não incidência, sequer se cogitaria do benefício da imunidade.

Com efeito, para analisar o que está ou não na hipótese de incidência se estuda os eventos (se estão ou não na hipótese). Por outro lado, para se analisar a incidência da regra de tributação se estuda se o evento que se encontra na hipótese é ou não fato tributável. O evento, pois, é relevante para a hipótese da incidência. Já o fato (tributável ou não) é importante para a incidência da regra da tributação.

Como exemplo de evento fora da hipótese de incidência de determinado tributo, pode-se citar qualquer evento alheio ao campo da tributação, e. g. o empréstimo de dinheiro está fora da hipótese de incidência do ICMS (circulação de mercadoria), o lazer nos parques municipais está fora da hipótese de incidência

---

[49] Art. 14. O disposto na alínea c do inciso IV do artigo 9º é subordinado à observância dos seguintes requisitos pelas entidades nele referidas: I – não distribuírem qualquer parcela de seu patrimônio ou de suas rendas, a qualquer título; II - aplicarem integralmente, no País, os seus recursos na manutenção dos seus objetivos institucionais; III - manterem escrituração de suas receitas e despesas em livros revestidos de formalidades capazes de assegurar sua exatidão. § 1º Na falta de cumprimento do disposto neste artigo, ou no § 1º do artigo 9º, a autoridade competente pode suspender a aplicação do benefício.

de qualquer tributo, o estudo, a leitura, a convivência familiar, etc. Enfim são exemplos extremos que ilustram eventos alheios às hipóteses de incidências tributárias, conforme lição de Alfredo Augusto Becker:

> A expressão "caso de não-incidência" significa que o acontecimento dêste ou daqueles fatos são insuficientes, ou excedentes, ou simplesmente estranhos para a realização da hipótese de incidência da regra jurídica de tributação.[50]

A doutrina moderna acompanha tal referência:

> Na não-incidência (ou não incidência em sentido estrito) o fato em questão não foi descrito na hipótese de incidência de nenhuma norma de tributação. A legislação não institui tributo sobre aquele fato. Aquele fato não está descrito na hipótese de incidência de nenhuma norma. O fato não é tributável porque sobre ele não incide nenhuma norma de tributação. Não há lei criando obrigação de pagar tributo pela ocorrência daquele fato. O fato continua sendo mero fato da vida.[51]

Feita tal consideração, chega-se a uma definição acerca do que seria a não incidência pura e simples. São os eventos que não se enquadram na hipótese de incidência e por isso estão fora do campo de tributação.

8. Conclusões

1. A imunidade é uma forma de não tributação que possui natureza jurídica constitucional. Sempre que a Constituição referir a proibição de tributação, isenção, não incidência, redução, ou qualquer outro vocábulo do gênero, está na verdade concedendo imunidade.

2. Considerando que os princípios são valores e se aplicam por ponderação e as regras são mandamentos e se aplicam por subsunção, a imunidade situa-se no campo das regras, já que não comporta ponderação.

3. A regra imunitória revela conteúdo finalístico que, por muitas vezes, possui carga principiológica e, por isso, comporta interpretação ampliativa. A ponderação, nesse caso, só poderá ser aplicada no princípio que reveste a regra imunitória, sem invadir o campo das regras.

4. Há evolução doutrinária quanto à natureza jurídica da imunidade da doutrina clássica, que a conceituava como limitação ao poder de tributar, à doutrina moderna, que a define como regra que limita e define a competência constitucional.

5. Imunidade como regra não é cláusula pétrea. Pode, eventualmente, o princípio subjacente (federalismo, por exemplo) ser qualificado como tal, mas não a regra imunitória por si só.

---

[50] BECKER, Alfredo Augusto. op. cit. p. 276.
[51] DIFINI, Luis Felipe Silveira. *Manual de Direito Tributário*, 2006, p. 101.

6. A isenção é decorrente de lei, na qual uma regra incide por subsunção numa situação particular, tendo como consequência a não tributação. A interpretação da regra isentiva é restritiva, por disposição legal (art. 111, do CTN).

7. Há evolução doutrinária no conceito de isenção da doutrina clássica, que a entendia como dispensa do pagamento, definição prevalecente no Supremo Tribunal Federal, à doutrina moderna que preceitua a incidência de duas regras (a isentiva e a de tributação).

8. A redução da base de cálculo é uma forma de não tributação que possui natureza legal e se define como uma isenção parcial.

9. A alíquota zero é uma forma de não tributação que pode ter natureza legal ou não, haja vista que, para determinados tributos, a alíquota independe de lei. Opera-se nos casos em que a alíquota aplicável à base de incidência é zero. Via de consequência, o tributo a ser recolhido é zero. É uma figura autônoma de não tributação.

10. O diferimento não se qualifica como forma de não tributação, na medida que o dever tributário de uma etapa circulatória é transferido para a etapa seguinte, mantendo-se, ao final, o mesmo ônus.

11. Não incidência é o conjunto de eventos que não se enquadram na hipótese de incidência e por isso estão fora do campo de incidência tributária. As demais formas de não tributação, porém, estão no campo da incidência, mas não se tornam fatos tributáveis em razão de imunidade, isenção, alíquota zero ou redução de base de cálculo.

9. Referências bibliográficas

ALEXY, Robert. *Constitucionalismo Discursivo*. Tradução: Luís Afonso Heck. Porto Alegre: Livraria do Advogado, 2007.
ÁVILA, Humberto. *Sistema Constitucional Tributário*. São Paulo: Saraiva, 2004.
BALEEIRO, Aliomar. Imunidades e Isenções Tributárias. *Revista de Direito Tributário*, N.º 1, p. 69-83, jul/set 1977.
BECKER, Alfredo Augusto. *Teoria Geral do Direito Tributário*. São Paulo: Saraiva, 1963.
BORGES, Souto Maior. *Teoria Geral da Isenção Tributária*. 3ª ed. São Paulo: Malheiros Editores, 2001.
CARVALHO, Paulo de Barros. *Curso de Direito Tributário*. 15ª ed. São Paulo: Saraiva, 2003.
DIFINI, Luis Felipe Silveira. *Manual de Direito Tributário*. 3ª ed. São Paulo: Saraiva, 2006.
FALCÃO, Amilcar de Araújo. *Fato Gerador da Obrigação Tributária*. Rio de Janeiro: Editora ECAR, 1964.
MIRANDA, Pontes de. *Comentários à Constituição de 1967*. Tomo II. São Paulo: Revista dos Tribunais, 1967.
MORAES, Bernardo Ribeiro de. *Compêndio de Direito Tributário*. Rio de Janeiro: Forense, 1984.
SOUSA, Rubens Gomes de. *Compêndio de Legislação Tributária*. Ed. Póstuma. São Paulo: Resenha Tributária, 1981.
VOLKWEISS, Roque Joaquim. *Direito Tributário Nacional*. 3ª ed. Porto Alegre: Livraria do Advogado, 2002.

— VII —

Imunidade de ICMS e IPI nas operações destinadas à exportação

JOSÉ V. PASQUALI DE MORAES

Sumário: Introdução; Conceito; Da necessária análise jurisprudencial; Jurisprudência sobre a imunidade do imposto sobre produtos industrializados; Jurisprudência sobre a imunidade do imposto sobre circulação de mercadorias e serviços; Conclusões; Bibliografia

Introdução

O presente trabalho tem por finalidade tecer considerações sobre a imunidade de ICMS e IPI nas operações destinadas à exportação de um modo crítico, fundamentando seu posicionamento em doutrina e jurisprudência e ampliando o trabalho científico aprofundando-se em determinados questionamentos hoje em voga.

A imunidade, por si só, da perspectiva de quem a recebe, é um benefício. Contudo, suas consequências, ampliações e restrições devem ser adequadamente sopesadas sob pena de mal aplicar o direito, quanto a sua função de equidade, como formalmente aplicável.

Ao longo deste artigo, são analisadas situações em que Contribuintes são lesados e outras em que indevidamente buscam beneficiar-se de legislação que não regula a sua atividade.

Conceito

Conceitualmente, a palavra "imunidade" corresponde "livre de, dispensado de, resguardado de ou contra, isento, incólume, liberado".[1]

José Souto Maior Borges leciona que:

---
[1] GUIMARÃES, João de Freitas. *Vocabulário etimológico do direito*. São Paulo: Universidade Santa Cecília dos Bandeirantes, p. 150.

A regra da imunidade é estabelecida em função de consideração de ordem extrajurídica. Através da imunidade, nos termos em que está disciplinada na Constituição Federal, torna-se possível a preservação de valores sociais das mais diversas naturezas: políticos, religiosos, educacionais, sociais e culturais.[2]

Tradicionalmente, a imunidade é classificada como uma limitação do poder de tributar. Dentre diversos doutrinadores, citamos Humberto Avila:[3]

> A competência tributária, no entanto, é resultado da análise conjunta de duas espécies de normas jurídicas: de um lado, das normas que atribuem poder ao Estado para instituir tributos por meio da especificação dos fatos e situações que se tornam suscetíveis de tributação (normas de competência); de outro, das normas que subtraem poder do Estado sobre determinados fatos e situações que se tornam insuscetíveis de tributação (normas limitativas da competência). A parcela de poder do Estado para instituir tributos é resultado do poder que lhe atribui menos o poder que lhe é subtraído, nos termos da Constituição.

Sobre o mesmo enfoque, Marcelo Pestana[4] tem posicionamento diverso:

> A imunidade tributária não é uma limitação do poder de tributar, pois inexiste cronologia que, num primeiro passo, outorgue à pessoa política capacidade para inovar a ordem jurídica, subseqüentemente mutilando-a ou limitando-a.

Dentre os posicionamentos apresentados acima, filio-me à primeira doutrina, posto que aquela reflete a realidade da Constituição Federal, ou seja, existe a previsão de atuação estatal para determinadas hipóteses de incidência, e esta, em decorrência da imunidade, é reprimida, tornando inócua qualquer tentativa de cobrar determinado fato ou ato englobado pela limitação ao poder de tributar.

Quanto ao estabelecimento da imunidade do Imposto sobre Produtos Industrializados e Imposto sobre Circulação de Mercadorias e Serviços, torna-se evidente o objetivo da Constituição Federal: estimular o desenvolvimento do país através da exportação de seus bens e serviços.

Roque Antonio Carrazza[5] afirmou no XI Congresso Brasileiro de Direito Tributário:

> Não é preciso ter conhecimentos econômicos mais sólidos para saber que o consumidor final é quem sofre, pelo mecanismo dos preços, a transferência da carga financeira suportada em tais operações. Esta transferência, embora não seja tributariamente relevante, assume invulgar destaque no que concerne à Política Fiscal que orientou o Constituinte na concessão do benefício de que aqui se cogita.

Márcio Pestana[6] tem avaliação similar sobre o tema:

> É comum em todo o mundo a imunidade nas exportações de produtos industrializados. Tributar as exportações muitas vezes inviabiliza o mercado externo e termina por prejudicar o desenvolvido eco-

---

[2] BORGES, José Souto Maior. *Isenções tributárias*. São Paulo: Sugestões Literárias, 1969. p. 211

[3] AVILA, Humberto. *Sistema Constitucional Tributário, de acordo com a emenda constitucional n 53*. São Paulo, Saraiva, 2008, pg. 217.

[4] PESTANA, Márcio. *O princípio da imunidade tributária*. São Paulo: Revista dos Tribunais, 2001.

[5] CARRAZZA, Roque Antonio. *Imunidade (art. 153, § 3º, da CF). XI Congresso Brasil de Direito Tributário*. São Paulo, nov/1998.

[6] PESTANA, Márcio. *O princípio da imunidade tributária*. São Paulo: Revista dos Tribunais, 2001.

nômico do país que adota tal prática. Em se tratando de produtos industrializados, a imunidade ajuda a criar empregos, na medida em que estimula as exportações e incrementa, conseqüentemente, a atividade industrial.

Em vista desta necessidade de estímulo, é observado o princípio da tributação exclusiva pelo país de destino. Sobre tal tema, Alberto Xavier[7] afirma:

> Os impostos de consumo sobre as transações são geralmente lançados no país consumidor, revertendo em benefício dos Estados nos quais são consumidos os bens sobre que incidem. Precisamente por isso, o país de origem, isto é, o país no qual o bem foi produzido, procede normalmente à restrição ou isenção do imposto no momento da exportação; e por razoes simétricas, o país do destino, onde o bem ira ser consumido, institui um encargo compensatório sobre as mercadorias importadas, em ordem e colocá-las ao menos em pé de igualdade com os produtos nacionais.
>
> O sistema assim descrito – adotando o princípio do "país do destino" – permite, pela eliminação da dupla tributação e da evasão fiscal, evitar perturbações nas condições de concorrência, conduzindo a que um mesmo consumo ou uma mesma transação sejam tributados apenas uma vez e que as mercadorias estrangeiras suportem o mesmo encargo fiscal que as mercadorias nacionais.

Avançando na conceituação da imunidade sobre estes dois Impostos, temos que ela é política e objetiva.

Política pois é decorrente de sistema de atuação federal que há longos anos pretende fazer do Brasil um país exportador. Para tanto, sucessivos governos buscam desonerar a carga tributária de bens que tenham outros países como destino.

Sobre tal enfoque, o Brasil, na condição de membro do Mercosul, participa de reuniões do Conselho de Mercado Comum, situações em é explicitada a necessidade de estimular um maior relacionamento entre os países.

Neste ponto, segue trecho do 3º Comunicado dos Presidentes do Mercosul:[8]

> 8. Os Presidentes reiteraram uma vez mais a importância crucial da coordenação de políticas macroeconômicas para a viabilidade do MERCOSUL. Portanto, instruíram seus Ministros da área econômica e o Grupo Mercado Comum no sentido de que prossigam entendimentos com o fim de identificar as variáveis quantitativas para a coordenação de políticas macroeconômicas fiscal, monetária e cambial, e para sua convergência gradual, com o objetivo de que sua implementação entre em vigor a partir de 1º de janeiro de 1995.
>
> Na hipótese de que ocorram acentuados desequilíbrios no comportamento das variáveis que afetam mais diretamente o direcionamento dos fluxos de comércio intra-MERCOSUL, o Grupo Mercado Comum deverá estudar fórmulas destinadas a assegurar um tratamento equilibrado do assunto.
>
> (...)
>
> 12. Os Presidentes reiteraram a Declaração de Las Leñas no que se refere à fundamental importância que, para o crescimento das economias dos países do MERCOSUL e o bem-estar de seus povos, tem a consolidação de um sistema multilateral de comércio livre, para o qual é indispensável alcançar uma pronta e satisfatória conclusão da Rodada Uruguai do GATT. Em consequência, os Presidentes decidiram instruir os seus Representantes no GATT no sentido de envidar os melhores esforços, de forma coordenada, para preservar nas negociações multilaterais da

---

[7] XAVIER, Alberto. *Direito Tributário internacional do Brasil: tributação das operações internacionais*. 4. ed., Rio de Janeiro: Forense, 1995, pg. 208.
[8] Disponível em http://www2.uol.com.br/actasoft/actamercosul/espanhol/ata_reuni3.htm. Publicada em 28/12/1992

Rodada Uruguai os princípios que as inspiraram, opondo-se às normas que signifiquem restrições ao comércio com prejuízo direto, não só aos países do MERCOSUL, mas a toda a América Latina.

Os Presidentes decidiram instruir os seus Representantes junto ao GATT em Genebra a ampliar a coordenação nesta fase das negociações da Rodada Uruguai, em especial no que se refere aos entendimentos relacionados com acesso a mercados e serviços, de forma a aproximar as atuais ofertas apresentadas individualmente pelos Estados Partes.

Em virtude dos avanços nas negociações, a Rodada do Uruguai foi finalizada em 1994, com a transformação do Acordo Geral de Tarifas e Comércio na Organização Mundial do Comércio, a qual foi ratificada pelo Brasil através do Decreto nº 1355/94.[9]

A ata[10] incorporada pelo decreto mencionado acima prevê diversas deliberações voltadas à busca de unificação de procedimentos, protecionistas e, ao mesmo tempo, liberalistas quanto à evolução dos países signatários em nível que o comércio internacional permita. Dentre as deliberações aqui são feitas menções àquelas que guardam relação com o objetivo deste trabalho.

Muito se debate sobre os diversos subsídios praticados pelos países como meio de defender seu mercado e sua produção o que, ao mesmo tempo, reflete prejuízos para economias em desenvolvimento e que buscam novos mercados.

Neste ponto, se extrai da mencionada ata:

Subsídios

Os membros reconhecem que, em determinadas circunstâncias, os subsídios podem ter efeitos de distorção do comércio de serviços. Os Membros manterão negociações com vistas à elaboração de disciplinas multilaterais necessárias para evitar estes efeitos de distorção. As negociações examinarão também a procedência das medidas compensatórias. Em tais negociações será reconhecida a função dos subsídios nos programas de desenvolvimento das países em desenvolvimento e tomadas em conta a necessidade de flexibilidade que os Membros, em particular os Membros em desenvolvimento, tenham nesta área. Para fins de tais negociações, os Membros intercambiarão informações sobre todos os subsídios relacionados ao comercio de serviços que outorguem aos prestadores de serviços nacionais.

2. Todo membro que se considere desfavoravelmente afetado por um subsídio de outro membro poderá solicitar consultas a respeito com o outro Membro. Tais solicitações deverão ser examinada com compreensão.

---

[9] O PRESIDENTE DA REPÚBLICA , no uso de suas atribuições, e Considerando que o Congresso Nacional aprovou, pelo Decreto Legislativo nº 30, de 15 de dezembro de 1994, a Ata Final que Incorpora aos Resultados da Rodada Uruguai de Negociações Comerciais Multilaterais do GATT, assinada em Maraqueche, em 12 de abril de 1994; Considerando que o Instrumento de Ratificação da referida Ata Final pela República Federativa do Brasil foi depositado em Genebra, junto ao Diretor do GATT, em 21 de dezembro de 1994; Considerando que a referida Ata Final entra em vigor para a República Federativa do Brasil em 1º de janeiro de 1995, DECRETA:
Art. 1º A Ata Final que Incorpora os Resultados da Rodada Uruguai de Negociações Comerciais Multilaterais do GATT, apensa por cópia ao presente decreto, será executada e cumprida tão inteiramente como nele contém.
Art. 2º Este decreto entra em vigor na data de sua publicação, revogadas as disposições em contrário.
Brasília, 30 de dezembro de 1994; 173º da Independência e 106º da República.

[10] Disponível em http://www.planalto.gov.br/ccivil_03/decreto/1990-1994/anexo/andec1355-94.pdf

No que diz respeito à acessibilidade de mercado, denota-se a busca de meios que possibilitem a livre prestação de serviços, com a consequente circulação de riquezas, senão vejamos:

Parte III
Compromissos específicos
Artigo 16 – Acesso a mercado
1. No que respeita ao acesso aos mercado segundo os modos de prestação identificados no artigo I, cada Membro outorgará aos prestadores de serviços e aos serviços dos demais Membros um tratamento não menos favorável que o previsto sob os termos, limitações e condições acordadas e especificadas em sua lista.

Parte IV
Artigo 19 – Negociação de compromissos específicos
1. No cumprimento dos objetivos do presente Acordo, os Membros manterão sucessivas rodadas de negociações, a primeira das quais até cinco anos após a entrada em vigor do Acordo Constitutivo da OMC, e periodicamente depois, com vistas a chegar a níveis de progressividade mais altos de liberalização. Tais negociações serão voltadas à redução ou à eliminação dos efeitos desfavoráveis das medidas sobre o comércio de serviços, como forma de assegurar o acesso efetivo aos mercados. Este processo terá por fim promover os interesses de todos os participantes, sobre a base de vantagens mútuas, e levar a um equilíbrio global de direitos e obrigações.
2. O processo de liberalização respeitará devidamente os objetivos de políticas nacionais e o nível de desenvolvimento dos distintos Membros, tanto em geral, quanto nos diferentes setores. Haverá flexibilidade apropriada para que os diferentes países em desenvolvimento abram menos setores, liberalizem menos tipos de transações, aumentem progressivamente o acesso a seus mercados em função de sua situação em matéria de desenvolvimento e, quando concedam acesso a seus mercados a prestadores de serviços estrangeiros, imponham condições destinadas à consecução dos objetivos referidos no artigo IV.

Finalizado este breve relato sobre conceituação política da imunidade à exportação, ora em questão, conclui-se que esta é decorrente de uma linha teleológica seguida pelo Brasil a qual cresce vertiginosamente com a abertura de mercados e países para uma nova realidade do mundo globalizado.

Exatamente com a finalidade de estabelecer procedimentos para adequar a relação entre os países no mundo globalizado que se finalizou a Rodada do Uruguai, brevemente avaliada acima, a qual culminou com a criação da Organização Mundial do Comércio.

No que diz respeito à conceituação da imunidade objeto deste estudo como objetiva. Tal análise é mais simplória, porém não menos importante. A conceituação objetiva se dá em virtude da imunidade ser limitada ao bens e serviços que tenham o exterior como destino.

O termo *imunidade objetiva* recebeu considerações ainda no período de vigência da Constituição Federal de 1967 do então Ministro do Supremo Tribunal Federal, Aliomar Baleeiro quando do julgamento do Agravo de Instrumento n° 45476-SP.[11]

---

[11] Disponível em www.stf.gov.br/jurisprudencia/inteiroteor.asp%3Fclasse%3DAI%26processo%3D45476+45476+%22aliomar+baleeiro%22&hl=pt-BR&ct=clnk&cd=1&gl=br. DJ 06/08/1969.

A imunidade objetiva dos produtos industrializados, destinado à exportação não depende de lei. É absoluta. O legislador ordinário não pode obstá-la por via direta ou oblíqua. A cláusula é *self enforcing*. A imunidade dos outros produtos, os não industrializados depende de lei. (destaque do texto)

A imunidade objetiva faz com que não haja uma ampliação de sua finalidade, alcançando a pessoa jurídica que o produz. Ela limita sua extensão ao bem ou serviço.

A empresa que produza determinado bem e o comercialize com o mercado interno e externo deverá observar a incidência da tributação quando a comercialização ocorrer com o mercado interno.

Diferentemente, quando comercializar com o mercado externo terá seus bens imunes ao IPI e ICMS.

Da necessária análise jurisprudencial

Pela pesquisa realizada, temos que a doutrina não direcionou esforços na classificação e conceituação da imunidade à exportação. Pelo lado econômico, ao contrário, muitos estudos foram realizados para avaliar os benefícios e malefícios que o respeito ao princípio do país de destino acarreta nos cofres públicos.

Como nosso objetivo é avaliar a imunidade à exportação pelo viés jurídico tributário, este trabalho deixa de avaliar os resultados econômicos do posicionamento brasileiro.

Avançando na exposição do trabalho, é adequado ramificar a exposição entre os impostos em questão para demonstrar suas peculiaridades e avaliar criticamente posicionamentos jurisprudenciais sobre discussões existentes em razão da imunidade as operações com o exterior.

Importante apontar que os questionamentos quanto à Imunidade a operações de exportação, sua extensão ou restrição não são inovações trazidas ao ordenamento jurídico brasileiro através da Constituição Federal de 1988.

Na década de 70, havia debates sobre a imunização e suas consequências, como é o caso do algodão em pluma. Debates foram travados na busca do seguinte consenso: o algodão em pluma é produto industrializado?

> Quer dizer, para a regra geral de Direito Tributário, qualquer produto de origem vegetal que seja objeto de uma operação de "seleção, limpeza, secagem, descaroçamento" e qualquer outra que, embora não importe em "transformação", permita "finalidade" que não teria em estado natural (antes da operação) ou melhore sua condição de consumo, é um "produto industrializado[12]

O Supremo Tribunal Federal, na época em posicionamento defendido pelo Ministro Aliomar Baleeiro, defendeu o conceito amplo de produto industriali-

---

[12] PINTO, Adriano. ICM – Imunidade do algodão em pluma. In: *Revista de direito Mercantil nº 12*, p. 71/83.

zado, para efeito da imunidade do ICM. Apontou como fundamentação de sua decisão a então recente súmula 536,[13] que prevê:

> São objetivamente imunes ao imposto sobre circulação de mercadorias os "produtos industrializados", em geral, destinados à exportação, além de outros, com a mesma destinação, cuja isenção a lei determinar.

Jurisprudência sobre a imunidade do imposto sobre produtos industrializados

Inicialmente, é oportuno e necessário caracterizar a hipótese de incidência do Imposto sobre Produtos Industrializados.

Em grandes linhas, produto industrializado é resultado de operação que modifique a natureza, o funcionamento, o acabamento, a apresentação ou a finalidade do produto, ou o aperfeiçoe para consumo.[14]

Assim ocorrendo qualquer uma das hipóteses mencionadas acima perfectibiliza-se a incidência do referido tributo.

A imunidade do IPI para produtos destinados a exportação, contudo, excetua a incidência indicada acima. Esta está prevista no art. 153, § 3º, III, da Constituição Federal:

---

[13] http://www.stf.gov.br/portal/jurisprudencia/listarJurisprudencia.asp?s1=536.NUME.%20NAO%20S.FLSV.&base=baseSumulas

[14] Dispõe o art. 46, do Código Tributário Nacional:

Art. 46. *omissis*

(...)

Parágrafo Único. (...) considera-se industrializado o produto que tenha sido submetido a qualquer operação que lhe modifique a natureza ou a finalidade, ou o aperfeiçoe para o consumo.

No mesmo sentido, versa o art. 4º, do Decreto nº. 4.544/02:

Art. 4º Caracteriza industrialização qualquer operação que modifique a natureza, o funcionamento, o acabamento, a apresentação ou a finalidade do produto, ou o aperfeiçoe para consumo, tal como (Lei nº 4.502, de 1964, art. 3º, parágrafo único, e Lei nº 5.172, de 25 de outubro de 1966, art. 46, parágrafo único):

I - a que, exercida sobre matérias-primas ou produtos intermediários, importe na obtenção de espécie nova (transformação);

II - a que importe em modificar, aperfeiçoar ou, de qualquer forma, alterar o funcionamento, a utilização, o acabamento ou a aparência do produto (beneficiamento);

III - a que consista na reunião de produtos, peças ou partes e de que resulte um novo produto ou unidade autônoma, ainda que sob a mesma classificação fiscal (montagem);

IV - a que importe em alterar a apresentação do produto, pela colocação da embalagem, ainda que em substituição da original, salvo quando a embalagem colocada se destine apenas ao transporte da mercadoria (acondicionamento ou reacondicionamento); ou

V - a que, exercida sobre produto usado ou parte remanescente de produto deteriorado ou inutilizado, renove ou restaure o produto para utilização (renovação ou recondicionamento).

Parágrafo único. São irrelevantes, para caracterizar a operação como industrialização, o processo utilizado para obtenção do produto e a localização e condições das instalações ou equipamentos empregados.

Compete à União instituir impostos sobre:
IV - produtos industrializados;
§ 3º O imposto previsto no inciso IV:
III - não incidirá sobre produtos industrializados destinados ao exterior.

Neste ponto, percebe-se o claro objetivo de fomentar a exportação brasileira com a desoneração tributária. Ademais, o governo concede créditos presumidos de IPI como mecanismo de amenizar a carga tributaria existente sobre as matérias-primas destes produtos.

Sobre as consequências do objetivo desonerador e de estímulo à exportação o Superior Tribunal de Justiça já foi instado a se manifestar. Um dos temas com grande repercussão é o direito a crédito presumidos.[15]

Em síntese, a Lei nº 9363/96 concede créditos presumido de IPI sobre as aquisições de matérias-primas, produtos intermediários e material de embalagem, deste que estes sejam empregados no processo produtivo.[16]

Posteriormente, houve a introdução pela Lei nº 10.276/01 de mecanismo alternativo. Através deste, o somatório dos custos de aquisição de insumos, como matérias-primas, a produtos intermediários e a materiais de embalagem, bem assim de energia elétrica e combustíveis, adquiridos no mercado interno e utilizados no processo produtivo e correspondente ao valor da prestação de serviços decorrente de industrialização por encomenda, podem ser considerados para apuração do montante de crédito presumido de IPI que a empresa fará jus como forma de ressarcimento do PIS e da COFINS pagos nestas hipóteses.

A despeito da clara legislação, a empresa buscava o direito ao crédito presumido sobre o couro destinado a exportação, independentemente da sujeição da matéria-prima a qualquer processo produtivo.

O Relator do processo Ministro Franscisco Falcão negou provimento ao Recurso. Para tal decisão, baseou-se em dois pontos. Primeiro, por se tratar de um benefício fiscal deve ser avaliada de acordo com sua literalidade, sem restringi-la ou ampliá-la. Segundo, em virtude de não serem respeitados requisitos elementares a caracterizar a industrialização do produto o que torna evidente a inexistência de direito a crédito.

Não se pode buscar, como se viu, uma ampliação sistêmica da imunidade concedida sob pena de transfigurarmos a finalidade desta. É possível, entretanto, uma flexibilização da imunidade para ampliá-la em situações em que o objetivo final, estimulo a exportação, não resta alcançado ou demonstra-se prejudicado.

---

[15] RECURSO ESPECIAL Nº529.577-RS DJ. 14/03/2005

[16] Art. 1º A empresa produtora e exportadora de mercadorias nacionais fará jus a crédito presumido do Imposto sobre Produtos Industrializados, com ressarcimento das contribuições de que tratam as Leis Complementares ns. 7, de 7 de setembro de 1970; 8, de 3 de dezembro de 1991, incidentes sobre as respectivas aquisições, no mercado interno, de matérias-primas, produtos intermediários e material de embalagem, para utilização no processo produtivo.

Quanto à ampliação, é oportuno trazer posicionamento de Hugo de Brito Machado[17] que assim analisa a interpretação.

> Há quem afirme que a interpretação literal deve ser entendida como interpretação restritiva. Isto é um equívoco. Quem interpreta literalmente por certo não amplia o alcance do texto, mas com certeza não o restringe. Fica no exato alcance que a expressão literal da norma permite. Nem mais, nem menos. Tanto é incorreta a ampliação, como sua restrição.

Outra controvérsia travada nos tribunais brasileiros se dá em função dos aumentos das alíquotas do PIS e da COFINS. Neste tema, o grande questionamento é saber quem arcará com o aumento das referidas alíquotas.[18]

Por um lado os contribuintes afirmam que o aumento da alíquota representa um aumento no custo da operação de exportação e esta é estimulada através de crédito presumido de IPI. Portanto, alinhando-se a filosofia de estímulo a exportação é natural que o Governo arque com este custo majorando o percentual de crédito presumido.

Neste caso o crédito presumido subiria para 7.43% entre os períodos de 01.01.2000 e 30.11.2002 e ainda para 6,09% entre os períodos de 01.12.2002 e 30.04.2004.

O fisco, por seu turno, afirma que o aumento consequencial do crédito presumido de IPI não está previsto na legislação que o reconhece, sendo o caso de uma mera deliberação política a concessão do mencionado estímulo, não tendo vinculação entre as alíquotas cobradas e o percentual de PIS e COFINS. Em segunda linha, afirma que a ampliação deste benefício legal pende de lei específica, inexistente até o momento.

O Superior Tribunal de Justiça, em recente apreciação desta questão, firmou posicionamento com o qual não concordamos.[19]

No entendimento dos Ministros da Primeira Turma daquela Casa Julgadora, a fixação dos percentuais já mencionados é ato discricionário, o que foge da esfera jurídica na medida em que é o Executivo o poder competente para nova fixação. Ademais, afirma que o percentual de crédito presumido não guarda qualquer relação com as alíquotas de PIS e COFINS, e que caso houvesse interesse do legislador em vinculá-la deveria o fazê-lo expressamente.

Divergimos em parte na medida em que não representa a melhor forma de aplicação do direito em questão.

Da análise dos artigos que concedem o crédito presumido de IPI, destacamos o 1º da Lei 9.363/96.

> Art. 1º A empresa produtora e exportadora de mercadorias nacionais fará jus a crédito presumido do Imposto sobre Produtos Industrializados, como ressarcimento das contribuições de que tratam as Leis Complementares nºs 7, de 7 de setembro de 1970, 8, de 3 de dezembro de 1970, e 70, de 30 de de-

---

[17] MACHADO, Hugo de Britto. *Curso de Direito Tributário*. 23.ed. Malheiros:São Paulo, p. 115.
[18] Lei nº 9.718/98 majorou alíquotas de PIS/COFINS de 0,65% para 1,65% (PIS) e 2,00% para 3,00%
[19] RECURSO ESPECIAL Nº 988.329/PR. Rel. Min. José Delgado, DJ 26/03/2008.

zembro de 1991, incidentes sobre as respectivas aquisições, no mercado interno, de matérias-primas, produtos intermediários e material de embalagem, para utilização no processo produtivo.

Ora, o artigo transcrito acima conduz ao objetivo da citada Lei – ressarcir o PIS e a COFINS pagos sobre determinadas aquisições no mercado interno. Em sequência, a mencionada lei, em má técnica legislativa, estabelece a alíquota de 5,37% de crédito presumido de IPI. Destaca-se que este percentual corresponde ao dobro das alíquotas de PIS e COFINS incidentes a época (0,65% e 2,65%, respectivamente).

É exata a necessidade de uma lei específica que regule a extensão de um benefício, como o que estamos aqui debatendo. Entretanto, a finalidade da norma, da diretriz constitucional e governamental de estímulo à exportação acaba sendo transfigurada em razão da omissão político-legislativa.

A empresa que mantém relação comercial com outros países, com o aumento das alíquotas de PIS e COFINS, introduzidas pela Lei nº 9.718/98, acabaram por arcar com ônus operacional-tributário extremamente desestimulante. O Poder Legislativo, em sua atividade, adequando-se à primazia constitucional, deveria readequar os créditos presumidos concedidos neste caso. Contudo, em razão de decisões políticas, acabam por omitir-se.

Neste ponto e nessas circunstâncias entendo como adequado a manifestação do Poder Judiciário para reequilibrar a operação dos exportadores através da majoração dos créditos ora em debate.

Reforçando nosso posicionamento anteriormente sustentado, não se pode sistematicamente ampliar a imunidade concedida por nossa Constituição Federal. Porém, sua extensão deve ser cogitada para situações em que seu objetivo final, estímulo à exportação, não resta alcançado ou demonstra-se prejudicado.

Contudo, é evidente que desejos e anseios políticos confrontam a ânsia das empresas em desonerar sua operação. Para tanto, há de se lançar mão do mecanismo da ação direta de inconstitucionalidade por omissão.

Ainda que o presente caso não verse sobre normas constitucionais de eficácia limitada, posto que o crédito na forma vigente seja aplicável, há de se postular via Ação Direta de Inconstitucionalidade a correta aplicação da Constituição Federal. Segundo nossa Carta Magna, é possível a declaração de omissão legislativa para tornar efetiva norma constitucional.[20]

Desta feita, ainda que nossa Constituição seja silente quanto à operacionalização, visto que não há prazo determinado para o cumprimento de uma ordem judicial deste quilate, tal atitude pode se revelar um mecanismo de pressão para a adequação da legislação infraconstitucional ao primado constitucional quanto à imunização da carga tributária incidente neste caso.

---

[20] Art. 103. Podem propor a ação direta de inconstitucionalidade e a ação declaratória de constitucionalidade:
§ 2º - Declarada a inconstitucionalidade por omissão de medida para tornar efetiva norma constitucional, será dada ciência ao Poder competente para a adoção das providências necessárias e, em se tratando de órgão administrativo, para fazê-lo em trinta dias.

Posteriormente, caso se revele infrutífera tal medida para pressionar o Poder Legislativo, ela é apta, ao menos, a embasar ação de responsabilização do Estado pelo prejuízos decorrentes.

Jurisprudência sobre a imunidade do imposto sobre circulação de mercadorias e serviços

Avançando o trabalho sobre as Imunidades de IPI e ICMS decorrentes da exportação, encontramos outro foco de debates.

A imunidade de ICMS de produtos destinados a exportação e regulada pelo artigo 155 § 2º, X, "a", que prevê:

> Art. 155. Compete aos Estados e ao Distrito Federal instituir impostos sobre
> § 2.º O imposto previsto no inciso II atenderá ao seguinte:
> X - não incidirá:
> a) sobre operações que destinem mercadorias para o exterior, nem sobre serviços prestados a destinatários no exterior, assegurada a manutenção e o aproveitamento do montante do imposto cobrado nas operações e prestações anteriores;

Inicialmente, esse artigo estabelecia imunidade somente para produtos industrializados e dava competência para que uma lei complementar concedesse novas imunidades de ICMS a produtos a serem exportados.

Com a publicação da Lei Complementar nº 87/96, conhecida como Lei Kandir, a extensão da imunidade foi ampliada, considerando-se imunes mercadorias e serviços destinados ao exterior. Ampliou-se também para incluir a imunidade para produtos primários e semielaborados.

No ano de 2003, com a Emenda Constitucional nº 42 muito mais que a regulação quanto ao direito à manutenção de créditos de ICMS em operações com o exterior, houve a incorporação pela Constituição Federal das demais hipóteses mencionadas anteriormente, estabelecidas pela Lei Kandir.

Tal medida, visou a envolver as regras de imunidades no caso de ICMS para a Constituição Federal, corrigindo equívoco legislativo e reduzir margem de questionamento, decorrente da mesma imunidade sendo regulada pela Carta Magna e por Lei Complementar.

Contudo, a legislação de alguns Estados dão margens a questionamentos que buscam a ampliação da referida imunidade.

A imunidade se aplica para a comercialização de mercadorias e prestação de serviços destinados ao exterior. Entretanto, para a concretização destes existem outras atividades desenvolvidas e sobre estas se busca o direito à imunidade.

O Recurso Extraordinário nº 212.637-3,[21] da Relatoria do Ministro Carlos Velloso, avaliou este tema ao debater a possibilidade de imunizar a atividade de transporte interno de produto destinado ao exterior, através de porto.

O artigo 155, XII, alínea "e", afirma a competência de lei complementar para excluir da incidência do imposto, nas exportações para o exterior, serviços e outros produtos além dos mencionados no inciso X, "a", que afirma pela não incidência do ICMS sobre operações que destinem mercadorias para o exterior, nem sobre serviços prestados a destinatários no exterior, assegurando a manutenção e o aproveitamento do montante do imposto cobrado nas operações e prestações anteriores.

No entender dos julgadores, neste caso, a atividade de transporte para se tornar imune pende de regulamentação por Lei Complementar, o que não foi estabelecido até o momento, afastando da terminologia "operação" existente no artigo 155, § 2º, X, "a", da CF/88.

Segundo o Ministro Carlos Velloso, existem duas hipóteses de incidência, sendo uma imune e a outra pendente de imunização pelo legislador, algo facultativo e não concretizado até o momento.

Com o devido acatamento, discordo desta linha argumentativa sustentada pelo nobre Ministro.

Primeiro, em função da terminologia "operação" empregada no artigo 155, X, "a", da CF/88. Toda a cadeia produtiva e logística necessária à celebração de contratos de compra e venda e prestação de serviços deve ser considerada como membro necessário à concretização do negócio. Por este raciocínio, decorre-se ainda que o transporte iniciado na empresa vendedora possa ser realizado na totalidade por transportadora que o finalizará na empresa compradora. Ilógico considerarmos que o serviço prestado no exterior pela transportadora seja imune, mas o serviço desenvolvido entre a empresa vendedora e fronteira com exterior mereça a incidência do ICMS.

Segundo, entendendo-se correto aplicar como pendente de Lei Complementar, reprisando os argumentos utilizados quando expus a questão do crédito presumido de IPI, não pode a política econômica governamental afastar-se do objetivo traçado pela Constituição Federal, estímulo a exportação e livre comércio, com a omissão na promulgação de Leis pendentes.

Finalizando esta questão, é imperioso afirmar que não buscamos a ampliação da imunidade, mas sim adequação do objetivo constitucional com a realidade de omissão legislativa à correta regulamentação dos direitos das empresas.

Outro debate travado da ceara do Imposto sobre Circulação de Mercadorias e Serviços é a possibilidade de manutenção dos créditos e a regulamentação estadual sobre o aproveitamento. Tais foram estabelecidos pelo artigo 155, X, "a", da Constituição Federal e pelo artigo 21, § 2º, da Lei Kandir.

---

[21] BRASIL, Supremo Tribunal Federal. RE 212.637-3. Rel. Min. Carlos Velloso. 2ª Turma, Dj 17.09.1999.

Os estabelecimentos exportadores não estão obrigados a estornar os créditos relativos a entrada das mercadorias por ele exportadas. Tal possibilidade identifica-se com a estabelecida para o IPI, como forma de estímulo à exportação e compensação pela carga tributária incidente sobre insumos e matérias-primas.

Com a possibilidade de manutenção destes créditos, as empresas exportadoras podem abatê-lo com débitos decorrentes de operações com o mercado interno, transferência entre estabelecimentos de mesma pessoa jurídica ou ainda pleitear sua restituição em espécie.

Contudo, os Estados, e aqui especificamente o Rio Grande do Sul, têm limitado ilegalmente a utilização destes créditos. O posicionamento jurisprudencial afasta determinadas restrições. Exemplificando, temos o julgado do Tribunal de Justiça do RS no processo nº 700227148885. Neste, a Segunda Câmara Cível de modo unânime entendeu por bem afastar as restrições impostas pelo Regulamento de ICMS, conforme ementa que segue:

AGRAVO DE INSTRUMENTO. DIREITO TRIBUTÁRIO E FISCAL. MANDADO DE SEGURANÇA. SALDO CREDOR DE ICMS. TRANSFERÊNCIA A TERCEIRO. APROVEITAMENTO. LIMITAÇÃO DO DIREITO DO CONTRIBUINTE POR DECRETO. IMPOSSIBILIDADE. AUSÊNCIA DE CRITÉRIOS OBJETIVOS. VIOLAÇÃO AO PRINCÍPIO DA DETERMINABILIDADE DA NORMA TRIBUTÁRIA.

1. A garantia constitucional do aproveitamento do saldo credor decorrente de operações de exportação torna-se anódina sem que a impetrante obtenha resguardo à pretensão de que poderá transferir os créditos e de que estes possam ser utilizados, sem embaraço, pelos seus fornecedores, razão pela qual resta configurada a sua legitimidade ativa.

2. O aproveitamento do saldo credor de ICMS transferido à impetrante, embora decorrente de exportação por outra empresa, não é um direito absoluto do contribuinte, no sentido de que poderia compensar sem mais os créditos com a totalidade de seus débitos, pois a situação da impetrante não é a mesma da empresa exportadora que está sob o amparo da alínea 'a' do inciso X do § 2º do art. 155 da CF/88. Incide, isto sim, o art. 26, inciso I, da LC nº 87/95, que determina que a lei estadual pode estipular que o cotejo entre créditos e débitos se faça por mercadoria ou serviço dentro de determinado período.

3. Todavia, a limitação ao direito do contribuinte deve constar de lei formal e material, não bastando para tanto a edição de mero decreto Executivo (no caso, o Decreto nº 44.911, de 28/02/07) que, sob o pretexto de regulamentar a execução das leis (art. 82, inciso V, da Constituição Estadual), inova a ordem jurídica.

4. O benefício do aproveitamento do crédito fiscal decorrente de exportação é garantia constitucional expressa conferida ao contribuinte, razão pela qual a sua restrição precisa ser fundamentada pelo legislador e conter critérios objetivos sobre a forma como será aproveitado o crédito.

5. Conquanto a precariedade das finanças públicas seja fato notório que independe de provas, a nota 06 do item 02 da alínea "d" do § 2º do art. 37 do RICMS não estipula critério para definir *se* e *como* funcionará o aproveitamento dos créditos de ICMS decorrentes de exportação. A aplicação do princípio da legalidade, em matéria tributária, não abrange apenas a irretroatividade e anterioridade, senão que também a determinabilidade da norma tributária (*lex certa*), que significa a necessidade de a lei prescrever de forma clara o modo como ela será aplicada.

6. Desse modo, ante a ausência de critérios objetivos para regulamentar o aproveitamento do crédito fiscal, deve ser afastada a norma restritiva genérica e permitido ao sujeito passivo utilizar sem restrições o saldo credor de ICMS.

AGRAVO PROVIDO.

Oportuno extrairmos trecho do Relator Desembargador Adão Sérgio do Nascimento Cassiano, que afirma:

> Assim postas as questões normativas e fáticas, é de ressaltar que, pelas normas que incidem no caso concreto, observa-se que o aproveitamento do saldo credor de ICMS transferido a terceiros, embora decorrente de exportação por outra empresa, não é um direito absoluto do contribuinte, no sentido de que poderia compensar sem mais os créditos com a totalidade de seus débitos, pois a situação do terceiro não é a mesma da empresa exportadora que está sob o amparo da alínea "a" do inciso X do § 2º do art. 155 da CF/88.
>
> Ao contrário, conforme refere o art. 26, inciso I, da LC nº 87/95, a lei estadual pode determinar que o cotejo entre créditos e débitos se faça por mercadoria ou serviço dentro de determinado período.
>
> No entanto, como se verifica da leitura da própria disposição legal, essa limitação ao direito do contribuinte deve constar de lei formal e material, não bastando para tanto a edição de mero decreto Executivo (no caso, o Decreto nº 44.911, de 28/02/07) que, sob o pretexto de regulamentar a execução das leis (art. 82, inciso V, da Constituição Estadual), inova a ordem jurídica, o que se mostra indevido, como visto acima.

Entendo que a decisão acima proferida foi elaborada pautada na razoabilidade e avaliou não apenas literalmente a sistemática prevista no regulamento do ICMS, mas sim, teologicamente fazendo incidir primados constitucionais que conduzem para a proteção à manutenção e utilização dos créditos de ICMS.

Neste contexto, é correto concluir que não deve o Legislativo dar uma "carta branca" ao Executivo para que este imponha uma série de restrições descabidas. Alias, reiteradamente as restrições impostas não guardam relação com o crédito ou contribuinte em questão, mas sim com a situação econômica do Estado, senão vejamos a instituição de cronogramas de aproveitamento dos créditos entre outras séries de restrições impostas.

Pode-se afirmar neste ponto que o primado da imunidade de ICMS na exportação é o norte para este caso e, observado que é reconhecida a manutenção dos créditos, é possível a regulamentação por parte do Legislativo quanto à sistemática de utilização, desde que haja relação direta com a forma de aproveitamento e a situação econômica da empresa exportadora, e não com estado devedor.

Conclusões

Pela avaliação realizada acima, é possível concluir que inexiste grandes questionamentos acerca do momento de aplicação da imunidade às operações com o exterior.

Por outro lado, existem diversos argumentos por parte dos contribuintes para ampliar as imunidades de modo a gerar economias financeiras, conquistas de mercados e aumento de lucros, resultando num crescimento do país como um todo. Percebe-se assim que o foco da análise neste estudo está atrelado à extensão dada à imunidade.

Como vimos, não devemos ampliar indiscriminadamente e reconhecer imunidade em operações que o legislador não desejou imunizar. Contudo, é possível sua flexibilização em casos de má técnica legislativa e/ou omissão legislativa.

É razoável que havendo a intenção de conceder a imunidade esta seja possibilitada ainda que não seja possível extraí-la da literalidade da lei em função de má técnica na sua elaboração. O Estado Democrático de Direito tem por seu fim a equidade e a busca pela Justiça. Diante disto, não é razoável lesar os direitos das empresas e contribuintes que pendem de regulamentação, aperfeiçoamento técnico ou nova lei para que possam exercer sem qualquer tipo de restrição seus direitos.

Sobre tal posicionamento, surgem diversos ramificações de estudos necessários a complementar este trabalho para chegarmos aos melhores procedimentos a serem adotados. Imediatamente percebe-se a necessidade de adequação da competência do Poder Judiciário para que este atue nos casos de ampliação e restrição, até mesmo em observância do mecanismo de freios e contrapesos, e, ainda, adequação de Regimento Interno do Congresso Nacional para a feitura de novas leis quando o STF assim o determine para superar as reiteradas omissões legislativas.

Bibliografia

AVILA, Humberto. *Sistema Constitucional Tributário, de acordo com a emenda constitucional n 53*. São Paulo, Saraiva, 2008, pg. 217.

BORGES, José Souto Maior. *Isenções tributárias*. São Paulo: Sugestões Literárias, 1969. p. 211

BRASIL. STJ. RESP Nº 529.577-RS DJ. 14/03/2005

——. RESP Nº 988.329/PR. Rel. Min. José Delgado, DJ 26/03/2008.

BRASIL, STF. RE 212.637-3. Rel. Min. Carlos Velloso. 2ª Turma, DJ 17.09.1999

CARRAZZA, Roque Antonio. *Imunidade* (art. 153, § 3º, da CF). *XI Congresso Brasil de Direito Tributário*. São Paulo, nov/1998.

GUIMARÃES, João de Freitas. *Vocabulário etimológico do direito*. São Paulo: Universidade Santa Cecília dos Bandeirantes, p. 150.

http://ultimainstancia.uol.com.br/ensaios/ler_noticia.php?idNoticia=41605#1, consultada em 11/06/2008.

http://www2.uol.com.br/actasoft/actamercosul/espanhol/ata_reuni3.htm. Publicada em 28/12/1992, consultada em 11/06/2008.

http://www.stf.gov.br/portal/jurisprudencia/listarJurisprudencia.asp?s1=536.NUME.%20NAO%20S.FLSV.&base=baseSumulas

MACHADO, Hugo de Britto. *Curso de Direito Tributário*. 23.ed. Malheiros:São Paulo, p. 115.

PESTANA, Márcio. *O princípio da imunidade tributária*. São Paulo: Revista dos Tribunais, 2001.

PINTO, Adriano. ICM – Imunidade do algodão em pluma. In: *Revista de direito Mercantil* nº 12, pg. 71/83.

XAVIER, Alberto. *Direito Tributário internacional do Brasil*: tributação das operações internacionais. 4.ed., Rio de Janeiro: Forense, 1995, pg. 208.

— VIII —

Imunidade ao tráfego de pessoas e bens

KAZAN SIDHARTA NASSIF E COSTA

Sumário: Introdução; 1. Liberdade ao tráfego; 1.1. A imunidade ao tráfego de pessoas e bens e o pedágio nas Constituições do Brasil. Das Cartas Constitucionais de 1824 a 1967; 1.2 A imunidade ao tráfego de pessoas e bens e o pedágio na Carta Constitucional de 1988 ;1.3 A imunidade tributária como direito fundamental ou garantia institucional. 2. Pedágios urbanos no mundo; Conclusões; Referências bibliográficas.

Introdução

Embora possamos imaginar uma aplicação vasta no dia a dia dos cidadãos, esta repercussão não encontra eco na doutrina pátria. A pouca divergência acerca da matéria torna a pesquisa científica tarefa árdua, o que certamente reflete no próprio texto apresentado.

Certo de que a dificuldade deve ser avaliada corretamente e transformada, na medida do possível, em desafio, esperamos ter conseguido o intento de colaborar com a compreensão da matéria.

Para tanto, utilizamos como norte teórico o confronto entre os aspectos práticos e históricos da norma imunizadora contida no art. 150, V, da Constituição Federal do Brasil, buscando abordar alguns aspectos relevantes desta norma constitucional, seu alcance e sua repercussão prática.

Visto por muitos autores como um princípio de liberdade de tráfego, a norma contida no art. 150, V, pode ser objeto de análise conjunta com as normas do art. 5º, XV e LXVIII, eis que em conjunto representam a garantia constitucional da livre circulação de pessoas e coisas.

Ainda na tentativa de enriquecer o conteúdo do estudo, analisaremos os aspectos históricos desta norma e sua ocorrência em outras cartas constitucionais na história do Brasil.

Ao final, buscamos estabelecer o conteúdo jurídico da vedação estabelecida no art. 150, V, e seu alcance prático na vida cotidiana do cidadão.

1. Liberdade ao tráfego

1.1. A imunidade ao tráfego de pessoas e bens e o pedágio nas Constituições do Brasil. Das Cartas Constitucionais de 1824 a 1967

Constituição de 1824

Na "Constituição Política do Império do Brazil", de 25 de março de 1824, já se tratava de impostos e de algumas taxas, contudo, não havia qualquer previsão ou conceituação de tributo. Nada falando sobre pedágio ou qualquer outra modalidade de cobrança pela passagem em estradas. Também não havia qualquer proibição expressa a tal prática, que era usualmente utilizada. Outrossim, conforme relatos históricos, a liberdade ao tráfego de pessoas e bens atende à preocupação que monta da data do primeiro orçamento brasileiro, época de D. Pedro. Independentemente disso, foi criado no período do império o chamado imposto interprovincial.

Constituição de 1891

É na "Constituição da República dos Estados Unidos do Brasil", de 24 de fevereiro de 1891, que mesmo não tratando ou conceituando a figura do tributo, e sem mencionar o pedágio ou qualquer outra exceção, vemos pela primeira vez, a expressa previsão de vedação à utilização de impostos de forma a impedir o trânsito. Quando no § 1º do seu artigo 11 impede a criação de impostos de trânsito e de passagem, mas, apenas referentemente a produtos e veículos. É o primeiro indício de que tal prática, tem consequências danosas ao mercado e aos negócios, preocupação primeira daquela Carta. Pois ainda naquela época nada se falava sobre as liberdades e direitos individuais.

> Art. 11. É vedado aos Estados, como à União:
> 1º. criar impostos de trânsito pelo território de um Estado, ou na passagem de um para outro, sobre produtos de outros Estados da República ou estrangeiros, e, bem assim, sobre os veículos de terra e água que os transportarem;

Nada obstante essa previsão legal, a matéria não estava completamente pacificada. De acordo com a literatura utilizada na produção desse trabalho, nos idos de 1986, há registro da ocorrência de intenso debate entre Rui Barbosa e Amaro Cavalcanti.

Esse polêmico debate nasceu em função do que preconizava o artigo 9º, § 1º.

> É da competência exclusiva dos Estados decretar impostos:
> 1º) sobre a exportação de mercadorias de sua própria produção;

Rui Barbosa sustentou a inconstitucionalidade desse artigo, pois entendia que exportação se subentendia sempre para fora do país. Ao passo que Amaro

Cavalcanti, político eleito por estado onde se produzia e exportava sal e algodão para o resto do Brasil, sustentou a tese oposta.[1]

Constituição de 1934

Com a "Constituição da República dos Estados Unidos do Brasil", de 16 de julho de 1934, que também nada fala sobre pedágio, já vemos reconhecida a existência da figura jurídica do gênero tributo e aprimorada a proibição ao impedimento do trânsito através destas cobranças. É no inciso IX de seu art. 17, que vemos tal disposição. Desta feita, previsão sem exceções, quando a proibição alcança a livre circulação de bens, pessoas e dos veículos que os transportem, sobretudo no que pertine aos tributos interestaduais e intermunicipais.

> Art 17. É vedado à União, aos Estados, ao Distrito Federal e aos Municípios:
> (...)
> IX – cobrar, sob qualquer denominação, impostos interestaduais, intermunicipais de viação ou de transporte, ou quaisquer tributos que, no território nacional, gravem ou perturbem a livre circulação de bens ou pessoas e dos veículos que os transportarem

Enfim, os valores jurídicos que servem de fundamento a esse enunciado ingressaram no sistema jurídico pátrio na Carta Constitucional de 1934.

Constituição de 1937

A Constituição de 1937, de 10 de novembro de 1937, basicamente repete os termos da constituição anterior.

Constituição de 1946

É a partir da "Constituição dos Estados Unidos do Brasil", de 18 de setembro de 1946, que surge juridicamente a figura do Pedágio, quando em seu artigo 27, vedando à União, aos Estados, ao Distrito Federal e aos Municípios estabelecer limitações ao tráfego de qualquer natureza por meio de tributos, ressalvou a cobrança de taxas, inclusive de Pedágio, desde que destinadas à indenização das despesas de construção, conservação e melhoramento das estradas. E, naquele momento, além da obviedade de ser expressamente identificado como uma taxa, verificou-se também ser o Pedágio um tributo, já que exceção àquela regra proibitiva.

> Art 27. É vedado à União, aos Estados, ao Distrito Federal e aos Municípios estabelecer limitações ao tráfego de qualquer natureza por meio de tributos interestaduais ou intermunicipais, ressalvada a cobrança de taxas, inclusive Pedágio, destinadas exclusivamente à indenização das despesas de construção, conservação e melhoramento de estradas.

Constituição de 1967

Trilhando o mesmo caminho de sua antecessora, a "Constituição da República Federativa do Brasil", de 20 de outubro de 1967, por sua vez, manteve

---
[1] *Obras Completas de Rui Barbosa*, vol. XXIII, 1896, t. II. Rio de Janeiro: Casa de Rui Barbosa, 1958. Aí estão transcritos todos oss artigos de Rui Barbosa e Amaro Cavalcanti.

no inciso II de seu artigo 20, disposição bastante semelhante, vedando à União, aos Estados, ao Distrito Federal e aos Municípios estabelecer limitações ao tráfego de pessoas ou mercadorias por meio de tributos, excetuando o Pedágio, desde que destinado a atender o custo das vias de transporte. Também neste momento, vemos que, mesmo com algumas diferenças, o texto é claro ao afirmar ser o Pedágio um tributo, quando é o mesmo exceção àquela regra impeditiva.

E nesta nova ordem constitucional e social, em que já se iniciava uma nova visão e uma maior valorização aos direitos individuais, vemos que a exceção mencionada já tinha previsão de ser alcançada somente pelo Pedágio e por mais nenhum outro tributo. Restringindo, ainda mais, a possibilidade de limitação à liberdade de ir e vir.

Art. 20. É vedado à União, aos Estados, ao Distrito Federal e aos Municípios:
(...)
II – estabelecer limitações ao tráfego, no território nacional, de pessoas ou mercadorias, por meio de tributos interestaduais ou intermunicipais, exceto o Pedágio para atender ao custo de vias de transporte;

1.2. A imunidade ao tráfego de pessoas e bens e o pedágio na Carta Constitucional de 1988

Constituição de 1988

A "Constituição da República Federativa do Brasil", de 5 de outubro de 1988, em seu artigo 150, inciso V, da CF/88, prevê ressalva à proibição de se estabelecer *limitações ao tráfego de pessoas ou bens, somente se dá em relação ao Pedágio,* mantida então aquela exceção já conhecida. Mas, agora, o Pedágio é devido pela utilização de vias conservadas pelo Poder Público. E não mais para indenizar ou remunerar quaisquer serviços de conserto, construção ou manutenção.

Art. 150. Sem prejuízo de outras garantias asseguradas ao contribuinte, é vedado à União, aos Estados, ao Distrito Federal e aos Municípios:
(...)
V – estabelecer limitações ao tráfego de pessoas ou bens, por meio de tributos interestaduais ou intermunicipais, ressalvada a cobrança de Pedágio pela utilização de vias conservadas pelo Poder Público;

Quanto ao pedágio especificamente, o professor Luciano Amaro faz a ressalva da impropriedade da inclusão do pedágio na seção Limitações ao Poder de Tributar. Possivelmente daí decorra a imensa dificuldade em se enxergar o pedágio como uma tarifa ou preço público. O próprio STF, ao julgar o Recurso Extraordinário 181.475, deixou assentado na ocasião, em especial pelo voto proferido pelo Ministro Carlos Velloso, que por estar incluído nessa seção, o instituto deveria ser encarado como taxa, nada obstante o acórdão cite voto do hoje Ministro Teori Albino Zavascki acerca da conceituação do pedágio como preço público não estando sujeito ao princípio da estrita legalidade; podendo ser aumentado no exercício financeiro em curso; e tendo a receita desvinculada de a uma contraprestação estatal específica.

No mais, de acordo com o texto constitucional, dessume-se que somente é possível embaraçar o tráfego de veículos em vias que comuniquem municípios ou estados.

Já em relação à limitação ao tráfego de pessoas e bens, também conhecida como princípio da ilimitabilidade de bens e pessoas no território nacional, consiste na impossibilidade de gravar pessoas, *nacionais ou estrangeiras, munícipes ou não munícipes, estaduais ou não, com impostos* para entrar ou sair de determinada zona. Obviamente, de acordo com o próprio texto constitucional, esse dispositivo não tem nada a ver com o tráfego internacional. Diz respeito única e exclusivamente ao tráfego entre municípios e estados.

O Professor Luciano Amaro vê nesse princípio o casamento com o princípio da igualdade, porque veda a discriminação de pessoas e bens, bem como intrínseca relação com o princípio da uniformidade, no que se atém à proibição de a União instituir tratamento tributário discriminatório a Estado, Distrito Federal e Município. Mas vejo mais. Essa regra prestigia a liberdade de comércio, o princípio do pacto federativo e princípio e a liberdade de locomoção de pessoas e bens.

1.3. A imunidade tributária como direito fundamental ou garantia institucional

Conceitualmente, podemos afirmar que este princípio constitucional tributário decorre dos direitos fundamentais de 1ª Dimensão, a exemplo de outros princípios como o da *"legalidade, anterioridade, irretroatividade, vedação de confisco"*.

Em contrapartida, podemos exemplificativamente citar outros princípios constitucionais tributários que decorrem de direitos fundamentais de 2 e 3ª dimensão, bem com decorrentes da Ordem Econômica, tais como o princípio da "isonomia, da capacidade contributiva, da progressividade, da seletividade, entre outros".

Podemos ainda referir que o fundamento desta imunidade está ancorado na defesa dos direitos fundamentais da igualdade e da livre circulação, mencionados no art. 5º da Constituição.

Identificamos ainda a existência de divergência na doutrina nacional quanto aos fundamentos das imunidades. Para Yoshiaki Ichiara, as imunidades não se fundam em valores ideológicos, sociais, econômicos ou não jurídicos. Afirma ele que o operador do direito deve interpretá-la sob a ótica jurídica.

Já Bernardo Ribeiro de Morais afirma que ao lado da busca por recursos públicos, a Constituição assegura certos valores sociais e preceitos básicos do regime político – finalidades extrafiscais, preservando assim determinados valores constitucionais.

Nesta linha, José Augusto Delgado destaca a posição do STF que, em várias oportunidades, tem considerado a imunidade como possuidora de elementos configurantes de salvaguardas fundamentais de princípios. Acrescenta que há uma razão principiológica de maior alcance em qualquer espécie de imunidade que se vincula ao valor a que visa proteger.

A norma contida no art. 150, V, estabelece que os tributos não poderão ser utilizados como limitadores do livre trânsito de pessoas ou bens, dentro do território nacional.

Tal vedação, no entanto, refere-se à criação de barreiras fiscais entre Estados e Municípios. Veda-se a descriminação de produtos ou pessoas pela procedência de um ou outro Estado ou Município, o que leva alguns autores a enquadrar a liberdade de tráfego como um princípio tributário, e não uma imunidade.

Neste sentido, podemos citar Sacha Calmon Navarro Coelho e Luciano Amaro. Já para Ricardo Lobo Torres, a norma do art. 150, V, trata-se de uma imunidade tributária.

Esta discussão é importante para se estabelecer o conteúdo das imunidades. Importa investigar se as imunidades são princípios ou normas, ou mesmo como afirmado por alguns, como Cristiane do Reis Dias, são Garantias Institucionais – pois relacionam-se com o elemento central das instituições que visam proteger.

A fim de manter-se dentro dos limites de apresentação deste trabalho, acredito que não devamos entrar nesta seara de discussão, considerando os limites deste trabalho e a farta produção bibliográfica sobre a natureza dos princípios e regras.

No entanto, cabe ressaltar, que a "regra geral" de que os princípios são o fundamento das regras – no sentido de que as regras são criadas para garantir a realização dos princípios – o mesmo não ocorre com as imunidades. Não são as normas que estão na base do sistema jurídico e dão sustentação às regras; do contrário, as imunidades têm por suporte princípios que motivaram a sua criação.

A cobrança de pedágios pela utilização de vias conservadas pelo Poder Público é considerada pela doutrina exceção ao princípio, contida já nas Cartas Constitucionais anteriores, conforme mencionado.

> Art. 5º (...)
> XV – é livre a locomoção no território nacional em tempo de paz, podendo qualquer pessoa, nos termos da lei, nele entrar, permanecer ou dele sair com seus bens
> LXVIII – conceder-se-á "habeas-corpus" sempre que alguém sofrer ou se achar ameaçado de sofrer violência ou coação em sua liberdade de locomoção, por ilegalidade ou abuso de poder

É importante esclarecer que essa regra não impede a cobrança de impostos sobre a circulação econômica em operações interestaduais ou intermunicipais. O que ela proíbe é a instituição de tributo em cuja hipótese de incidência seja elemento essencial a transposição (tráfego) de fronteira interestadual ou intermunicipal.

Há garantia constitucional de livre circulação física, não porém, jurídica e econômica. Com isto, preserva-se a liberdade de ir-e-vir, aquela liberdade desvinculada de qualquer ato negocial. Imuniza-se a circulação territorial, e não a circulação econômica.

2. Pedágios urbanos no mundo

A implantação de praça de pedágio em área urbana do Município de Viamão/RS, provocou acalorado debate jurídico acerca da possibilidade de implantação, no sistema constitucional atual, de pedágios urbanos ou localizados em zonas urbanas.

O Tribunal de Justiça do Estado do Rio Grande do Sul acolheu recurso do Ministério Público, em Ação Civil Pública, concedendo aos moradores bônus integral permanente da tarifa, sob o fundamento de que o pedágio localizado dentro do perímetro urbano municipal onera – causando lesão enorme – aos munícipes.

Analisando a condição social dos munícipes de Viamão, o Tribunal entendeu que a existência de pedágio na área urbana causaria restrição no direito de locomoção/tráfego dos cidadãos. Embora presente a ressalva constitucional do Pedágio, como único meio de limitação de tráfego de pessoas e bens, entenderam os membros do Primeiro Grupo Cível do Tribunal de Justiça que, ao limitar o direito constitucional de tráfego a cobrança dos munícipes com o "excesso de onerosidade trazido com o pedágio constante a que é submetida, demonstrado resta que este é ilegal e, mais, inconstitucional, a cobrança nos exatos termos do que dispõe o art. 150, § 1°, da Constituição Federal".[2]

No caso em espécie, a infração constitucional decorre, também, da ausência de via alternativa ao trânsito dos munícipes.

Diferentemente da opção feita na cidade de São Paulo, que instituiu o rodízio de veículos, algumas cidades no mundo optaram pela adoção de pedágios urbanos como forma de controle de tráfego.

Embora tenham sido objeto de forte contestação, a implantação dos pedágios urbanos nas grandes metrópoles mundiais tem se mostrado uma solução viável ao controle de tráfego urbano. Fato que decorre muito do investimento maciço dos recursos arrecadados em melhoria das condições de trafegabilidade.

---
[2] Extraído do voto do Desembargador Carlos Roberto Lofego Caníbal, relator dos Embargos Infringentes n° 70019614239.

Londres

Em 2003, Londres implantou o pedágio urbano em uma área de 21 km², na região central da cidade, tornando-se a primeira grande cidade no mundo a adotar essa complexa medida de arrecadação de recursos para investimento em transporte público.

Embora inicialmente tenham havido muitas críticas e forte antipatia política, atualmente, o pedágio urbano está plenamente aceito. A prefeitura londrina arrecada anualmente cerca de £ 87 milhões, que são integralmente investidos no transporte público da capital britânica.

A conversão total dos recursos em investimentos no sistema de tráfego urbano teve como um dos principais resultados a redução de 30% no tempo médio de percurso das pessoas, diminuição de 15% do número de veículos em circulação e aumento de 14% no volume de passageiros nos ônibus, além de uma perceptível melhoria na qualidade de vida da população, com menos poluições sonora e atmosférica.

O pedágio urbano de Londres opera com 900 câmeras de alta precisão e veículos de patrulhamento. O sistema é pré-pago, com uma tarifa diária de R$ 30,00, que pode ser paga pela internet, celular ou em lojas, postos e supermercados. A multa pelo não pagamento do pedágio é cerca de R$ 470,00. Estão isentos táxis, motos, ônibus e veículos de emergência, além de motoristas portadores de deficiência física.

Outras cidades do Mundo

A cobrança eletrônica de pedágio na "*Autopista Costanera Norte*" em Santiago de Chile é destaque internacional por ser a primeira artéria urbana concesionada no mundo que atravessa o centro comercial da cidade, com os veículos transitando a velocidade normal e pagando o pedágio, cobrado conforme distância percorrida pelo veículo. No trecho metropolitano desta artéria, todos os acessos e saídas têm portais com sensores que permitem receber o sinal dos "*transporders*" instalados nos veículos, assim permitindo também a cobrança de portagem de congestionamento. Para evitar engarrafamentos dos trechos cêntricos, o pedágio pago pelos usuários nas horas do *rush* é o dobro da tarifa normal.

A cidade de Nova Iorque está considerando a implantação de sistemas semelhantes de tarifação de congestionamento para reduzir seus problemas de tráfego, especialmente na região de Manhattan, sendo que a expectativa da administração é de obter uma redução do número de carros na cidade, contribuindo para a diminuição das emissões de gases poluentes em 30%

A Noruega fez as primeiras implantações em nível mundial de cobrança eletrônica em corredores urbanos, utilizado nas suas três cidades principais: Bergen (1986), Oslo (1990), e Trondheim (1991). Outras implantações pioneiras são a Rota 407 ETR em Toronto, Canadá (1997), a Rota 6 em Tel-Aviv, Israel (2000), o "CityLink" em Melbourne, Austrália (2000).

Conclusões

A norma contida no art. 150, V, estabelece que os tributos não poderão ser utilizados como limitadores do livre trânsito de pessoas ou bens, dentro do território nacional. Desta forma, esta norma deve ser interpretada como limitante à de criação de barreiras fiscais entre Estados e Municípios.

O objetivo do legislador consistia em vedar a descriminação de produtos ou pessoas pela procedência de um ou outro, Estado ou Município. Neste sentido, a norma imunizadora possui conteúdo jurídico de aplicação prática da igualdade, causando, inclusive, divergência doutrinária acerca da sua própria natureza.

Alguns autores, entre eles Luciano Amaro, enquadram a liberdade de tráfego como um princípio tributário e não uma imunidade, como outros a exemplo de Ricardo Lobo Torres.

Alinhamo-nos com aqueles que, como Cristiane do Reis Dias, compreendem as Imunidades como Garantias Institucionais – pois relacionam-se com o elemento central das instituições que visam proteger.

Desta forma, entendemos que o artigo 150 da Constituição Federal, que traz genericamente os principais elementos protetivos da norma constitucional, deve ser interpretado em relação aos seus institutos de maneira teleológica, afastando-se de interpretações restritivas ou positivistas, pois apenas assim será possível promover o verdadeiro espírito da instituição constitucional promulgada.

Daí decorre a importância de se investigar o caso concreto, de modo a possibilitar o conteúdo jurídico tutelado bem como a instituição constitucional, ou direito fundamental, a que se visa proteger.

Referências bibliográficas

BONAVIDES, Paulo. *Curso de direito constitucional.* 7. ed. rev. atual. e ampl. São Paulo: Malheiros Editores, 1997. 755p.

CANOTILHO. J. J. Gomes. *Direito Constitucional.* 6. ed. rev. Livraria Almedina, Coimbra, 1993. 1228p.

FERREIRA, Pinto. *Comentários à Constituição brasileira.* São Paulo: Saraiva, 1989, v. 1. 579p.

FISCHER, Otávio Campos, et al. *Tributos e direitos fundamentais.* São Paulo: Dialética, São Paulo, 2004. 303p.

ICHIHARA, Yoshiaki. *Imunidades Tributárias.* São Paulo: Atlas, 2000. 417p.

IMUNIDADES TRIBUTÁRIAS. São Paulo: Revista dos Tribunais: Centro de Extensão Universitária, 1998. (Pesquisas tributárias. Nova série; n.4).

MACHADO, Hugo de Brito. *Temas de direito tributário II.* São Paulo: Editora Revista dos Tribunais, 1994. 245p.

MARTINS, Rogério Vidal Gandra da Silva. *Imunidade e Isenção para Instituição de Educação.* Revista dos Tribunais. São Paulo: Editora Revista dos Tribunais, 1994, n. 7. 278p.

MELLO, Celso Antônio Bandeira de. *Elementos de Direito Administrativo.* Ed. RT, São Paulo, 1980. 283p.

SILVA, Luís Virgílio Afonso da. *O proporcional e o razoável.* Revista dos Tribunais. São Paulo: Editora Revista dos Tribunais, 2002, n. 798.

TORRES, Ricardo Lobo. *Tratado de direito constitucional financeiro e tributário: os direitos humanos e a tributação: imunidades e isonomia.* Renovar, 1999, v. III.

— IX —

Contribuições ao estudo das imunidades tributárias residuais na Constituição Federal de 1988

LÍVIA TROGLIO STUMPF

Sumário: Introdução; 1. A imunidade da energia elétrica ao ICMS; 1.1. A interpretação da norma na doutrina e na jurisprudência; 1.2. A crítica à interpretação formulada pelo Supremo Tribunal Federal no Recurso Extraordinário nº 198.088; 1.2.1. A existência de imunidade tributária; 1.2.2. A impossibilidade de previsão de alíquota zero em sede constitucional; 1.2.3. A impossibilidade de norma constitucional originária inconstitucional; 2. A imunidade das operações de transferência de imóveis desapropriados para fins de reforma agrária; 2.1. A interpretação da norma na doutrina e na jurisprudência; 2.2. O âmbito de aplicação; 2.2.1. O imposto sobre transmissão de bens imóveis; 2.2.2. O Imposto sobre Renda; 2.2.3. O Imposto sobre Operações Financeiras; 3. A imunidade a taxas; 3.1. A regra geral de não imunidade; 3.2. Os casos em que há imunidade; 3.2.1. As imunidades a serviços judiciários; 3.2.2. A imunidade a serviços cartorários; 3.2.3. A imunidade a serviço de transporte coletivo; Considerações fnais; Referências.

Introdução

O presente trabalho tem por objetivo o aprofundamento do estudo acerca de determinadas imunidades tributárias previstas na Constituição Federal de 1988, escolhidas de acordo com critério estabelecido pelo professor. São elas: a imunidade da energia elétrica ao ICMS, a imunidade das operações de transferência de bens imóveis para fins de reforma agrária e a imunidade a taxas.

A análise de tais hipóteses de não incidência tributária justifica-se na medida em que é escassa a doutrina sobre as ditas "imunidades residuais", o que se atribui, sobretudo, a se encontrarem dispersas no texto constitucional brasileiro. Contudo, não são poucos os problemas com que o aplicador do direito depara-se ao ter de enfrentar situações relacionadas a estas imunidades.

Diante desse contexto, pretende-se realizar uma breve sistematização das imunidades propostas na Carta Constitucional, para, em seguida, propor a definição de seus caracteres essenciais e, por fim, demonstrar as suas implicações diante de casos concretos.

Para tanto, far-se-á um estudo crítico sobre a doutrina e a jurisprudência que tratam do assunto, utilizando-as como fundamento dogmático para a realização de uma investigação analítica e problemática das imunidades tributárias residuais no direito brasileiro.

1. A imunidade da energia elétrica ao ICMS

1.1. A interpretação da norma na doutrina e na jurisprudência

A imunidade da energia elétrica ao Imposto sobre Circulação de Mercadorias e Serviços, de competência estadual, foi instituída pela Constituição Federal brasileira em seu artigo 155, § 2º, inciso X, b. Este dispositivo encontra-se atualmente redigido da seguinte forma:

§ 2º O imposto previsto no inciso II atenderá ao seguinte:

X – não incidirá:

b) *sobre operações que destinem a outros Estados* petróleo, inclusive lubrificantes, combustíveis líquidos e gasosos dele derivados, e *energia elétrica;*

(grifou-se)

Tal preceito, como se pode observar, contém uma norma tributária imunizante de natureza objetiva, que incide, ou ao menos deveria incidir, sempre que verificadas duas condições: 1) operação de destinação de petróleo, inclusive lubrificantes, combustíveis líquidos e gasosos dele derivados, e energia elétrica; e 2) para outro Estado.

No presente estudo, conforme delimitação sugerida, dar-se-á maior atenção ao regime tributário das operações de destinação interestadual de energia elétrica. Assim, sempre que se referir à regra estabelecida na alínea *b*, do inciso X do § 2º do artigo 155, da Constituição Federal, a análise ficará centrada na forma como tal dispositivo afeta a tributação da energia elétrica, tão somente.

A objetividade da imunidade tributária, portanto, decorre de ter o constituinte salvaguardado do âmbito de competência do poder de tributar determinada situação, à míngua de quem se mostre o sujeito envolvido na hipótese prevista. O que o Constituinte visou a proteger da tributação foram as operações de destinação interestadual de petróleo, inclusive lubrificantes, combustíveis líquidos e gasosos dele derivados, e energia elétrica, independentemente de quem as praticou.

Não tem relevância, igualmente, o elemento subjetivo que levou à ocorrência das operações em questão, ou seja, a imunidade gera efeitos quando há efetiva necessidade de aquisição dos bens em questão de estado diverso de onde se situa o adquirente, bem como quando o adquirente simplesmente tem a intenção de reduzir o ônus tributário na compra de energia elétrica, buscando-a em outro ente da federação. Para a incidência da norma imunizante, importa tenha ocorrido transferência interestadual de energia elétrica, tão somente.

Contudo, não terá lugar a imunidade tributária quando configurada fraude à lei fiscal, como quando inexiste transferência interestadual de energia elétrica, caso em que é legítima a exigência do tributo devido sobre tal fato gerador. O elemento subjetivo, portanto, ganha importância quando a "descrição das operações no documento respectivo seja ideologicamente falsa",[1] de acordo com o que recomenda Hugo de Brito Machado.

Roque Antonio Carrazza sustenta que a imunidade extraída do artigo 155, § 2º, X, *b*, é ampla e irrestrita, abrangendo *todas* as operações interestaduais com energia elétrica. Ademais, no mesmo sentido do que se afirmou anteriormente, entende que a Constituição determina a não incidência de ICMS nas operações interestaduais de transferência de energia elétrica quando os destinatários realizam, no âmbito interno, operações mercantis ou consumo final, sem distinção.[2] Para o renomado tributarista, portanto, a norma constitucional não diferencia entre comerciantes e não comerciantes, por exemplo, para fins de excluir as operações interestaduais com energia elétrica do âmbito de competência do tributo estadual.

Ocorre que essa incidência indiscriminada da norma constitucional a que se refere Carraza, no que se refere ao sujeito que dá ensejo à operação objeto de imunidade, não foi observada quando da edição da Lei Complementar nº 87 de 1996, como prudentemente adverte Hugo de Brito Machado. Segundo este renomado tributarista, a referida lei estabeleceu distinção no tratamento dado às operações destinadas à comercialização ou ao consumo. Na primeira hipótese, o ICMS é exigido através de substituição tributária, ao passo que na segunda, o adquirente é considerado contribuinte do imposto, que tem como fato gerador a entrada do produto no território onde este for domiciliado.[3] A referida lei dispôs da seguinte forma sobre a matéria:

> Art. 2º (...)
> § 1º O imposto incide também:
> III – sobre a entrada, no território do Estado destinatário, de petróleo, inclusive lubrificantes e combustíveis líquidos e gasosos dele derivados, e de energia elétrica, quando não destinados à comercialização ou à industrialização, decorrentes de operações interestaduais, cabendo o imposto ao Estado onde estiver localizado o adquirente.
> Art. 3º O imposto não incide sobre:
> III – operações interestaduais relativas a energia elétrica e petróleo, inclusive lubrificantes e combustíveis líquidos e gasosos dele derivados, quando destinados à industrialização ou à comercialização;
> Art. 4º Contribuinte é qualquer pessoa, física ou jurídica, que realize, com habitualidade ou em volume que caracterize intuito comercial, operações de circulação de mercadoria ou prestações de serviços

---

[1] MACHADO, Hugo de Brito. *ICMS: imunidade das operações interestaduais com petróleo, combustíveis dele derivados e energia elétrica*. Repertório IOB de Jurisprudência – 2ª Quinzena de 1997. nº 2/97- Caderno 1, p. 48

[2] CARRAZA, Roque Antônio. *Curso de Direito Constitucional Tributário*. São Paulo: Malheiros, 2006, p. 790-791.

[3] MACHADO, Hugo de Brito. *ICMS: imunidade das operações interestaduais com petróleo, combustíveis dele derivados e energia elétrica*. Repertório IOB de Jurisprudência – 2ª Quinzena de 1997. nº 2/97- Caderno 1, p. 48

de transporte interestadual e intermunicipal e de comunicação, ainda que as operações e as prestações se iniciem no exterior.

IV – adquira lubrificantes e combustíveis líquidos e gasosos derivados de petróleo e energia elétrica oriundos de outro Estado, quando não destinados à comercialização ou à industrialização.

Art. 9º A adoção do regime de substituição tributária em operações interestaduais dependerá de acordo específico celebrado pelos Estados interessados.

II – às empresas geradoras ou distribuidoras de energia elétrica, nas operações internas e interestaduais, na condição de contribuinte ou de substituto tributário, pelo pagamento do imposto, desde a produção ou importação até a última operação, sendo seu cálculo efetuado sobre o preço praticado na operação final, assegurado seu recolhimento ao Estado onde deva ocorrer essa operação.

Art. 11. O local da operação ou da prestação, para os efeitos da cobrança do imposto e definição do estabelecimento responsável, é:

g) o do Estado onde estiver localizado o adquirente, inclusive consumidor final, nas operações interestaduais com energia elétrica e petróleo, lubrificantes e combustíveis dele derivados, quando não destinados à industrialização ou à comercialização;

Art. 12. Considera-se ocorrido o fato gerador do imposto no momento:

XII – da entrada no território do Estado de lubrificantes e combustíveis líquidos e gasosos derivados de petróleo e energia elétrica oriundos de outro Estado, quando não destinados à comercialização ou à industrialização;

Art. 33. Na aplicação do art. 20 observar-se-á o seguinte:

II – somente dará direito a crédito a entrada de energia elétrica no estabelecimento:

a) quando for objeto de operação de saída de energia elétrica;

b) quando consumida no processo de industrialização;

c) quando seu consumo resultar em operação de saída ou prestação para o exterior, na proporção destas sobre as saídas ou prestações totais;

Através de uma leitura conjunta dos dispositivos colacionados, é possível chegar à conclusão de que o legislador complementar operou duplamente em contrariedade à Constituição. De um lado, por instituir tributo sobre operação que o constituinte excluiu do exercício de sua competência, ou seja, instituiu tributo sobre operação interestadual com energia elétrica, agindo diretamente contra o disposto no artigo 155, § 2º, inciso X, *b*, da Constituição Federal. De outro lado, por criar distinção entre os envolvidos com a operação de transferência interestadual de energia elétrica não prevista pela Constituição, agindo em desrespeito à igualdade tributária, já que estabeleceu injustificadamente mecanismos distintos para o pagamento do tributo supostamente devido na ocorrência das operações em questão, conforme se tratando de comerciante ou consumidor de energia elétrica, em afronta à norma do artigo 150, inciso II, da Constituição.[4]

Roque Carraza enxerga também na Emenda Constitucional nº 33 violação ao preceito constitucional que imuniza do ICMS as operações interestaduais com energia elétrica, pois o constituinte derivado restringiu o alcance de tal norma

---

[4] Art. 150. Sem prejuízo de outras garantias asseguradas ao contribuinte, é vedado à União, aos Estados, ao Distrito Federal e aos Municípios: I – (...) II – instituir tratamento desigual entre contribuintes que se encontrem em situação equivalente, proibida qualquer distinção em razão de ocupação profissional ou função por eles exercida, independentemente da denominação jurídica dos rendimentos, títulos ou direitos;

com a inclusão da alínea *h* ao § 2º do artigo 155 e dos §§ 4º e 5º. Os referidos dispositivos possuem o seguinte teor:

> h) definir os combustíveis e lubrificantes sobre os quais o imposto incidirá uma única vez, qualquer que seja a sua finalidade, hipótese em que não se aplicará o disposto no inciso X, b;
>
> § 4º Na hipótese do inciso XII, h, observar-se-á o seguinte:
>
> I – nas operações com os lubrificantes e combustíveis derivados de petróleo, o imposto caberá ao Estado onde ocorrer o consumo;
>
> IV – as alíquotas do imposto serão definidas mediante deliberação dos Estados e Distrito Federal, nos termos do § 2º, XII, g, observando-se o seguinte:
>
> a) serão uniformes em todo o território nacional, podendo ser diferenciadas por produto;
>
> b) poderão ser específicas, por unidade de medida adotada, ou ad valorem, incidindo sobre o valor da operação ou sobre o preço que o produto ou seu similar alcançaria em uma venda em condições de livre concorrência;
>
> c) poderão ser reduzidas e restabelecidas, não se lhes aplicando o disposto no art. 150, III, b.
>
> § 5º As regras necessárias à aplicação do disposto no § 4º, inclusive as relativas à apuração e à destinação do imposto, serão estabelecidas mediante deliberação dos Estados e do Distrito Federal, nos termos do § 2º, XII, g.

Vê-se que com a inclusão dos dispositivos reproduzidos passou-se a autorizar a instituição de ICMS em operações interestaduais com combustíveis e lubrificantes derivados de petróleo, as quais até então se encontravam resguardadas sob o manto da imunidade tributário. O que antes era imunidade tributária ampla passou a significar incidência tributária no segundo polo da operação. Diante disso, sustenta Carraza que constituinte derivado atingiu o núcleo duro da Carta Constitucional, pois compreende a imunidade tributária como direito fundamental do contribuinte, ressalvada de exclusão ou restrição por Emenda Constitucional por força do § 4º do artigo 60 da Constituição Federal.[5]

Cumpre ressaltar, entretanto, que o tratamento tributário das operações interestaduais com energia elétrica não foi alterado pela inclusão da alínea *h* ao § 2º e dos §§ 4º e 5º ao artigo 155 da Constituição Federal, porque esses dispositivos se referem unicamente à possibilidade de tributação de operações interestaduais com lubrificantes e combustíveis derivados de petróleo, sem nada dispor a respeito da energia elétrica.

As mencionadas ponderações sobre o alcance da norma prevista no artigo 155, § 2º, inciso X, *b*, da Constituição Federal, levantadas por grandes expoentes do direito tributário e ora reproduzidas, assim como tantas outras interessantes colaborações trazidas por autores sobre o assunto, mas que não puderam fazer parte do presente estudo em razão da brevidade com que se impõe tratar do tema, contudo, não pareceram surtir efeito sobre as decisões do Supremo Tribunal.

Exemplo disso se observa no julgamento do paradigmático Recurso Extraordinário nº 198088, em que preponderou na interpretação da norma ex-

---

[5] CARRAZA, Roque Antônio. *Curso de Direito Constitucional Tributário*. São Paulo: Malheiros, 2006, p. 792-793.

pressa no artigo 155, § 2º, inciso X, da Constituição Federal, o argumento nomeadamente consequencialista, que se revela na preocupação com uma possível "guerra fiscal" que seria iniciada pela aplicação da norma em questão acaso fosse realizada de acordo com as percepções sobre essa imunidade tributária referidas inicialmente. Tais percepções sobre a regra prevista no artigo 155, § 2º, inciso X, *b*, da Constituição podem ser sintetizadas da seguinte forma: 1) trata-se de norma que estipula imunidade tributária ampla, incidindo sobre a totalidade das operações de transferência interestadual de energia elétrica; 2) e irrestrita, desimportando o agente que pratique o ato previsto na hipótese normativa.

O Recurso Extraordinário nº 198088, entretanto, findou ementado da seguinte forma:

> TRIBUTÁRIO. ICMS. LUBRIFICANTES E COMBUSTÍVEIS LÍQUIDOS E GASOSOS, DERIVADOS DO PETRÓLEO. OPERAÇÕES INTERESTADUAIS. IMUNIDADE DO ART. 155, § 2º, X, *B*, DA CONSTITUIÇÃO FEDERAL. Benefício fiscal que não foi instituído em prol do consumidor, mas do Estado de destino dos produtos em causa, ao qual caberá, em sua totalidade, o ICMS sobre eles incidente, desde a remessa até o consumo. Conseqüente descabimento das teses da imunidade e da inconstitucionalidade dos textos legais, com que a empresa consumidora dos produtos em causa pretendeu obviar, no caso, a exigência tributária do Estado de São Paulo. Recurso conhecido, mas desprovido. (Recurso Extraordinário nº 198088, STF, Tribunal Pleno, Relator Minº Ilmar Galvão, julgado em 17/05/2000)

A conclusão a que chegou o plenário do Supremo Tribunal Federal adotou uma série de premissas relacionadas cada qual a um argumento distinto.

Uma delas foi a de que a norma do artigo 155, § 2º, inciso X, *b*, da Constituição não prescreve uma imunidade tributária. Assim o voto do relator do julgamento, Ministro Ilmar Galvão, quando refere:

> É patente, entretanto, que não se está, no caso, diante de imunidade propriamente dita, mas de genuína hipótese de não-incidência do tributo- como aliás, se acha expresso no inc. X do § 2º do art. 155 da CF, restrita ao Estado de origem, não abrangendo o Estado de destino, onde são tributadas todas as operações que compõem o ciclo econômico por que passam os produtos descritos no dispositivo sob enfoque, desde a produção até o consumo.

Seguiu a mesma linha de raciocínio o Ministro Nelson Jobim, para quem o preceito contido no artigo 155, § 2º, inciso X, *b*, não estabelece imunidade tributária, mas tão somente não incidência na saída dos bens do estabelecimento de origem, de acordo com o que se observa na seguinte passagem:

> A interpretação que dou, acompanhando o Ministro-Relator, é no sentido de que a alínea "b" do inciso X do art. 155 da Constituição Federal corresponde à atribuição: na saída de mercadoria, alíquota zero, para que este imposto seja todo ele arrecadado pela incidência na situação do Estado de entrada. E isso se estabeleceu e decorre do sistema, inclusive do sistema de alíquota do inciso VII, exatamente à razão última e fundamental do § 1º do art. 20. Como os Estados e os produtores não tem participação nenhuma no ICMS atribui-se a ele um "royalty", que é pago pela União, a forma pela qual a União compensa a situação exploratória. O conjunto de regras mostra claramente isso. O estado de destino, a parte de origem tem sua compensação que havia perdido com essa situação.

Da mesma forma, o Ministro Sepúlveda Pertence interpreta a norma do artigo 155, § 2º, inciso X, b, no sentido da não incidência do tributo estadual somente na operação de saída das mercadorias do estado produtor. Fá-lo, no entanto, motivado pelas consequências advindas que entende ocorreriam se se fizesse uma interpretação literal desse dispositivo constitucional. Isso pode ser observado no seguinte trecho de seu voto:

> Creio que para evitar o absurdo, a que, data vênia, conduziria a interpretação contrária, há aí que reduzir teleologicamente o sentido da palavra "operações destinadas a outros estados", de tal modo a dar ao preceito a inteligência de que a não-incidência, naquele momento, não impedirá a incidência em momento posterior.

Uma vez estabelecida a premissa de que a norma constitucional não encerra imunidade às operações interestaduais com lubrificantes e combustíveis líquidos e gasosos, derivados do petróleo, mas unicamente não incidência do tributo na primeira fase da operação, chegou-se à conclusão de que o beneficiário do disposto no artigo 155, § 2º, inciso X, b, não é o consumidor, pois que deverá pagar o tributo tanto em operações estaduais quanto interestaduais com as mercadorias elencadas na regra constitucional. A norma tem como destinatários, sob esse enfoque, os Estados envolvidos na operação, de certa forma prejudicando o de origem enquanto beneficia o de destino do produto, que arrecadará a totalidade do ICMS incidente sobre a operação. Nesse sentido, dispôs o Ministro Ilmar Galvão, ao afirmar que a imunidade em cotejo

> (...) não beneficia, portanto, o consumidor, mas o Estado de destino do produto, ao qual caberá todo o tributo sobre ele incidente, até a operação final. Do contrário, estaria consagrado tratamento desigual entre consumidores, segundo adquirissem eles os produtos de que necessitam, no próprio Estado, ou no Estado vizinho, o que não teria justificativa.

Somando-se à compreensão de que a norma constitucional não prescreve imunidade tributária, levou-se em consideração o argumento de que a estabilidade federativa seria afetada caso se reconhecesse imunidade às operações elencadas no artigo 155, § 2º, inciso X, b, da Constituição Federal, para chegar à conclusão final relatada na ementa anteriormente colacionada.

Entendeu-se que a quebra do equilíbrio federativo ocorreria na medida em que se desonerassem por completo da carga tributária somente as operações interestaduais envolvendo combustíveis derivados de petróleo, ao passo que as operações internas com esses mesmos bens estariam sujeitas à tributação. Assim, sempre que houvesse necessidade de utilização dos produtos selecionados pelo artigo 155, § 2º, inciso X, b, da Constituição, o adquirente buscaria comprá-los de outra unidade da federação, como modo de reduzir os custos dessa operação.

A solução encontrada, então, foi no sentido de conferir ao dispositivo constitucional uma interpretação que permitisse a cobrança do tributo quando da entrada dos bens no Estado de destino, permitindo, assim, a arrecadação indistinta do ICMS por todos os Estados da federação, produtores ou não dos bens em questão, e, excluindo, simultaneamente, a possibilidade de redução de carga tributária através da aquisição de bens oriundos de Estados diversos do de origem do adquirente.

A preocupação com uma possível "guerra fiscal" decorrente de interpretação no sentido da existência de imunidade sobre as operações descritas no artigo 155, § 2º, inciso X, *b*, da Constituição Federal é visivelmente externada nas seguintes passagens dos votos proferidos no Recurso Extraordinário nº 198088:

> O que se passa é que, se decidirmos dessa forma, não acompanhando o Ministro Ilmar Galvão, vamos estabelecer uma situação rigorosamente absurda no que diz respeito à partilha do tributo incidente sobre a situação". (Ministro Nelson Jobim)
>
> "Por isso, estou acompanhando o voto do eminente Ministro Relator, conhecendo e negando provimento ao recurso, sobretudo por uma questão de inequívoca conveniência: se o Supremo Tribunal Federal hoje desse interpretação diferente- penso que estamos decidindo corretamente- criaria um verdadeiro caos de difícil reparação entre os Estados federados".(Ministro Maurício Corrêa)
>
> Não desconheço que é infeliz- como já se acentuou- a utilização, na alínea questionada, do vocábulo "operações", que efetivamente, tem de regra o sentido de uma operação bilateral. Mas creio que para evitar o absurdo, a que, data venia, conduziria a interpretação contrária, há aí que reduzir teleologicamente o sentido da palavra "operações destinadas a outros Estados" (...). (Ministro Sepúlveda Pertence)

Cumpre salientar, contudo, que o julgamento do recurso em questão ocorreu anteriormente à Emenda Constitucional nº 33, que incluiu a alínea *h* ao § 2º e os §§ 4º e 5º ao artigo 155 da Constituição Federal, que possibilitou a imposição tributária sobre lubrificantes e combustíveis derivados de petróleo, na segunda etapa da operação interestadual, conforme anteriormente referido. A Emenda Constitucional, contudo, não introduziu modificação no regime tributário das operações interestaduais com energia elétrica, objeto do presente estudo.

Por essa razão, entendem-se ainda extensíveis às operações de transferência interestadual energia elétrica aquelas orientações firmadas no precedente mencionado, embora formuladas considerando operações interestaduais com derivados de petróleo e combustíveis, pois ao tempo do julgamento do Recurso Extraordinário seu regime jurídico era idêntico ao aplicável à energia elétrica.

Nesse sentido, a jurisprudência solidificou-se no sentido de que de modo que as operações de transferência interestadual energia elétrica não se encontram acobertadas por imunidade tributária, restando admitida, por conseguinte, a incidência do tributo estadual sobre essas operações.

A decisão proferida diante do Recurso Extraordinário 198.088 foi adotada como fundamento para julgamentos no próprio Supremo Tribunal Federal e no Tribunal de Justiça do Estado do Rio Grande do Sul, como se pode observar nos arestos colacionados:

> ICMS. Operações interestaduais. Artigo 155, § 2º, X, *b*, da Constituição. – O Plenário desta Corte, ao julgar o RE 198.088, assim decidiu: "TRIBUTÁRIO. ICMS. LUBRIFICANTES E COMBUSTÍVEIS LÍQUIDOS E GASOSOS, DERIVADOS DO PETRÓLEO. OPERAÇÕES INTERESTADUAIS. IMUNIDADE DO ART. 155, § 2º, X, B, DA CONSTITUIÇÃO FEDERAL. Benefício fiscal que não foi instituído em prol do consumidor, mas do Estado de destino dos produtos em causa, ao qual caberá, em sua to-

talidade, o ICMS sobre eles incidente, desde a remessa até o consumo. Conseqüente descabimento das teses da imunidade e da inconstitucionalidade dos textos legais, com que a empresa consumidora dos produtos em causa pretendeu obviar, no caso, a exigência tributária do Estado de São Paulo. Recurso conhecido, mas desprovido". – Dessa orientação divergiu o acórdão recorrido. Recurso extraordinário conhecido e provido. (Recurso Extraordinário nº 201703, STF, Primeira Turma, Relator Ministro Moreira Alves, DJ 14/12/2001)

Tributário. ICMS. Operações interestaduais. Derivados de Petróleo. Precedentes do STF. Fundamentos do despacho agravado não afastados. Regimental não provido. (Agravo Regimental no Agravo de Instrumento nº 224951, STF, Segunda Turma, Relator Ministro Nelson Jobim, DJ 02/02/2001)

PROCESSUAL CIVIL. ANTECIPAÇÃO DE TUTELA. REQUISITOS. A interpretação dada pelo STF no sentido de ser legítima a cobrança de ICMS sobre operações interestaduais com energia elétrica no Estado de destino, se não se destinar à comercialização ou industrialização da própria energia, mas a consumidor final, afasta a plausibilidade das alegações, apontando para a ausência da imunidade afirmada pela empresa. Sem algum dos pressupostos do art. 273 do CPC, não há como deferir a antecipação de tutela. AGRAVO DESPROVIDO. (Agravo de Instrumento Nº 70028317212, Vigésima Segunda Câmara Cível, Tribunal de Justiça do RS, Relator: Rejane Maria Dias de Castro Bins, Julgado em 26/03/2009)

É de se referir que o Superior Tribunal de Justiça, nas vezes em que foi chamado a decidir sobre o assunto, não externou julgamento sobre o mérito, vez que os Recursos Especiais foram decididos com base em questões de natureza processual que se impuseram anteriormente à análise meritória. É o que se observa nas ementas colacionadas:

PROCESSUAL CIVIL – AGRAVO REGIMENTAL – AGRAVO DE INSTRUMENTO – TRIBUTÁRIO – ICMS – ENERGIA ELÉTRICA – IMUNIDADE – MATÉRIA CONSTITUCIONAL – SÚMULA 126/STJ.

1. O e. Tribunal a quo, ao dirimir o feito relativo à imunidade das operações que destinam energia elétrica a outros Estados da incidência do ICMS, fundamentou-se no art. 155, § 2º, X, "b", da Constituição Federal para refutar a tese defendida pelo ora agravante.

2. Em virtude da não-interposição do competente recurso extraordinário, o fundamento constitucional autônomo, suficiente à manutenção do v. acórdão recorrido, transitou em julgado, o que inviabiliza o conhecimento do recurso especial, em virtude do óbice do enunciado n.º 126 da Súmula deste Tribunal.

3. Agravo regimental desprovido.

(Agravo Regimental no Agravo de Instrumento nº 549.292/PR, STJ, Primeira Turma, Rel. Ministra Denise Arruda, DJ 19/04/2004)

(grifou-se)

PROCESSUAL CIVIL. AGRAVO REGIMENTAL. VIOLAÇÃO AO ART. 535, II, DO CPC. CONFIGURADA. EXECUÇÃO FISCAL. ICMS. ENERGIA ELÉTRICA. PRINCÍPIO CONSTITUCIONAL DA IMUNIDADE RECÍPROCA. NÃO INCIDÊNCIA DO ICMS SOBRE OPERAÇÕES QUE DESTINEM A OUTROS ESTADOS, EM SE TRATANDO DE ENERGIA ELÉTRICA. APLICAÇÃO DO ARTIGO 155, § 2º, INCISO X, LETRA "B", DA LEI FUNDAMENTAL .

1. Há violação ao art. 535, II, do CPC quando o órgão julgador, instado a emitir pronunciamento acerca dos pontos tidos como omissos, contraditórios ou obscuros e relevantes ao desate da causa, não enfrenta a questão oportunamente suscitada pela parte.

2. In casu, a despeito da oposição de embargos de declaração, objetivando o exame da questão relativa ao deslocamento da energia elétrica e a possibilidade de ser armazenada, para que se conclua, se a operação de transporte dessa mercadoria pode ser faturada separadamente, o que afastaria a imunidade recíproca prevista no artigo 155, § 2º, inciso X, alínea "b", da CF/88, o Tribunal de Justiça

do Estado do Paraná quedou-se silente, consoante se infere do voto condutor dos embargos de declaração às fls. 79, em manifesta violação ao art. 535 do Código de Processo Civil.

3. O retorno dos autos, é mister, porquanto não pode o E. STF e STJ pela vez primeira analisar a suposta violação de dispositivos constitucionais e infraconstitucionais que não foram enfrentados em última instância local.

4. Recurso especial provido para determinar a remessa dos autos à instância de origem para que se manifeste sobre a matéria articulada nos embargos de declaração.

5. Agravo Regimental improvido.

(Agravo Regimental no Recurso Especial nº 651.194/PR, STJ, Primeira Turma, Rel. Ministro Luiz Fux, DJ 28/03/2005).

(grifou-se)

Ocorre que, a despeito dos relevantes argumentos levantados pela maioria do plenário da Corte Suprema no julgamento do Recurso Extraordinário nº 198088, que influenciaram os rumos da jurisprudência formulada a partir de então, entende-se que o voto vencido proferido pelo Ministro Marco Aurélio é o mais consentâneo com a preservação do sentido da Constituição brasileira e, por conseguinte, com a máxima efetividade da Carta Constitucional.

A linha de argumentação formulada pelo referido Ministro Marco Aurélio Greco pode ser sintetizado nos trechos selecionados a seguir:

> A venda, a remessa de mercadoria ao adquirente pressupõe a saída e a chegada, fenômenos físicos que integram algo único, ou seja, a operação.
>
> (...)
>
> Ora, o dispositivo constitucional encerra, em si, imunidade, e esta diz respeito a operações que destinem, a outros Estados, petróleo, inclusive lubrificantes, combustíveis líquidos e gasosos dele derivados e energia elétrica. Daí haver aludido, neste voto, ao elemento espacial e à espécie de imunidade como objetiva e não subjetiva. Não se há de estabelecer, em si, distinções; descabe o desdobramento da operação alcançada pela imunidade, no que surge como um grande todo, a abranger a saída da mercadoria e a chegada no Estado de destino, mais precisamente, no estabelecimento daquele que o adquiriu. Em síntese, sob pena de esvaziar-se a imunidade, encerrando-se o ciclo de operações ante a aquisição da mercadoria por consumidor final, não se verificando, portanto, desdobramentos, envolvido deslocamento de um Estado a outro.
>
> (...)
>
> Atribua-se ao legislador o emprego dos vocábulos com sentido técnico. Não se confunda operação com saída, muito embora essa componha a primeira, não a perfazendo, porque indispensável a entrada. É esta a interpretação mais consentânea com a organicidade do Direito, com os textos constitucionais envolvidos, alfim com a segurança jurídica sempre lastreada no respeito às balizas normativas constitucionais, sob pena de vir-se a distinguir onde a lei não distingue ou de transformar-se o ICMS em tributo de "importação" quando da remessa de mercadoria de um Estado a outro, bipartindo-se operação que é única, no que encerra saída de um estabelecimento e entrada em outro.
>
> (...)
>
> Nisso, pouco importa o encerramento, com esse negócio jurídico – de um Estado a outro- das sucessivas operações e, portanto, estar na ponta da linha o consumidor final.

As justificativas para a tomada de posição a favor da interpretação dada à norma pelo Ministro Greco serão expostas pormenorizadamente no item que segue.

1.2. A crítica à interpretação formulada pelo Supremo Tribunal Federal no Recurso Extraordinário n° 198.088

A interpretação segundo a qual a norma do artigo 155, § 2°, inciso X, *b*, consagra imunidade às operações interestaduais com energia elétrica, conforme acima referido, parece melhor amoldada com a doutrina tributária, bem como com o Sistema Constitucional Tributário brasileiro por uma série de razões, que serão referidas em contraposição aos argumentos utilizados pelos Ministros que votaram no mesmo sentido do voto do Ministro-Relator.

1.2.1. A existência de imunidade tributária

Uma primeira justificativa reside na impossibilidade de diferenciação entre não incidência tributária constitucionalmente prevista e imunidade. Já Rubens Gomes de Souza, ao distinguir entre as possíveis formas de não incidência tributária, advertia que quando tal situação se verificasse em sede constitucional, restaria configurada precisamente imunidade tributária. Nesse sentido, a lição do saudoso mestre:

> Não incidência é o inverso da incidência: é a situação em que um tributo não é devido por não ter ocorrido o respectivo fato gerador. Esta situação pode ocorrer porque a Constituição proibiu certos fatos de serem tributados, quando se falará em imunidade tributária, ou quando tais fatos estavam livres a atuação do legislador infraconstitucional, porém não o foram.[6]

Ademais, não seria o caso de se cogitar a existência de uma norma constitucional que prescrevesse não incidência tributária pura e simples,[7] na medida em que esta hipótese pressupõe a inocorrência de previsão normativa tributária sobre determinado fato, como sabiamente leciona Sacha Calmon Navarro Coelho:

> Se, sob o ponto de vista do Direito Positivo, a imunidade e a isenção são declarações expressas do legislador sobre fatos ou aspectos de fatos ou estados de fato, negando-lhes efeitos tributários impositivos, não vemos como, neste plano, compará-las com a chamada "não-incidência natural ou pura". A imunidade e a isenção são, existem, vêm de entes legais positivos.
>
> A não-incidência natural ou pura como tal inexiste, é um não-ser. A imunidade e a isenção são técnicas legislativas.[8]

---

[6] SOUZA, Rubens Gomes de. *Compêndio de legislação tributária*. São Paulo: Resenha tributária, 1975.

[7] Sobre os casos de não incidência tributária, elucidativo o esquema proposto por Souto Maior Borges, segundo o qual: "Não-incidência: I)Pura e simples: ocorre quando inexistentes os pressupostos de fato idôneos para desencadear a incidência, automática e infalível, na norma sobre a sua hipótese de incidência realizada concretamente (fato gerador). II)Imunidade: exclusão da competência impositiva do poder tributante". (BORGES, Souto Maior. *Teoria Geral da Isenção Tributária*. São Paulo: Malheiros, 2007. P. 218.)

[8] COÊLHO, Sacha Calmon Navarro. *Curso de Direito Tributário Brasileiro*. Rio de Janeiro: Forense, 2006, p. 187.

Ruy Barbosa Nogueira ensinava que quando determinada situação era positivada na Constituição ressalvada do poder e da competência tributária, transformava-se uma hipótese de não incidência pura e simples em uma hipótese de não incidência juridicamente qualificada.[9] E se essa qualificação jurídica fosse realizada pela Constituição, estar-se-ia diante justamente de imunidade tributária sobre determinado fato ou pessoa.

Assim sendo, o entendimento adotado pelo plenário do Supremo Tribunal Federal ao julgar o Recurso Extraordinário nº 198088, no sentido de que a norma prevista no art. 155, § 2º, X, *b*, da Constituição Federal prescreve hipótese de não incidência tributária, distinta, contudo, de imunidade tributária – ressalva ao entendimento do Ministro Marco Aurélio –, implica inevitavelmente a criação de um segundo gênero de não incidência tributária em sede Constitucional até então desconhecido e carente de justificativa suficiente para diferenciá-lo do conceito de imunidade tributária.

Disso resulta que a compreensão da maioria do plenário do Supremo Tribunal Federal, segundo a qual existe uma norma na Constituição Federal que impede a incidência de ICMS sobre as operações interestaduais envolvendo energia elétrica, ao contrário de destacar uma forma distinta de não incidência tributária, acaba por confirmar a efetiva existência de imunidade tributária sobre essa operação.

A correção da imprecisão terminológica utilizada nas fundamentações desenvolvidas pelos Ministros vencedores no julgamento do Recurso Extraordinário 198088 é capaz de levar a um resultado bastante distinto no que se refere à eficácia produzida pela norma prescrita no artigo 155, § 2º, X, *b*, da Constituição. Isso ocorre em virtude de que a interpretação das imunidades tributárias no Supremo Tribunal Federal tem-se realizado invariavelmente segundo um matiz teleológico, que busca identificar determinados fins perseguidos pela Constituição, para então protegê-los através da aplicação da norma imunizante.

Assentados os motivos para o entendimento de que o artigo 155, § 2º, X, *b*, da Constituição estabelece caso de imunidade tributária, impõe-se reconhecer que a efetividade desta norma opera no sentido da promoção de determinada finalidade constitucional. Por conseguinte, ao se conferir ao art. 155, § 2º, X, *b*, uma interpretação que negue eficácia plena imunidade tributária acaba-se por obstruir o alcance da finalidade perseguida pela Constituição. Em outras palavras, dar interpretação à norma no sentido da inexistência de imunidade tributária significa contrariar a máxima eficácia dos fins estabelecidos pela Constituição, o que é de todo contrário ao exercício da função de guardião da Constituição Federal que incumbe ao Supremo Tribunal Federal desempenhar através de seus julgamentos.[10]

---

[9] NOGUEIRA, Ruy Barbosa. *A imunidade contra impostos na Constituição anterior e sua disciplina mais completa na Constituição de 1988*. São Paulo: Resenha Tributária, 1990. P 194.

[10] A esse respeito, aplicáveis os ensinamentos de Konrad Hesse sobre os limites da interpretação constitucional: "Interpretação está vinculada a algo estabelecido. Por isso, os limites da interpretação constitucional estão lá

1.2.2. A impossibilidade de previsão de alíquota zero em sede constitucional

Uma outra razão a favor da interpretação conferida ao dispositivo pelo Ministro Marco Aurélio decorre de que é incompatível com a sistemática constitucional brasileira presumir a ocorrência de uma alíquota zero em sede Constitucional.

Em primeiro lugar, porque a Constituição Federal do Brasil não institui tributo, ela somente atribui competência ao legislador de cada ente federativo para tributar determinados fatos. Somente no momento em que for delineada a regra matriz tributária é que haverá a definição da alíquota tributária, precisamente no consequente da norma. Essa tarefa, conforme afirmado, é atribuída ao legislador ordinário.

Em segundo lugar, porque a alíquota zero pressupõe tenha existido, em algum momento, competência para tributar determinado fato, de modo que, após quantificado seu aspecto material, seja-lhe aplicada alíquota nula, e, consequentemente, encontrado resultado neutro para a obrigação tributária. Trata-se de expediente utilizado pelo legislador ordinário para desonerar determinado fato imponível e não técnica de atribuição de competência em sede Constitucional.[11]

1.2.3. A impossibilidade de norma constitucional originária inconstitucional

Um terceiro argumento que se opõe à interpretação do disposto no art. 155, § 2º, inciso X, *b*, da Carta Constitucional realizada no julgamento do Recurso Extraordinário nº 198088 relaciona-se à questão da quebra do pacto federativo ocasionada pelo reconhecimento de imunidade tributária no dispositivo em questão. Se a desigualdade de arrecadação de ICMS sobre operações interestaduais com petróleo, inclusive lubrificantes, combustíveis líquidos e gasosos dele derivados, e energia elétrica, foi criada pela própria Constituição, pelo expediente da norma imunizante, deve-se pressupor tenha o constituinte dado preferência à finalidade visada pela norma imunizadora sobre outros fins constitucionais, tal como a igualdade federativa, por exemplo.

---

onde não existe estabelecimento obrigatório da Constituição, onde terminam as possibilidades de compreensão conveniente do texto da norma ou onde uma resolução iria entrar em contradição unívoca com o texto da norma. (...) Onde o intérprete passa por cima da Constituição, ele não mais interpreta, senão ele modifica ou rompe a Constituição". (*Elementos de Direito Constitucional da República Federal da Alemanha*. Porto Alegre: Sergio Antonio Fabris, 1998. p. 69).

[11] Insuperável a lição de Ruy Barbosa Nogueira para a compreensão do mecanismo da alíquota zeo, in verbis:"Alíquota zero- para a ocorrência do fato gerador é imprescindível que prévia e abstratamente a lei tenha descrito todos os aspectos do fato gerador (objetivo, subjetivo, temporal, quantitativos: alíquota e base de cálculo). Enquanto reduzida a zero a alíquota, não existirá tributação, por falta de um dos elementos do fato gerador. O efeito da alíquota zero ao suspender a tributação assemelha-se ao da isenção. Entretanto, enquanto a isenção suspende todos os elementos do fato gerador, a alíquota zero apenas nulifica um dos elementos do fato gerador". (*Curso de Direito Tributário*. São Paulo: Saraiva, 1999, p. 167-168)

Isso porque a delimitação de competências tributárias sistema constitucional tributário brasileiro implementa-se através de regras atributivas ou exclusivas. As normas que prescrevem imunidades tributárias, portanto, configuram a hipótese de demarcação do poder de tributar por exclusão, na medida em que pré-excluem determinados fatos, atos e pessoas do âmbito impositivo estatal.

Uma vez reconhecido que as normas que estabelecem competência para tributar no sistema constitucional brasileiro, dentre as quais as que dispõem sobre imunidades tributárias, apresentam dimensão normativa de regra, tais normas devem ser interpretadas pelo método de verificação da compatibilidade entre o fato concreto e a hipótese prevista na norma constitucional, sem olvidar, contudo, da finalidade sobrejacente à norma, que lhe confere justificativa, na medida em que promove a consecução de determinados fins do Estado.[12]

Por essa razão, a aplicação de norma imunizante não se sujeita à ponderação, técnica destinada à aplicação de princípios jurídicos,[13] mas que, no entanto, foi utilizada pela Suprema Corte no julgamento do Recurso Extraordinário 198088, ao definir que a preservação da igualdade federativa deveria preponderar sobre a regra prevista no art. 155, § 2º, X, *b*, da Constituição Federal.

A preservação da vontade do constituinte é sobreprincípio que deve ser observado toda vez que se aplicar a Carta Constitucional. Por essa razão, não se pode realizar uma interpretação que deixe de respeitar a positivação da escolha entre permitir ou proibir o legislador infraconstitucional de tributar determinadas situações, sob pena de excluir-se de plano a eficácia das normas que contêm imunidade tributária.

A lição de Hugo de Brito Machado, embora tenha tratado da oposição do princípio da isonomia às diferenciações criadas pelas normas imunizadoras, é bastante pertinente ao assunto, ao referir que:

> O princípio da isonomia não se presta como fundamento para a invalidação de uma norma que está albergada pela própria Constituição, em cujo texto não existem normas inconstitucionais. Tudo que na Constituição está há de ser juridicamente válido. As normas que eventualmente prescrevem diversamente de outras devem ser entendidas como exceções. A tese oposta termina levando ao absurdo de destruir todas as imunidades e todas as isenções, que em última análise são formas de discriminar em favor das coisas, operações ou pessoas isentas, ou imunes.[14]

Resta demonstrado, pelos argumentos expostos, o desacerto com que operou a Suprema Corte no julgamento do Recurso Extraordinário nº 198088.

A conclusão a que se chega, portanto, diante da análise da jurisprudência que trata das operações de transferência interestadual de energia elétrica, é que, a despeito dos argumentos apresentados, inexiste imunidade tributária a resguardar

---

[12] ÁVILA, Humberto. Imunidades e Isenções. In: *Tributação de Empresas*. Coord. Eurico Marcos Diniz de Santi et al. São Paulo: Quartier Latin, 2006, p. 287.

[13] Idem.

[14] MACHADO, Hugo de Brito. ICMS: imunidade das operações interestaduais com petróleo, combustíveis dele derivados e energia elétrica. *Repertório IOB de Jurisprudência* – 2ª Quinzena de 1997. nº 2/97- Caderno 1, p. 47.

tais operações do campo impositivo estadual. Desta forma, somente a saída da energia do estado produtor é que não pode ser onerada pelo ICMS, não havendo qualquer proibição, contudo, no sentido de cobrar-se o tributo quando da entrada no estado adquirente.

2. A imunidade das operações de transferência de imóveis desapropriados para fins de reforma agrária

2.1. A interpretação da norma na doutrina e na jurisprudência

A Constituição Federal prescreve a imunidade das operações interestaduais envolvendo a transferência de imóveis desapropriados para fins de reforma agrária. É o que diz o texto do artigo 184, § 5°, *in verbis*:

> Art. 184. Compete à União desapropriar por interesse social, para fins de reforma agrária, o imóvel rural que não esteja cumprindo sua função social, mediante prévia e justa indenização em títulos da dívida agrária, com cláusula de preservação do valor real, resgatáveis no prazo de até vinte anos, a partir do segundo ano de sua emissão, e cuja utilização será definida em lei.
>
> § 5º – São isentas de impostos federais, estaduais e municipais as operações de transferência de imóveis desapropriados para fins de reforma agrária.

Não há dúvida de que se trata de verdadeira imunidade tributária, embora tenha o constituinte utilizado vocabulário atécnico para excluir do âmbito de competência tributária os imóveis desapropriados para fins de reforma agrária, ao empregar o vocábulo "isentas", ao invés de não imunes. É patente que normas que dispõem sobre não incidência de tributo em sede constitucional representam imunidade tributária, conforme se expôs detalhadamente no item anterior.

Ao analisar o disposto no artigo 184, § 5° da Constituição Federal, o Supremo Tribunal Federal definiu que se trata de hipótese mista de imunidade, possuindo caráter subjetivo e objetivo.[15] No aspecto subjetivo, a imunidade visa a desonerar o proprietário do imóvel desapropriado, vez que não seria justo arcar com tributo sobre fato a que não deu causa.[16] No aspecto objetivo, visa a desonerar o procedimento expropriatório sobre bens improdutivos, viabilizando a realização da reforma agrária a ser promovida pela União Federal.

---
[15] A exemplo, passagem do voto da lavra do Ministro Corrêa sobre o assunto: "A norma constitucional abriga caráter subjetivo e ao mesmo tempo objetivo, dado que o art. 184, § 5°, da Constituição Federal prevê imunidade mista relativamente às transferências de imóveis objeto de desapropriação para fins de reforma agrária, de modo que o procedimento expropriatório e o beneficiário não sejam onerados". (Recurso Extraordinário nº 169628, Supremo Tribunal Federal, Segunda Turma, Relator Ministro Maurício Corrêa, julgado em 28/09/1999).

[16] Nesse sentido, Bruno José Ricci Boaventura (As causas jurídicas e o (in) efeito contábil da imunidade do ITBI aos imóveis desapropriados para fins de reforma agrária. In: *Revista Tributária e de Finanças Públicas*. São Paulo, v. 16, n.83, p. 9-24, nov./dez. 2008. P. 19)

Como se observa no *caput* do dispositivo ora analisado, a desapropriação de imóveis para fins de reforma agrária deve ser antecedida de prévia e justa indenização, paga através de títulos da dívida agrária resgatáveis no prazo de vinte anos. Ocorre que, considerando a dimensão do prazo estabelecido para o efetivo resgate da verba indenizatória, os expropriados têm transferido os títulos recebidos a terceiros, objetivando acelerar a disponibilidade sobre os valores por eles representados. Surge, então, a dúvida a respeito de estarem essas operações também acobertadas pela imunidade tributária ou não.

A Corte Suprema tem entendido que somente estão excluídos do âmbito de competência tributária os títulos da dívida agrária quando utilizados para a remuneração do expropriado quando por este percebidos, não alcançando terceiros para quem hajam sido eventualmente transferidos. O fundamento para essa orientação foi encontrado justamente na interdependência entre o viés subjetivo e o viés objetivo da imunidade tributária em questão, referidos inicialmente.

O Supremo Tribunal Federal tem entendido que somente o resgate dos títulos da dívida agrária efetuado pelo expropriado revela verdadeiro caráter indenizatório, na medida em que somente nessa hipótese há compensação pela perda de propriedade. Ademais, tem compreendido que unicamente quando recebidos os títulos pelo proprietário do bem desapropriado há efetiva promoção da reforma agrária, finalidade sobrejacente à norma imunizante, pois exclusivamente nesse caso há vinculação entre o bem desapropriado e sua compensação econômica. Por ambos os motivos, portanto, o terceiro adquirente de títulos da dívida agrária fica desprovido de respaldo para opor a imunidade contra a atividade impositiva estatal. Esse posicionamento foi assentado no Recurso Extraordinário nº 169628, que findou assim ementado:

> RECURSO EXTRAORDINÁRIO. CONSTITUCIONAL. ADMINISTRATIVO. DESAPROPRIAÇÃO. TÍTULO DA DÍVIDA AGRÁRIA. IMUNIDADE TRIBUTÁRIA. EXTENSÃO AO TERCEIRO POSSUIDOR. IMPOSSIBILIDADE. 1. A isenção de tributos de que trata o § 5º do artigo 184 da Constituição Federal, deferida às operações relativas às transferências de imóveis desapropriados, há de ser entendida como imunidade e tem por fim não onerar o procedimento expropriatório ou dificultar a realização da reforma agrária, de competência exclusiva da União Federal. 2. Os títulos da dívida agrária constituem moeda de pagamento da justa indenização devida pela desapropriação de imóveis por interesse social e, dado o seu caráter indenizatório, não podem ser tributados. 3. *Terceiro adquirente de títulos da dívida agrária. Imunidade. Extensão. Impossibilidade. O benefício alcança tão-somente o expropriado. O terceiro adquirente, que com ele realiza ato mercantil, em negócio estranho à reforma agrária, não é destinatário da norma constitucional.* (Recurso Extraordinário nº 169628, STF, *Segunda Turma*, Relator Ministro Maurício Corrêa, julgado em 28/09/1999, DJ 19/04/2002) (grifou-se)

A partir do Recurso Extraordinário nº 169628, a jurisprudência do Supremo Tribunal Federal passou a decidir uniformemente no sentido da não extensão da imunidade a TDAs transferidas a terceiros, como se observa no acórdão e na decisão monocrática colacionados:

> RECURSO EXTRAORDINÁRIO. ALCANCE DA IMUNIDADE TRIBUTÁRIA RELATIVA AOS TÍTULOS DA DÍVIDA AGRÁRIA. – Há pouco, em 28.09.99, a Segunda Turma desta Corte, ao julgar o

RE 169.628, relator o eminente Ministro Maurício Corrêa, decidiu, por unanimidade de votos, que o § 5º do artigo 184 da Constituição, embora aluda a isenção de tributos com relação às operações de transferência de imóveis desapropriados para fins de reforma agrária, não concede isenção, mas, sim, imunidade, que, por sua vez, tem por fim não onerar o procedimento expropriatório ou dificultar a realização da reforma agrária, sendo que os títulos da dívida agrária constituem moeda de pagamento da justa indenização devida pela desapropriação de imóveis por interesse social e, dado o seu caráter indenizatório, não podem ser tributados. *Essa imunidade, no entanto, não alcança terceiro adquirente desses títulos, o qual, na verdade, realiza com o expropriado negócio jurídico estranho à reforma agrária, não sendo assim também destinatário da norma constitucional em causa.* – Dessa orientação divergiu o acórdão recorrido. Recurso extraordinário conhecido e provido. (Recurso Extraordinário nº 168110, STF, *Primeira Turma*, Relator Ministro Moreira Alves, DJ 19/05/2000) (grifou-se)

DECISÃO: 1. Trata-se de agravo regimental interposto contra decisão do teor seguinte (fls. 103/104): "1. Trata-se de recurso extraordinário contra acórdão proferido pelo Superior Tribunal de Justiça e assim ementado: "CONSTITUCIONAL. DESAPROPRIAÇÃO. TÍTULOS DA DÍVIDA AGRÁRIA (TDA). PRINCÍPIO DA JUSTA INDENIZAÇÃO, COM PRESERVAÇÃO DO VALOR REAL. Norteia a sistemática da desapropriação o princípio da indenização justa, cujo valor real deve ser preservado, segundo mandamento da Constituição (artigo 184), que não pode sofrer desrespeito por norma de escalão inferior. Destarte, os TDAs não podem sofrer deflação, devendo ser objeto de correção monetária plena, que, é cediço, visa apenas a manter, ao longo do tempo, o valor real da moeda – e mesmo assim de modo deficiente – frente à inflação. O TDA não pode ser objeto de tributação, pois esta acarretaria decesso na indenização e locupletamento do Poder Público. Segurança concedida, para o efeito de determinar a aplicação aos TDAs dos fatores de 70,28% e 8,03%, requeridos na inicial, com pagamentos nas épocas previstas em cada título, exoneração de tributos e pagamento de juros, como requerido. Decisão unânime". (fl. 71). Sustenta o recorrente, com base no art. 102, III, a, ter havido violação ao artigo 184, § 5º, da Constituição Federal. 2. Inconsistente o recurso. Com efeito, o tema constitucional suscitado no apelo extremo não foi objeto de consideração no acórdão recorrido, faltando-lhe, assim, o requisito do prequestionamento, que deve ser explícito (súmulas 282 e 356). 3. Ante o exposto, nego seguimento ao recurso (art. 21, § 1º, do RISTF, art. 38 da Lei nº 8.038, de 28.05.90, e art. 557 do CPC)". Sustenta o recorrente que a matéria constitucional objeto do recurso e relativa à incidência de tributos sobre os valores dos títulos da dívida agrária – TDAs -, prevista no art. 184, § 5º, da Constituição Federal, foi prequestionada, à medida que o acórdão impugnado lo reportou, no tema, ao parecer da Consultoria-Geral da República, o qual suscitou, explicitamente, tal controvérsia. O trecho citado foi transcrito (fls. 4). 2. Com razão, o agravante. É que estão à base da fundamentação do acórdão recorrido, a qual é o princípio constitucional da justa indenização, assim a questão da preservação do valor real dos TDAs (a), como a da chamada isenção tributária prevista no art. 184, § 5º, da Constituição da República. Forçoso, pois, reconhecer o prequestionamento do tema suscitado no extraordinário. No caso, a imunidade reconhecida não beneficia o expropriado, mas terceiros, portadores adquirentes daqueles títulos. *Ora, esta Corte já firmou entendimento sobre a matéria, do qual divergiu o acórdão recorrido, como se vê às seguintes ementas exemplares*: "RECURSO EXTRAORDINÁRIO. CONSTITUCIONAL. ADMINISTRATIVO. DESAPROPRIAÇÃO. TÍTULO DA DÍVIDA AGRÁRIA. IMUNIDADE TRIBUTÁRIA. EXTENSÃO AO TERCEIRO POSSUIDOR. IMPOSSIBILIDADE. 1. A isenção de tributos de que trata o § 5º do artigo 184 da Constituição Federal, deferida às operações relativas às transferências de imóveis desapropriados, há de ser entendida como imunidade e tem por fim não onerar o procedimento expropriatório ou dificultar a realização da reforma agrária, de competência exclusiva da União Federal. 2. Os títulos da dívida agrária constituem moeda de pagamento da justa indenização devida pela desapropriação de imóveis por interesse social e, dado o seu caráter indenizatório, não podem ser tributados. 3. Terceiro adquirente de títulos da dívida agrária. Imunidade. Extensão. Impossibilidade. O benefício alcança tão-somente o expropriado. O terceiro adquirente, que com ele realiza ato mercantil, em negócio estranho à reforma agrária, não é destinatário da norma constitucional". (RE nº 168110, Rel. Minº MOREIRA ALVES, Primeira Turma, DJ de 19/05/2000. Grifamos) " RECURSO EXTRAORDINÁRIO. ALCANCE DA IMUNIDADE TRIBUTÁRIA RELATIVA AOS TÍTULOS DA DÍVIDA AGRÁRIA . – Há pouco, em 28.09.99, a Segunda

Turma desta Corte, ao julgar o RE 169.628, relator o eminente Ministro Maurício Corrêa, decidiu, por unanimidade de votos, que o § 5º do artigo 184 da Constituição, embora aluda a isenção de tributos com relação às operações de transferência de imóveis desapropriados para fins de reforma agrária, não concede isenção, mas, sim, imunidade, que, por sua vez, tem por fim não onerar o procedimento expropriatório ou dificultar a realização da reforma agrária, sendo que os títulos da dívida agrária constituem moeda de pagamento da justa indenização devida pela desapropriação de imóveis por interesse social e, dado o seu caráter indenizatório, não podem ser tributados. Essa imunidade, no entanto, não alcança terceiro adquirente desses títulos, o qual, na verdade, realiza com o expropriado negócio jurídico estranho à reforma agrária, não sendo assim também destinatário da norma constitucional em causa. – Dessa orientação divergiu o acórdão recorrido. Recurso extraordinário conhecido e provido". (RE nº 168110, Rel. Minº MOREIRA ALVES, Primeira Turma, DJ de 19/05/2000. Grifamos) 3. Do exposto, atendo ao agravo regimental e reconsidero a decisão de fls. 103/104, para dar provimento ao recurso extraordinário, denegando o pedido de segurança no tocante à chamada isenção de tributos. Custas ex lege. Publique-se. Int.. Brasília, 29 de janeiro de 2008. Ministro CEZAR PELUSO Relator" (Agravo Regimental no Recurso Extraordinário nº 218605/MS, STF, Rel. Ministro Cezar Peluso, Julgamento: 29/01/2008)

No Superior Tribunal de Justiça, contudo, mesmo após a definição da jurisprudência do Supremo Tribunal Federal no sentido da não extensão da imunidade a terceiros portadores dos TDAs,[17] segue prevalecendo a tese contrária, de que os títulos da dívida agrária carregam consigo a imunidade tributária, desimportando quem se trate de seu portador: se o próprio expropriado ou terceiro. A posição do Superior Tribunal de Justiça foi definitivamente assentada em 1995 quando do julgamento do Mandado de Segurança preventivo nº 3.191, com efeitos vinculativos. Eis a ementa desse julgamento:

DESAPROPRIAÇÃO POR INTERESSE SOCIAL. TITULOS DA DIVIDA AGRARIA.
CORREÇÃO MONETARIA DE 8,03%, REFERENTE AO "PLANO BRESSER". JUROS MORATORIOS. ISENÇÃO DE IMPOSTOS.
I – APLICA-SE AOS TITULOS DA DIVIDA AGRARIA A CORREÇÃO MONETARIA DE 8,03%, REFERENTE AO "PLANO BRESSER" E 14,87%, RELATIVA A FEVEREIRO DE 1991.
II – *A ISENÇÃO DE IMPOSTOS, PREVISTA NO ART. 184, PARAGRAFO 2., DA CONSTITUIÇÃO, ALCANÇA OS TITULOS DA DIVIDA AGRARIA EM PODER DE TERCEIROS.*
III – JUROS MORATORIOS DE 6% AO ANO A PARTIR DO VENCIMENTO DOS TITULOS: APLICAÇÃO.
IV – NÃO DEVIDOS HONORARIOS ADVOCATICIOS EM AÇÃO DE SEGURANÇA (SUMULA Nº 105/STJ).
V – MANDADO DE SEGURANÇA PARCIALMENTE DEFERIDO.
(Mandado de Segurança nº 3191/DF, STJ, Primeira Seção, Rel. Ministro Antônio de Pádua Ribeiro, DJ 10/04/1995) (grifou-se)

O fundamento principal que conduziu a decisão, no que atine à imunidade dos títulos da dívida agrária, encontra-se expresso na seguinte passagem do Minsitro Antônio de Pádua Ribeiro, relator do Mandado de Segurança nº 3191:

Isto porque, entendimento diverso quanto à isenção, irá desvalorizar os títulos e, portanto, prejudicar ainda mais o proprietário que, embora por força do preceito constitucional, tenha direito à justa inde-

---

[17] Como exemplo, o Recurso Especial nº 712.164/RJ, STJ, Primeira Turma, Rel. Ministro Luiz Fux, DJ 20/02/2006.

nização da sua propriedade, só a recebe em títulos da dívida agrária, com prazo para resgate de até 20 anos (Constituição, art. 184 e seu § 5º).

Os precedentes do Superior Tribunal de Justiça têm-se apoiado também na tese da cartularidade dos títulos da dívida agrária pagos pela desapropriação dos imóveis rurais para reconhecer-lhes imunidade tributária, na medida em que a cartularidade do título implicaria a inoponibilidade de condições pessoais do portador para fundamentar a imposição tributária. Nesse sentido, as ementas colacionadas:

> MANDADO DE SEGURANÇA. TÍTULOS DA DÍVIDA AGRÁRIA (TDA). PRINCÍPIO DA JUSTA INDENIZAÇÃO. DEDUÇÕES INDEVIDAS, RELATIVAS AOS IMPOSTOS SOBRE A RENDA. ISENÇÃO. TÍTULO AO PORTADOR. *A isenção tributária é reconhecida, por se tratar de título ao portador.*
>
> Precedentes do STJ. Segurança concedida.
>
> (Mando de Segurança nº 8.312/DF, STJ, Primeira Seção, Rel. Ministro Francisco Peçanha Martins, DJ 07/06/2004) (grifou-se)
>
> MANDADO DE SEGURANÇA. TÍTULOS DA DÍVIDA AGRÁRIA (TDA). SÚMULA Nº 269 DO STF. NÃO APLICAÇÃO. CORREÇÃO MONETÁRIA. PLANOS BRESSER E COLLOR II. INCIDÊNCIA. JUROS DE 6% AO ANO .ISENÇÃO TRIBUTÁRIA. TÍTULO AO PORTADO. PRECEDENTES.
>
> 1. Não se aplica à hipótese a Súmula n.º 269 do Supremo Tribunal Federal, vez que impetrante almeja apenas a declaração do direito à aplicação da correção monetária do valor dos títulos, como também o reconhecimento do direito à percepção de juros moratórios e compensatórios.
>
> 2. Consoante iterativa jurisprudência desta Corte, são devidos os índices de 6,81%, (Plano Bresser) e 13,89% (Plano Collor II), sobre os valores dos Títulos da Dívida Agrária, assegurado àqueles que tenham sido emitidos anteriormente a tais datas, além dos juros de 6% ao ano, após o vencimento destes.
>
> 3. *A isenção tributária reconhecida, por se tratar de título ao portador. Precedentes do STJ.*
>
> 4. Segurança parcialmente concedida.
>
> (Mandado de Segurança nº 8382/DF, STJ, Primeira Seção, Rel. Ministro Paulo Medina, julgado em 23/10/2002, DJ 11/11/2002) (grifou-se)

Entende-se mais adequado a uma leitura sistemática da Constituição Federal o entendimento formulado no âmbito do Superior Tribunal de Justiça. Isso decorre de que a interpretação da regra prevista no § 5º do artigo 184 da Constituição Federal não pode apoiar-se exclusivamente na finalidade de promoção da reforma agrária, na medida em que o *caput* deste mesmo dispositivo condiciona a desapropriação do bem à prévia e justa indenização.

Não se trata, no entanto, de ponderar a aplicação da regra imunizadora com o princípio da justa indenização ou com o direito de propriedade, mas de aplicar a norma constitucional da forma como estatuiu o constituinte federal. De acordo com a Carta Constitucional, a justa indenização precede à desapropriação, por força de mandamento constitucional. Assim, há que se entender que a imunidade prevista no § 5º do artigo 184 da Constituição Federal tem como finalidade imediata a justiça da indenização, ao passo que promoção da reforma agrária figura como finalidade mediata. A interpretação da regra imunizante, então, deve dar-se de forma a promover precipuamente sua finalidade direta, para que, então, se observe se foi também possível a promoção de sua finalidade indireta.

Tem-se como única forma de compatibilizar o prazo de 20 anos para resgate dos títulos da dívida agrária a que alude o *caput* do artigo 184 da Constituição com a justiça da indenização, permitir-se ao expropriado transferi-los sem que para tanto tenha de experimentar prejuízos. Seria ingênuo pressupor que se admitindo a tributação sobre terceiros para quem os títulos sejam eventualmente transferidos não haveria repercussão sobre os titulares do imóveis expropriados, na medida em que apesar de a tributação incidir sobre os primeiros, seu ônus seria evidentemente transferido para os últimos.

Desta forma, a interpretação segundo a qual os títulos da dívida agrária são imunes, mesmo quando em poder de terceiros, não nega que a imunidade das operações de transferência de imóveis para fins de reforma agrária possui um viés subjetivo. Essa forma de interpretar a regra imunizador somente afirma que para que esse viés venha a ser respeitado, toda a cadeia envolvendo os títulos da dívida agrária não pode ser submetida à tributação. Assim, o posicionamento firmado pelo Superior Tribunal de Justiça traz não só a vantagem de aplicar a norma de acordo com a sistemática constitucional, mas também dá maior eficácia à compreensão do Supremo Tribunal Federal no sentido de que a imunidade apresenta um aspecto subjetivo, pois protege o titular do imóvel expropriado para fim de reforma agrária ainda que os TDA´s estejam nas mãos de terceiros.

2.2. Âmbito de aplicação

Resta analisar, então, quais os tributos afetados pela imunidade sobre operações de transferência de imóveis desapropriados para fim de reforma agrária. A princípio, tendo em vista alcançar o objeto da norma imunizante, parece estar ela relacionada ao imposto sobre a transmissão de bens imóveis e de direitos a eles relativos, de competência municipal (artigo 156, II, da Constituição Federal[18]), o imposto sobre a renda, de competência da União Federal (artigo 153, III, da Constituição[19]), o imposto sobre operações financeiras (artigo 153, V, da Constituição[20]) e os emolumentos cobrados pelo registro de imóveis para a transmissão do domínio do bem para a União Federal. A questão dos emolumentos cartorários, contudo, será solucionada através do que será apresentado no capítulo posterior, que cuidará de analisar a imunidade a taxas. Resta analisar de que forma a imunidade das operações de transferência de bens imóveis

---

[18] Art. 156. Compete aos Municípios instituir impostos sobre: (...); II – transmissão "inter vivos", a qualquer título, por ato oneroso, de bens imóveis, por natureza ou acessão física, e de direitos reais sobre imóveis, exceto os de garantia, bem como cessão de direitos a sua aquisição;

[19] Art. 153. Compete à União instituir impostos sobre: (...) III – renda e proventos de qualquer natureza;

[20] Art. 153. Compete à União instituir impostos sobre: (...) V – operações de crédito, câmbio e seguro, ou relativas a títulos ou valores mobiliários;

desapropriados para fins de reforma agrária atua com relação aos impostos referidos.

2.2.1. O Imposto sobre Transmissão de Bens Imóveis

No que se refere ao ITBI, a imunidade tributária não possui qualquer eficácia. Isso se dá porque na desapropriação, seja ela promovida pela União para fins de reforma agrária ou por qualquer outro ente independentemente da finalidade, não se configura o fato gerador do imposto municipal.

Na desapropriação, ocorre, de um lado, a perda da propriedade para o particular,[21] e, de outro, a aquisição da propriedade para o poder público. Não há uma continuidade entre a propriedade do particular, perdida pela desapropriação, e a do entre público, adquirida pela desapropriação. No máximo, pode-se entender haja "uma transformação dos direitos privados no interesse público",[22] se compreender-se a desapropriação como Serpa Lopes.

Jamais, contudo, transmissão, fato gerador do ITBI, pois que primeiro ocorre a extinção da propriedade do particular para depois haver a aquisição pelo ente público, sem continuidade. Nesse sentido, a lição de Celso Antonio Bandeira de Mello:

> Dizer-se que a desapropriação é forma originária de aquisição da propriedade significa que ela é, por si mesma, suficiente para instaurar a propriedade em favor do Poder Público, independente de qualquer vinculação com o título jurídico do anterior proprietário.[23]

Comprovado, portanto, que a imunidade tributária nas operações de desapropriação dos bens imóveis para reforma agrária não alcança o ITBI, pois a Constituição Federal, ao delimitar a competência do legislador municipal, já lhe havia proibido de instituir tributo sobre esse fato, pois que diverso da transmissão.

2.2.2 O Imposto sobre a Renda

No que se refere ao imposto de renda, é possível concluir no sentido da eficácia ou ineficácia da imunidade prevista no artigo 184, § 5º, da Constituição Federal, conforme se defina posicionamento favorável ao entendimento do Supremo Tribunal Federal ou do Superior Tribunal de Justiça sobre a possibilidade de extensão da imunidade tributária a títulos da dívida agrária em poder de terceiros.

Contudo, no que atinge ao titular do bem expropriado, siga-se a orientação do STF ou do STJ, a norma não terá qualquer eficácia. Isso ocorre porque os va-

---

[21] Art. 1.275. Além das causas consideradas neste Código, perde-se a propriedade: (...) V – por desapropriação. (Código Civil, Lei nº 10.406/02)
[22] LOPES, Miguel Maria de Serpa. *Curso de Direito Civil*, vol. VI. Rio de Janeiro: Freitas Bastos, 2001, p. 376.
[23] MELLO, Celso Antonio Bandeira de. *Elementos de Direito Administrativo*. Revista dos Tribunais, 1991, p. 261.

lores percebidos pelo titular do imóvel não configuram o acréscimo patrimonial, fato gerador do IR, uma vez que a noção de justa indenização a que se refere a Constituição pressupõe a exata equivalência entre compensação paga pela União Federal e o bem afetado à reforma agrária.

Mesmo antes do início da vigência da atual Carta Constitucional, o Supremo Tribunal Federal já havia decidido em favor da inocorrência de lucro tributável pelo imposto de renda na desapropriação, ao proferir julgamento com relação à ofensa ao art. 153, § 22,[24] da Constituição Federal de 1967, com as alterações da Emenda Constitucional de 1969, de acordo com o que se observa no aresto a seguir colacionado:

> REPRESENTAÇÃO. ARGÜIÇÃO DE INCONSTITUCIONALIDADE PARCIAL DO INCISO II, DO § 2º, DO ART. 1º, DO DECRETO-LEI FEDERAL Nº 1641, DE 7.12.1978, QUE INCLUI A DESAPROPRIAÇÃO ENTRE AS MODALIDADES DE ALIENAÇÃO DE IMÓVEIS, SUSCETIVEIS DE GERAR LUCRO A PESSOA FÍSICA E, ASSIM, RENDIMENTO TRIBUTAVEL PELO IMPOSTO DE RENDA. Não há, na desapropriação, transferencia da propriedade, por qualquer negócio jurídico de direito privado. não sucede, ai, venda do bem ao poder expropriante. *não se configura, outrossim, a noção de preço, como contraprestação pretendida pelo proprietario, "modo privato". o "quantum" auferido pelo titular da propriedade expropriada e, tão-só, forma de reposição, em seu patrimônio, do justo valor do bem, que perdeu, por necessidade ou utilidade pública ou por interesse social. tal o sentido da "justa indenização" prevista na constituição (art. 153, § 22). não pode, assim, ser reduzida a justa indenização pela incidencia do imposto de renda.* representação procedente, para declarar a inconstitucionalidade da expressao "desapropriação", contida no art. 1º, § 2º., inciso II, do Decreto-Lei nº 1641/78.
> (Representação nº 1260, STF, Tribunal Pleno, Relator Ministro. Néri Da Silveira, julgado em 13/08/1987, DJ 18/11/1988) (grifou-se)

Seguindo essa orientação, a Lei nº 7.713, de 1988, dispôs expressamente sobre a intributabilidade da indenização por desapropriação para fins de reforma agrária. Assim o disposto no parágrafo único de seu art. 22, *in verbis*:

> Art. 22. Na determinação do ganho de capital serão excluídos:
> (...)
> Parágrafo único. Não se considera ganho de capital o valor decorrente de indenização por desapropriação para fins de reforma agrária, conforme o disposto no § 5º do art. 184 da Constituição Federal, e de liquidação de sinistro, furto ou roubo, relativo a objeto segurado.

À vista disso, vê-se que não é direcionada ao Imposto sobre a Renda do titular do imóvel expropriado a incidência da imunidade consagrada pelo artigo 184, § 5º, da Constituição Federal, tendo em vista que o valor pago pela União em títulos da dívida agrária não configura lucro imobiliário, mas tão somente recomposição daquilo que foi perdido em razão da desapropriação para a reforma agrária.[25]

---

[24] § 22. É assegurado o direito de propriedade, salvo o caso de desapropriação por necessidade ou utilidade pública ou interêsse social, mediante prévia e justa indenização em dinheiro, ressalvado o disposto no artigo 161, facultando-se ao expropriado aceitar o pagamento em título de dívida pública, com cláusula de exata correção monetária. Em caso de perigo público iminente, as autoridades competentes poderão usar da propriedade particular, assegurada ao proprietário indenização ulterior.

[25] BARRETO, Aires Fernandino. *Imunidades Tributárias: Limitações constitucionais ao poder de tributar*. São Paulo: Dialética, 2001. P.83.

Contudo, no que se aplica ao IR de terceiros a quem os títulos da dívida agrária venham a ser transferidos, pode-se entender no sentido da eficácia ou ineficácia da norma prescrita no § 5º do artigo 184 da Constituição Federal. Se for defendida a posição firmada do STF, no sentido da não eficácia da norma com relação a terceiros a desapropriação, a norma do artigo 184, § 5º, será ineficaz. Contrariamente, se for defendida a posição firmada pelo STJ, no sentido da imunidade dos títulos da dívida agrária, independentemente de quem seja seu portador, terá eficácia a norma constitucional. Vê-se, então, mais uma razão para o posicionamento adotado pelo Superior Tribunal de Justiça, na medida em que traz mais eficácia à Carta Constitucional.

2.2.3. *O Imposto sobre Operações Financeiras*

No que se aplica ao Imposto sobre Operações Financeiras, o Superior Tribunal de Justiça tem reconhecido a ocorrência de imunidade na transferência dos TDAs, em razão do entendimento formulado a respeito do alcance da imunidade sobre transferência de imóveis destinados à reforma agrária, no sentido de abranger também as operações realizadas por terceiros à expropriação que hajam adquirido os TDAs. Se defendido esse posicionamento, portanto, tem eficácia ao mandamento inscrito no § 5º do artigo 184 da Constituição Federal.

Para o Superior Tribunal de Justiça, tanto a operação de transferência das TDAs a terceiros, quanto o resgate dos títulos pelo emitente, estão imunes ao tributo federal sobre operações financeiras. Tal compreensão pode ser observada nas ementas que seguem:

MANDADO DE SEGURANÇA. ILEGITIMIDADE PASSIVA DA AUTORIDADE MINISTERIAL. INOCORRENCIA. TITULOS DA DIVIDA AGRARIA (TDA). REAJUSTE. CONSTITUIÇÃO, ART. 184. IMUNIDADE: IMPOSTOS ABRANGIDOS. JUROS COMPENSATORIOS. DESCABIMENTO.

I – Se nas informações, a autoridade ministerial impetrada encampa o ato praticado por autoridade de menor hierarquia, cumpre repelir a sua alegada ilegitimidade passiva.

II – *Antes do seu resgate, a operação de transferencia dos tda's entre o expropriado e terceiros ou o resgate por estes pelo poder expropriante e emitente dos titulos não estão sujeitos ao imposto de renda nem ao imposto sobre operações financeiras, mesmo no caso de desagio.*

III – Os juros compensatorios integram a indenização e os seus valores são englobados nos constantes dos tda's expedidos. A partir do vencimento destes, são devidos apenas os juros moratorios.

IV – Embargos declaratorios conhecidos, mas rejeitados.

(Embargos de Declaração no Mandado de Segurança nº 3.191/DF, STJ, Primeira Seção, Rel. Ministro Antônio De Pádua Ribeiro, DJ 16/10/1995) (grifou-se)

MANDADO DE SEGURANÇA. DIVIDA AGRARIA. REAJUSTE DOSTITULOS (TDA'S) PELO IPC DE JANEIRO DE 1989. EMISSÃO APÓS ESSA DATA. CORREÇÃO INAPLICÁVEL. Deduções indevidas relativas aos impostos sobre a renda e sobre operações financeiras. segurança parcialmente concedida. – impossível acrescer a correção relativa ao ipc de janeiro de 1989, eis que foram os titulos emitidos posteriormente aquele mês. – as deduções correspondentes aos impostos sobre a renda e sobre operações financeiras importariam, segundo entendimento deste tribunal, em violação ao princípio da justa indenização.

(Mandado de Segurança nº 1522-0-DF, STJ, Primeira Seção, Relator Ministro Hélio Mosimann)

No âmbito do Supremo Tribunal Federal, tendo em vista já terem a Primeira e a Segunda Turmas se posicionado no sentido da não extensão da imunidade prevista no artigo 184, § 5º, a terceiros, tem-se a transferência dos TDAs a estranhos a relação expropriatória é passível de imposição de IOF. O resgate do TDA pelo ente público, se promovido pelo titular do imóvel expropriado, não estará sujeito ao IOF, ao passo que se realizado por terceiro, estará inserido no campo de competência tributária federal. Nesse sentido, a eficácia a imunidade constitucional no que se refere ao Imposto sobre Operações Financeiras fica limitada a operação de resgate de TDA posta a efeito pelo titular do bem imóvel afetado à reforma agrária.

3. A imunidade a taxas

3.1. Regra geral de não imunidade

O Supremo Tribunal Federal, seguindo a orientação da doutrina tradicional, já há muito vem decidindo que, via de regra, inexiste imunidade a taxas. Os precedentes firmados no Recurso Ordinário em Mandado de Segurança nº 8115,[26] no Agravo de Instrumento nº 26271[27] e no Recurso Ordinário em Mandado de Segurança nº 10718,[28] levaram à edição da Súmula nº 324 do Supremo Tribunal Federal, que dispõe da seguinte forma:

Súmula 324

A imunidade do art. 31, V, da Constituição Federal não compreende as taxas.

O dispositivo referido na Súmula 324, artigo 31, inciso V, da Carta Constitucional de 1946, vigente quanto de sua edição, dispunha o seguinte:

Art. 31. A União, aos Estados, ao Distrito Federal e aos Municípios é vedado:

V – lançar impostos sobre:

a) bens, rendas e serviços uns dos outros, sem prejuízo da tributação dos serviços públicos concedidos, observado o disposto no parágrafo único deste artigo;

b) templos de qualquer culto bens e serviços de Partidos Políticos, instituições de educação e de assistência social, desde que as suas rendas sejam aplicadas integralmente no País para os respectivos fins;

c) papel destinado exclusivamente à impressão de jornais, periódicos e livros.

Tratava-se, como se pode observar, de espécie de cláusula geral sobre imunidade tributária, pois que estabelecia as situações e pessoas sobre que os legisladores federal, estadual, distrital e municipal, encontravam-se impedidos de instituir impostos.

---

[26] Mandado de Segurança nº 8115, STF, Tribunal Pleno, Relator Ministro Hahnemann Guimarães, DJ de 20/8/1962.

[27] Agravo de Instrumento nº 26271, STF, Segunda Turma, Relator Ministro Victor Nunes, DJ 24/5/1962.

[28] Recurso Ordinário em Mandado de Segurança nº 10718, STF, Tribunal Pleno, Relator Ministro Gonçalves de Oliveira, DJ 27/3/1963.

Destarte, o entendimento sumulado, ao determinar que o inciso V do artigo 31 da Constituição de 1946 não se aplicava relativamente a taxas, excluía do âmbito de incidência da norma geral sobre imunidades tributárias a instituição de taxas, reconhecendo, por conseguinte, a possibilidade de sua imposição sobre as o elencado nas alíneas referentes a esse dispositivo.

A justificativa para a compreensão abraçada pelo Supremo Tribunal Federal encontra-se de forma mais evidente no voto proferido pelo Ministro Gonçalves de Oliveira quando do julgamento do Mandado de Segurança nº 10718, na passagem em que destaca o seguinte: "Quanto às taxas sendo tipicamente remuneratórias, são, no caso, verdadeiros preços públicos, não há isenção".

Vê-se, deste modo, que a preocupação do Supremo Tribunal Federal ao excluir as taxas do âmbito da norma geral imunizante guarda referência com o viés contraprestativo[29] desta espécie de tributo. Reconhecer imunidade a taxas significaria não somente a diminuição da arrecadação tributária em favor de determinadas finalidades constitucionais, como ocorre com relação aos demais tributos, mas incumbir o Estado de arcar com serviço público ou atividade de polícia utilizados ou postos à disposição do contribuinte.

Assim, para a preservação dos caracteres das normas que prescrevem imunidade tributária, houve que se atribuir à expressão impostos referida no inciso V do artigo 31 da Carta Constitucional de 1946, interpretação literal, deixando de fora de seu âmbito de aplicação as taxas.

Ocorre, contudo, que há exceções à regra geral de que as imunidades tributárias abrangem tão somente impostos, havendo que se reconhecer também hipóteses de não incidência tributária constitucionalmente qualificada relacionada a taxas e a contribuições.[30] Tais hipóteses, contudo, hão que ser referidas especificamente pelo legislador constituinte.[31]

3.2. Os casos em que há imunidade

Há hipóteses em que a Constituição Federal excluiu do âmbito de atuação do legislador ordinário a instituição de taxas relacionadas a determinadas pessoas ou situações, muito embora na maioria delas não tenha utilizado o vocábulo imunidade. Essas autênticas imunidades tributárias também podem ser encontradas em regras que pré-excluem a possibilidade de tributação por taxas através das ex-

---

[29] Sobre o caráter contraprestativo das taxas, a célebre lição de Aliomar Baleeiro: "De qualquer modo, calcadas ou não no poder de polícia, taxas se devem revestir sempre de caráter de contraprestação inerente a essas espécies de tributos. Se adotar-se interpretação outra, malograr-se-ão todas as Cautelas da Constituição, que estabeleceu uma rígida discriminação de competências" (*Direito Tributário Brasileiro*. Rio de Janeiro: Forense, 1977. P. 316.)

[30] CARVALHO, Paulo de Barros. Curso de Direito Tributário. São Paulo: Saraiva, 2004, p. 191-192.

[31] Por essa razão, é forço concluir que a imunidade das operações de transmissão de imóveis desapropriados para fins de reforma agrária não subsiste com relação ao emolumentos cartorário, que possuem natureza jurídica de taxa, uma vez que inexiste na Constituição Federal previsão expressa nesse sentido.

pressões "independentemente de pagamento", "isenta", "gratuito" e "gratuitas".[32] É do que se irá tratar nos subitens que seguem.

3.2.1. As imunidades a serviços judiciários

A Constituição Federal, nos incisos XXXIV, LXXIII e LXXVII, consagra hipóteses de imunidade a taxas relacionadas a serviços prestados pela administração judiciária. Estão excluídas do âmbito impositivo estadas as taxas para obtenção de certidão e para exercício de direito de petição, bem como as custas judiciais em ação popular, *habeas corpus* e *habeas data*. Eis o teor dos dispositivos citados:

> Art. 5º (...)
>
> XXXIV – são a todos assegurados, *independentemente do pagamento de taxas*:
>
> a) o direito de petição aos Poderes Públicos em defesa de direitos ou contra ilegalidade ou abuso de poder;
>
> b) a obtenção de certidões em repartições públicas, para defesa de direitos e esclarecimento de situações de interesse pessoal;
>
> LXXIII – qualquer cidadão é parte legítima para propor ação popular que vise a anular ato lesivo ao patrimônio público ou de entidade de que o Estado participe, à moralidade administrativa, ao meio ambiente e ao patrimônio histórico e cultural, ficando o autor, salvo comprovada má-fé, *isento de custas judiciais* e do ônus da sucumbência;
>
> LXXVII – são gratuitas as ações de "habeas-corpus" e "habeas-data", e, na forma da lei, os atos necessários ao exercício da cidadania. (grifou-se)

Cuida-se de imunidades tributárias objetivas, podendo ser invocadas independentemente das condições pessoais do sujeito beneficiário da atuação do poder público.

José Afonso da Silva, sob inspiração do mestre Rui Barbosa, estabelece um confronto entre direitos e garantias fundamentais presentes na Constituição Federal de 1988. Nesse rol de garantias e direitos encontramos algumas das imunidades ora estudadas.

Na imunidade prescrita no inciso XXXIV do artigo 5º da Constituição Federal, o célebre constitucionalista visualiza uma garantia ao direito geral à legalidade da administração e ao direito a uma atuação democrática dos poderes públicos. Na imunidade constante do inciso LXXII do artigo 5º da Carta Constitucional, por sua vez, o autor encontra garantia ao direito à probidade e à moralidade da Administração.[33]

Na gratuidade do *habeas corpus*, prescrita no LXXVII do artigo 5º da Constituição, José Afonso da Silva enxerga uma garantia relacionada o direito de

---

[32] SILVA, Edgar Neves da. Taxas. In: *Curso de Direito Tributário*/coord. Ives Gandra da Silva Martins. São Paulo: Saraiva, 2001, p. 761.

[33] SILVA, José Afonso da. *Curso de Direito Constitucional Positivo*. São Paulo: Malheiros, 2002, p. 412-416.

liberdade de locomoção, liberdade de ir e vir, parar e ficar.[34] Ao passo que na gratuidade do *habeas data*, prevista nesse mesmo dispositivo constitucional, reconhece garantia ao direito de conhecimento de dados pessoais e de retificá-los.[35]

3.2.2. As imunidades a serviços cartorários

A Constituição Federal previu também hipóteses em que não é admitida a instituição de taxas em remuneração a serviços prestados por cartórios. São os casos da imunidade de taxas para registro civil de nascimento, para a obtenção de certidão de óbito aos reconhecidamente pobres, para a celebração do casamento civil.

As imunidades a taxas para registro civil de nascimento e para a obtenção de certidão de óbito são hipóteses de imunidade subjetiva, na medida em que somente os reconhecidamente pobres, na forma da lei, encontram-se excluídos do poder tributário estatal. Tais imunidades encontram-se prescritas nas alíneas do artigo 5º, inciso LXXVI, da Constituição Federal, *in verbis*:

> Art. 5º (...)
> LXXVI – são gratuitos para os reconhecidamente pobres, na forma da lei:
> a) o registro civil de nascimento;
> b) a certidão de óbito;

A limitação da competência tributária com relação às pessoas discriminadas no dispositivo em análise tem por finalidade garantir a todos os direitos de personalidade. Isso se revela na medida em que registro civil do nascimento assegura o início da personalidade do indivíduo[36], ao passo que a certidão de óbito demarca o fim da personalidade civil[37]. Desta forma, àqueles cujo sustento seria irrazoável e desproporcionalmente afetado pelo pagamento de taxa pelos serviços prestados pelos cartórios para estes fins, é assegurada a possibilidade de exercício dos direitos de personalidade sem embaraços.

A imunidade de taxa para a celebração do casamento civil, diferentemente, não se preocupa com os sujeitos contraentes do matrimônio, mas tão somente com o ato jurídico que irão realizar, configurando-se, portanto, como imunidade de natureza objetiva. A finalidade a que visa essa norma encontra-se expressa no *caput* do artigo 226, que consagra a família como base da sociedade. Assim, a imunidade à taxa de celebração do casamento serve como garantia à finalidade do Estado de constituir na família a base da sociedade. Nesse sentido, o artigo 226, § 1º, da Constituição Federal:

---

[34] SILVA, José Afonso da. *Curso de Direito Constitucional Positivo*. São Paulo: Malheiros, 2002, p. 443-444.
[35] Ibidem, p. 451-455.
[36] BRASIL. Lei 10.406/02 (Código Civil): "Art. 2º A personalidade civil da pessoa começa do nascimento com vida; mas a lei põe a salvo, desde a concepção, os direitos do nascituro".
[37] BRASIL. Lei 10.406/02 (Código Civil): "Art. 6º A existência da pessoa natural termina com a morte; presume-se esta, quanto aos ausentes, nos casos em que a lei autoriza a abertura de sucessão definitiva".

> Art. 226. A família, base da sociedade, tem especial proteção do Estado.
> § 1º – O casamento é civil e gratuita a celebração.

Estão tramitando no Supremo Tribunal Federal ações diretas de inconstitucionalidade em que se impugna a validade de leis federais frente ao que dispõe esse artigo da Constituição. O mérito dessas ações, contudo, ainda não foi analisado pela Corte Constitucional.

A título exemplificativo, realizar-se-á uma breve análise do que vem sendo discutido na Ação Direta de Inconstitucionalidade nº 1362. Através desse expediente, a Associação dos Notários e Registradores do Brasil pretende invalidar do artigo 28, inciso II, da Lei nº 5.672, de 1992, que possui o seguinte teor:

> Art. 28. São isentos de custas e emolumento:
> II – o registro civil de nascimento, a certidão de óbito e a habilitação e a celebração do casamento, para os reconhecidamente pobres.

Nesta ação, a medida cautelar requerida foi indeferida, sob o fundamento de que relativamente ao pedido liminar, a petição inicial foi escassamente instruída, de modo a não restar suficientemente demonstrado o aspecto de bom direito, assim como não estar demonstrado o *periculum in mora*, especialmente em razão de ter a lei em questão entrado em vigor em 1992 e a decisão da liminar ocorrido somente em 1996.

No mérito, igualmente, entende-se não lograrem melhor sorte os argumentos aduzidos pela Associação. Isso porque os cartórios, através da lei ordinária, só não estão autorizados a exigir tributo (taxa) com relação os atos previstos no art. 5º, inciso LXXVI, *a* e *b*, e no art. 236, § 1º, da Constituição Federal (celebração do casamento, emissão de certidão de óbito e registro civil de nascimento,respecti vamente), de qualquer sujeito, no primeiro caso, e, dos reconhecidamente pobres, nos demais.

Diferentemente, no intuito de ampliar o leque de situações desoneradas pela imposição tributária, está livre o legislador ordinário para exercer sua competência isentiva (artigo 150, § 6º, da Constituição Federal[38] e artigo 176 do Código Tributário Nacional[39]), retirando do espectro de incidência do tributo situações que em regra poderiam ser tributadas. É esse o caso da habilitação para o casamento prevista no artigo 28, inciso II, da Lei nº 5.672, de 1992.

A Constituição Federal não realizou a pré-exclusão da possibilidade de instituição de taxa sobre a habilitação para o casamento civil, deixando esse fato

---

[38] Art. 150. Sem prejuízo de outras garantias asseguradas ao contribuinte, é vedado à União, aos Estados, ao Distrito Federal e aos Municípios: (...) § 6º Qualquer subsídio ou isenção, redução de base de cálculo, concessão de crédito presumido, anistia ou remissão, relativos a impostos, taxas ou contribuições, só poderá ser concedido mediante lei específica, federal, estadual ou municipal, que regule exclusivamente as matérias acima enumeradas ou o correspondente tributo ou contribuição, sem prejuízo do disposto no art. 155, § 2.º, XII, *g*. (Redação dada pela Emenda Constitucional nº 3, de 1993)

[39] Art. 176. A isenção, ainda quando prevista em contrato, é sempre decorrente de lei que especifique as condições e requisitos exigidos para a sua concessão, os tributos a que se aplica e, sendo caso, o prazo de sua duração.

livre ao exercício do poder impositivo estatal. Contudo, a mera autorização para tributar o exercício do poder de polícia ou a utilização, efetiva ou potencial, de serviços públicos específicos e divisíveis, prestados ao contribuinte ou postos a sua disposição[40], bem como a ausência de proibição de instituição de tributo sobre esse fato, não obriga o legislador a exigir taxa sobre esse serviço público. Trata-se de faculdade que pode ser exercida ou não pelo legislador ordinário, expressa na utilização do modal "poderá", que deixa o legislador livre para regular essa hipótese como bem entender, contanto que observe as finalidades essenciais a que a Constituição visa a proteger.

No caso, a Lei isentou os reconhecidamente pobres também de taxa de habilitação do casamento, e nisso não se vê ofensa alguma à Constituição, mas tão somente exercício de liberdade para instituir tributo ou não sobre essa situação. Desta forma, entende-se desprovida de razão a impugnação proposta pela Associação dos Notários e Registradores do Brasil. Resta agora observar como o Supremo Tribunal Federal irá julgar definitivamente a ADI em questão.

3.2.3. A imunidade a serviço de transporte coletivo

A Constituição Federal, em seu artigo 230, § 2º, prevê uma hipótese imunidade subjetiva a taxa. Trata-se da imunidade dos maiores de 65 ao pagamento transporte coletivo urbano, quando este for remunerado por taxa. Este o teor do dispositivo referido:

> Art. 230. A família, a sociedade e o Estado têm o dever de amparar as pessoas idosas, assegurando sua participação na comunidade, defendendo sua dignidade e bem-estar e garantindo-lhes o direito à vida.
>
> § 2º – Aos maiores de sessenta e cinco anos é garantida a gratuidade dos transportes coletivos urbanos.

A finalidade relacionada à imunidade tributária em questão encontra-se expressa no *caput* do artigo 230, que prescreve o dever do Estado de amparar as pessoas idosas, no sentido de assegurar sua participação na comunidade, defender sua dignidade e bem-estar e garantir-lhes o direito à vida. Mais uma vez, portanto, observa-se a utilização da norma imunizante como forma de garantia de direito subjetivo do indivíduo, correspondente ao dever que a Constituição Federal impõe ao Estado com relação aos idosos

Considerações finais

O estudo realizado demonstrou as dificuldades enfrentadas na aplicação de algumas das imunidades tributárias residuais nos casos concretos. As significa-

---

[40] Art. 145. A União, os Estados, o Distrito Federal e os Municípios poderão instituir os seguintes tributos: (...) II – taxas, em razão do exercício do poder de polícia ou pela utilização, efetiva ou potencial, de serviços públicos específicos e divisíveis, prestados ao contribuinte ou postos a sua disposição;

tivas divergências existentes entre as interpretações dadas a essas normas em sede doutrinária e jurisprudencial, e até mesmo entre os órgãos encarregados da guarda da Constituição Federal e da uniformização da jurisprudência nacional, não deixam dúvidas sobre a problemática diante de qual se coloca o operador do direito quando chamado a solver questões relacionadas a esse assunto.

Sobretudo, o dissenso entre os entendimentos adotados pelo Supremo Tribunal Federal e o Superior Tribunal de Justiça a respeito do alcance de determinadas tributárias atenta para a necessidade de que se determinem parâmetros confiáveis à interpretação das imunidades tributárias.

Ao cientista do direito incumbe, então, apontar uma definição confiável dos caracteres e finalidades das imunidades tributárias residuais, atentando não somente para os valores e finalidades definidos pela Constituição Federal de 1988, mas para a forma como foram positivados na Carta Constitucional.

Espera-se, através do trabalho realizado, ter podido colaborar com o aprofundamento do estudo desta matéria, tantas vezes posta de lado pela doutrina jurídica nacional, mas que tão veementemente afeta o cotidiano do contribuinte.

Referências bibliográficas

ÁVILA, Humberto. Imunidades e Isenções. In: *Tributação de Empresas*. Coord. Eurico Marcos Diniz de Santi *et al*. São Paulo: Quartier Latin, 2006.

BALEEIRO, Aliomar. *Direito Tributário Brasileiro*. Rio de Janeiro: Forense, 1977.

BARRETO, Aires Fernandino. *Imunidades Tributárias: Limitações constitucionais ao poder de tributar*. São Paulo: Dialética, 2001.

BOAVENTURA, Bruno José Ricci. As causas jurídicas e o (in) efeito contábil da imunidade do ITBI aos imóveis desapropriados para fins de reforma agrária. In: *Revista Tributária e de Finanças Públicas*. São Paulo, v. 16, n.83, nov./dez. 2008.

BORGES, José Cassiano; REIS, Maria Lúcia Américo dos. Imunidade do ICMS sobre operações interestaduais com energia elétrica. In: *Revista Dialética de Direito Tributário*. São Paulo: Oliveira Rocha, nov. 2004, nº 110.

BORGES, Souto Maior. *Teoria Geral da Isenção Tributária*. São Paulo: Malheiros, 2007.

CARRAZA, Roque Antônio. *Curso de Direito Constitucional Tributário*. São Paulo: Malheiros, 2006.

———. *ICMS*. São Paulo: Malheiros, 2006.

COÊLHO, Sacha Calmon Navarro. *Curso de Direito Tributário Brasileiro*. Rio de Janeiro: Forense, 2006.

———; DERZI, Misabel de Abreu Machado. A imunidade da energia elétrica, dos serviços de telecomunicações e derivados de petróleo, combustíveis e minerais do país na Constituição Federal de 1988. In: *Direito Tributário Interdisciplinar*. Rio de Janeiro: Forense, 1999.

LOPES, Miguel Maria de Serpa. *Curso de Direito Civil*, vol. VI. Rio de Janeiro: Freitas Bastos, 2001.

MACHADO, Hugo de Brito. ICMS: imunidade das operações interestaduais com petróleo, combustíveis dele derivados e energia elétrica. *Repertório IOB de Jurisprudência* – 2ª Quinzena de 1997. nº 2/97- Caderno 1.

MELLO, Celso Antonio Bandeira de. *Elementos de Direito Administrativo*. São Paulo: Revista dos Tribunais, 1991.

NOGUEIRA, Ruy Barbosa. *A imunidade contra impostos na Constituição anterior e sua disciplina mais completa na Constituição de 1988*. São Paulo: Resenha Tributária, 1990.

SILVA, Edgar Neves da. Taxas. In: *Curso de Direito Tributário*. Coord. Ives Gandra da Silva Martins. São Paulo: Saraiva, 2001.

SILVA, José Afonso da. *Curso de Direito Constitucional Positivo*. São Paulo: Malheiros, 2002.

SOUZA, Rubens Gomes de. *Compêndio de legislação tributária*. São Paulo: Resenha tributária, 1975.

ZANELLO, Cristina. Não incidência de ITBI na desapropriação. In: *Jurisprudência Brasileira- Medida Cautelar Inominada.* Curitiba: Juruá, 1992. v. 165.

Jurisprudência Consultada

Energia Elétrica ao ICMS

Recurso Extraordinário nº 198088, STF, Tribunal Pleno, Relator Ministro Ilmar Galvão, julgado em 17/05/2000.

Recurso Extraordinário nº 201703, STF, Primeira Turma, Relator Ministro Moreira Alves, DJ 14/12/2001.

Agravo Regimental no Agravo de Instrumento nº 224951, STF, Segunda Turma, Relator Ministro Nelson Jobim, DJ 02/02/2001.

Agravo de Instrumento Nº 70028317212, Vigésima Segunda Câmara Cível, Tribunal de Justiça do RS, Relatora Rejane Maria Dias de Castro Bins, Julgado em 26/03/2009.

Agravo Regimental no Agravo de Instrumento nº 549.292/PR, STJ, Primeira Turma, Relatora Ministra Denise Arruda, DJ 19/04/2004.

Agravo Regimental no Recurso Especial nº 651.194/PR, STJ, Primeira Turma, Relator Ministro Luiz Fux, DJ 28/03/2005.

Operações de transferência de imóveis desapropriados para fins de reforma agrária

Recurso Extraordinário nº 169628, Supremo Tribunal Federal, Segunda Turma, Relator Ministro Maurício Corrêa, julgado em 28/09/1999.

Recurso Extraordinário nº 168110, STF, Primeira Turma, Relator Ministro Moreira Alves, DJ 19/05/2000.

Agravo Regimental no Recurso Extraordinário nº 218605/MS, STF, Relator(a): Min. Cezar Peluso, Julgamento: 29/01/2008.

Mandado de Segurança nº 3191/DF, STJ, Primeira Seção, Relator Ministro Antônio de Pádua Ribeiro, DJ 10/04/1995.

Mando de Segurança nº 8.312/DF, STJ, Primeira Seção, Relator Ministro Francisco Peçanha Martins, DJ 07/06/2004.

Mandado de Segurança nº 8382/DF, STJ, Primeira Seção, Relator Ministro Paulo Medina, julgado em 23/10/2002, DJ 11/11/2002.

Representação nº 1260, STF, Tribunal Pleno, Relator Ministro. Néri da Silveira, julgado em 13/08/1987, DJ 18/11/1988.

Embargos de Declaração no Mandado de Segurança nº 3.191/DF, STJ, Primeira Seção, Relator Ministro Antônio de Pádua Ribeiro, DJ 16/10/1995.

Mandado de Segurança nº 1522-0-DF, STJ, Primeira Seção, Relator Ministro Hélio Mosimann

Taxas

Mandado de Segurança nº 8115, STF, Tribunal Pleno, Relator Ministro Hahnemann Guimarães, DJ de 20/8/1962.

Agravo de Instrumento nº 26271, STF, Segunda Turma, Relator Ministro Victor Nunes, DJ 24/5/1962.

Recurso Ordinário em Mandado de Segurança nº 10718, STF, Tribunal Pleno, Relator Ministro Gonçalves de Oliveira, DJ 27/3/1963.

— X —

A imunidade das instituições de assistência social
A tributação das entidades de previdência fechada

LUANA BERNARDINO NORONHA

Sumário: Introdução; 1. Análise do dispositivo constitucional (art. 150, VI, *c*, e § 4º CF); 1.1. Ausência de finalidade lucrativa; 1.2. O significado da expressão "requisitos da lei"; 1.3. Patrimônio, renda ou serviços relacionados com as finalidades essenciais; 1.3.1 Atividades atípicas; 1.3.2 A imunidade e os impostos indiretos; 2. A imunidade das instituições de previdência privada fechada; 2.1 O critério da gratuidade; 2.2. O critério da generalidade; 2.3. A imunidade das instituições de previdência privada fechada; Conclusão; Bibliografia

Introdução

Esse estudo tem por objetivo investigar a imunidade das instituições de assistência social, com ênfase na questão das entidades de previdência privada fechada. A partir disso, em um primeiro momento, a pesquisa analisa o art. 150, VI, *c*, e § 4º, da CF/88, pois o enunciado normativo é, ao mesmo tempo, o ponto de partida e o limite da interpretação.

Da leitura do enunciado normativo mencionado, é possível perceber que, para a imunidade aos impostos, exige-se a ausência de finalidade lucrativa das entidades assistenciais, bem como devem ser atendidos os requisitos fixados em lei. Além disso, a imunidade compreende somente o patrimônio, a renda e os serviços relacionados com as finalidades essenciais das entidades. Todos esses requisitos serão investigados a fim de esclarecer o seu conteúdo.

O alcance ou não da imunidade de impostos às instituições de previdência privada fechada depende de saber se elas podem ser consideradas instituições de assistência social sem fins lucrativos, portanto, em um segundo momento, a pesquisa analisa quais são, tradicionalmente, os elementos caracterizadores destas entidades. Então, investiga se em outros casos o Supremo Tribunal Federal exigia a gratuidade e a generalidade. Finalmente, o estudo aborda criticamente os dois casos que fixaram o posicionamento do Supremo Tribunal Federal sobre a tributação das instituições de previdência privada fechada.

1. Análise do dispositivo constitucional (art. 150, VI, *c*, e § 4° da CF/88)

O primeiro passo para o estudo da imunidade aos impostos das instituições de educação e de assistência social deverá ser, sem dúvida, a análise do art. 150, VI, *c,* e § 4°, da CF/88. Isso porque o enunciado normativo é, ao mesmo tempo, o ponto de partida e o limite da interpretação. É ponto de partida, pois qualquer norma jurídica deverá ser construída a partir de um ou vários dispositivos jurídicos; é limite na medida em que, na construção da norma, o intérprete não poderá desprezar o significado literal mínimo, que advém da linguagem ordinária ou técnica, das palavras mencionadas no(s) dispositivo(s) jurídico(s).

Além disso, ao se falar em interpretação de enunciados constitucionais, é preciso levar em conta que "a previsão dos conceitos constitucionais pode ser feita de modo direto, nos casos em que a CF/88 já enuncia expressamente as propriedades conotadas pelos conceitos que utiliza. E pode ser feita de maneira indireta, nas situações em que o poder constituinte, ao escolher expressões cujas propriedades já eram conotadas em conceitos elaborados pelo legislador infraconstitucional à época da promulgação da CF/88, opta por incorporá-los ao ordenamento constitucional. Em qualquer das hipóteses, a Constituição fixa balizas que não podem ser ultrapassadas pelo legislador ordinário sob a sua vigência".[1]

Pois bem, conforme estabelece a Constituição brasileira:

> Art. 150. Sem prejuízo de outras garantias asseguradas ao contribuinte, é vedado à União, aos Estados, ao Distrito Federal e aos Municípios: ... VI – instituir *impostos* sobre: ... c) *patrimônio, renda* ou *serviços* dos partidos políticos, inclusive suas fundações, das entidades sindicais dos trabalhadores, das *instituições de* educação e de *assistência social, sem fins lucrativos*, atendidos os *requisitos da lei;*
>
> § 4º – As vedações expressas no inciso VI, alíneas (b) e (c), compreendem somente o patrimônio, a renda e os serviços, relacionados com as *finalidades essenciais* das entidades nelas mencionadas. (grifou-se)

A partir da leitura dos enunciados normativos acima mencionados, percebe-se o seguinte: (i) exige-se a ausência de finalidade lucrativa; (ii) devem ser atendidos os requisitos fixados em lei; (iii) a imunidade compreende somente o patrimônio, a renda e os serviços relacionados com as finalidades essenciais. Os itens "i", "ii" e "iii" serão objeto de análise nos tópicos seguintes, porque a sua interpretação tem gerado grandes controvérsias tanto na doutrina quanto na jurisprudência.

1.1. Ausência de finalidade lucrativa

O pressuposto constitucional da ausência de finalidade lucrativa não deve ser confundido com uma proibição de obtenção de lucro por parte das entidades

---

[1] ÁVILA, Humberto. Direito tributário em questão. *Revista da FESDT*, Porto Alegre: Fundação Escola Superior de Direito Tributário-FESDT, v. 1, 2008, p. 93.

de assistência social. Chega-se a esta conclusão por meio da distinção entre meio (caminho, recurso empregado para alcançar um objetivo) e finalidade (fim a que algo se destina, objetivo, alvo).

Ora, a finalidade da entidade é a assistência social. Todavia, o caminho para alcançar esta finalidade pode incluir o auferimento de lucro, que, posteriormente, será revertido para o atendimento do objetivo, ou seja, assistência social. Vale destacar a lição de Humberto Ávila:

> As entidades de educação e entidade social devem ser *movidas* para a prestação de serviços de educação e assistência social, o que não significa que só devam prestar serviços de educação e assistência social. O dever de ter a educação e assistência como fim a que se destinam as entidades não equivale, de modo algum, ao dever de só prestar serviços de educação e assistência social. Entendimento contrário implicaria confundir meio com fim. E o que a Constituição exige é, apenas, que os fatos e situações imunes estejam "relacionadas com as finalidades essenciais das entidades". Algo bem diverso do que excluir da tributação os fatos e as situações que "constituam atividades de educação e assistência social". Do contrário, o meio seria confundido com o fim. O que a constituição exige é apenas que as atividades, objeto da imunidade, sejam "relacionadas com as finalidades essenciais das entidades".[2]

Obter lucro, portanto, não é vedado pelo texto constitucional, inclusive, o auferimento de lucro pode ser um *meio* para melhor alcançar a realização da *finalidade* social. Regina Helena Costa, no mesmo sentido, afirma que "não é a ausência de lucro que caracteriza uma entidade sem fins lucrativos, porquanto o lucro é relevante e mesmo necessário para que a mesma possa continuar desenvolvendo as suas atividades. O que está vedado é a utilização da entidade como instrumento de auferimento de lucro por seus dirigentes, já que esse intento é buscado por outro tipo de entidade – qual seja, a empresa".[3]

O Supremo Tribunal Federal já consolidou o entendimento sobre a possibilidade da obtenção de lucro. A título de exemplo, pode-se citar o RE 116.118, cuja ementa é a seguinte:

> ISS – SESC – Cinema. Imunidade Tributária. Sendo o SESC instituição de educação e assistência social, que atende aos requisitos do art. 14 do Código Tributário Nacional – o que não se pôs em dúvida nos autos – goza da imunidade tributária prevista no art. 19, III, c, da EC n.º 1/69, mesmo na operação de serviços de diversão pública (cinema) mediante cobrança de ingressos aos comerciários (seus filiados) e ao público em geral.[4]

No voto do Min. Sydney Sanches, consta, expressamente, o posicionamento adotado: "a instituição de assistência social não está proibida de obter lucros ou rendimentos que podem ser e são, normalmente, indispensáveis à realização dos seus fins. O que elas não podem é distribuir os lucros. Impõe-se-lhes o dever de aplicar os rendimentos 'na manutenção de seus objetivos institucionais'".[5]

---

[2] ÁVILA, Humberto. *Sistema Constitucional Tributário*. 3ª ed. São Paulo: Saraiva, 2008, p. 235.
[3] COSTA, Regina Helena. *Imunidades Tributárias*. 2ª ed. São Paulo: Malheiros, 2006, p. 180.
[4] RE nº 116.188/SP, STF, 1ª T, Rel. Min. Octavio Gallotti, DJ 16.03.90, p. 1869.
[5] O Min. Sydney Sanches reproduziu o memorial do advogado Cláudio Lancombe, adotando o referido posicionamento.

A inexistência de proibição de lucro abre a possibilidade para as entidades desenvolverem atividades atípicas, ou seja, atividades outras que não àquelas de assistência social. A existência de limites para o desenvolvimento das atividades atípicas será tratada no tópico relativo às finalidades essenciais das entidades de assistência social. Agora, no entanto, é importante abordar o significado da expressão "requisitos da lei" contida na alínea c do inc. VI do art. 150 da CF/88.

1.2. O significado da expressão "requisitos da lei"

A alínea c do inc. VI do art. 150 da CF condiciona a fruição da imunidade das instituições de assistência social ao atendimento dos "requisitos da lei". A partir dessa circunstância, doutrina e jurisprudência têm debatido se a expressão "requisitos da lei" refere-se à lei ordinária ou lei complementar.

O cerne dessa dúvida reside em dois pontos. De um lado, o dispositivo jurídico não mencionou expressamente "lei complementar" e há quem defenda que sempre que a Constituição não faça menção expressa à lei complementar ela está se referindo à lei ordinária. Esta posição é abalizada pelo Min. Sepúlveda Pertence que assim se manifestou: "concedo que a regra da imunidade discutida efetivamente se refira à lei ordinária, como é de entender, na linguagem da Constituição, sempre que não haja menção explícita à lei complementar".[6] De outro lado, o art. 146, II, da CF/88 reserva à lei complementar a regulamentação das limitações ao poder de tributar, e as imunidades tributárias são limitações constitucionais ao poder de tributar.

Atualmente, portanto, destacam-se duas correntes. A primeira, também chamada de eclética, tenta conciliar os dois preceitos constitucionais por meio de uma interpretação que delimita os âmbitos de atuação da lei complementar e da lei ordinária. Dessa maneira, "a lei complementar seria exigida para dispor sobre a própria imunidade – aspecto material (art. 146, II, da CF), sem embargo de se atribuir à lei ordinária a fixação de normas sobre a constituição e o funcionamento da entidade imune – aspecto formal".[7] Ao que tudo indica, o Supremo Tribunal Federal tem preferência por essa solução intermediária, a exemplo do disposto no julgamento da medida cautelar na AD 1802 MC/DF, Rel. Min. Sepúlveda Pertence (DJ de 13/02/04), cuja ementa é a seguinte:

> I. Ação direta de inconstitucionalidade: Confederação Nacional de Saúde: qualificação reconhecida, uma vez adaptados os seus estatutos ao molde legal das confederações sindicais; pertinência temática concorrente no caso, uma vez que a categoria econômica representada pela autora abrange entidades de fins não lucrativos, pois sua característica não é a ausência de atividade econômica, mas o fato de não destinarem os seus resultados positivos à distribuição de lucros. II. Imunidade tributária (CF, art. 150, VI, c, e 146, II): "instituições de educação e de assistência social, sem fins lucrativos, atendidos os requisitos da lei": *delimitação dos âmbitos da matéria reservada, no ponto, à intermediação da lei complementar e da lei ordinária:* análise, a partir daí, dos preceitos impugnados (L. 9.532/97, arts. 12 a 14): cautelar parcialmente deferida. 1. *Conforme precedente no STF (RE*

---

[6] ADI 1802 MC/DF, Tribunal Pleno, Rel. Min. Sepúlveda Pertence, v.u, DJ 13.02.2004.
[7] AC 2008.70.00.000581-3, TRF4, 2ª T, Rel. Juíza Federal Vânia Hack de Almeida, v.u, D.E 21.01.09.

93.770, Muñoz, RTJ 102/304) e na linha da melhor doutrina, o que a Constituição remete à lei ordinária, no tocante à imunidade tributária considerada, é a fixação de normas sobre a constituição e o funcionamento da entidade educacional ou assistencial imune; não, o que diga respeito aos lindes da imunidade, que, quando susceptíveis de disciplina infraconstitucional, ficou reservado à lei complementar. 2. À luz desse critério distintivo, parece ficarem incólumes à eiva da inconstitucionalidade formal argüida os arts. 12 e §§ 2º (salvo a alínea f) e 3º, assim como o parág. único do art. 13; ao contrário, é densa a plausibilidade da alegação de invalidez dos arts. 12, § 2º, f; 13, *caput*, e 14 e, finalmente, se afigura chapada a inconstitucionalidade não só formal, mas também material do § 1º do art. 12, da lei questionada. 3. Reserva à decisão definitiva de controvérsias acerca do conceito da entidade de assistência social, para o fim da declaração da imunidade discutida – como as relativas à exigência ou não da gratuidade dos serviços prestados ou à compreensão ou não das instituições beneficentes de clientelas restritas e das organizações de previdência privada: matérias que, embora não suscitadas pela requerente, dizem com a validade do art. 12, *caput*, da L. 9.532/97 e, por isso, devem ser consideradas na decisão definitiva, mas cuja delibação não é necessária à decisão cautelar da ação direta.[8] (grifou-se)

No voto do Min.-Relator a preferência pela solução intermediária foi assim fundamentada:

Estou, a um primeiro exame, em que a conciliação entre os dois preceitos constitucionais –, aparentemente antinômicos, já fora estabelecida na jurisprudência do Tribunal, e prestigiada na melhor doutrina.

Está no RE 93770, de 17.3.81, da lavra do notável e saudoso Ministro Soares Muñoz – RTJ 102/304, 307:

Nenhuma dúvida foi suscitada quanto a ser o recorrente instituição de assistência social e fazer jus, nessa qualidade e em princípio, à imunidade prevista no art. 19, III, *c*, da Constituição Federal. O mandado de segurança foi indeferido pelo acórdão recorrido em razão de o art. 17 do Decreto-Lei nº 37/66 só autorizar a isenção do imposto de importação se a mercadoria tiver sido considerada, pelo Conselho de Política Aduaneira, sem similar nacional, prova que o impetrante não produziu.

Esse Decreto-Lei, anterior à Constituição Federal em vigor, não pode, no particular, ser aplicado, porque ele impõe à imunidade, a qual não se confunde com isenção, uma restrição que não está no texto constitucional. Os requisitos da lei que o art. 19, III, c, da Constituição manda observar não dizem respeito à configuração da imunidade, mas àquelas normas reguladoras da constituição e funcionamento da entidade imune, tal como salientou a sentença de primeiro grau.

Cumpre evitar-se que falsas instituições de assistência e de educação sejam favorecidas pela imunidade. É para evitar fraude que a Constituição determina sejam observados os requisitos da lei.

Condiz com esse entendimento a interpretação dada por Manuel Gonçalves Ferreira Filho ao preceito constitucional. Escreve ele: "As instituições educativas e assistenciais são meras pessoas de direito privado, criadas pela iniciativa particular e ao sabor desta. Seria plausível, por isso, que servissem de capa, cobrindo interesses egoísticos que, assim, se beneficiariam da imunidade no tocante a impostos" (in Comentários à Constituição Brasileira, vol. 1º, p. 150)

(...)

Em síntese, o precedente reduz a reserva de lei complementar da regra constitucional ao que diga respeito "aos lindes da imunidade", à demarcação do objeto material da vedação constitucional de tributar – o patrimônio, a renda e os serviços das instituições por ela beneficiados, o que inclui, por força do §3º, do mesmo art. 150, CF, a sua relação "com as finalidades essenciais das entidades nele mencionadas"; mas remete à lei ordinária "as normas reguladoras da constituição e funcionamento

---

[8] ADI 1802 MC/DF, Tribunal Pleno, Rel. Min. Sepúlveda Pertence, v.u, DJ 13.02.2004.

da entidade imune", votadas a obviar que "falsas instituições de assistência e de educação sejam favorecidas pela imunidade, em fraude à Constituição".

A corrente eclética entende possível que lei ordinária estabeleça obrigações formais para que as instituições de assistência social possam gozar da imunidade. Portanto, as normas constantes no § 2º do art. 12 da Lei 9.532/97,[9] que estipulam requisitos formais, seriam constitucionais.

Em contrapartida, a segunda corrente entende que, em face do disposto no art. 146, II, da CF/88, a única interpretação possível é no sentido de que caberia à lei complementar regular esta limitação constitucional. Desse modo, quaisquer obrigações, objetivas ou subjetivas, formais ou materiais, só poderiam ser instituídas por lei complementar. Esta interpretação é a mais correta do ponto de vista constitucional, em virtude da reserva de lei complementar decorrer de disposição constitucional expressa. Nesse sentido já se manifestou o Prof. Andrei Pitten Velloso:

> Em razão de as imunidades serem relevantes limitações constitucionais ao poder de tributar, sua regulamentação está sujeita à reserva de lei complementar, nos termos do art. 146, II, da CF (que dispõe caber a tal instrumento legislativo "regular as limitações constitucionais ao poder de tributar"). Conscientes da firme jurisprudência do STF no sentido de somente haver tal reserva quando a Constituição expressamente qualifica a lei regulamentadora a ser editada como complementar, reputamos que a reserva se estende até mesmo aos preceitos imunizantes em que essa qualificação inexiste, como ocorre nos arts. 150, VI, *c* ("atendidos os requisitos da lei") e 195, § 7º ("entidades [...] que atendam às exigências estabelecidas em lei"). Isso porque a reserva já decorre da disposição expressa do art. 146, II, e não se poderia exigir que a Constituição incidisse em tautologia, repetindo-se desnecessariamente, como se pressupusesse intérpretes que fossem descurar do claro sentido das palavras e das normas basilares do sistema.[10]

Vale ressaltar que lei complementar não poderá criar requisitos que cabem por restringir o alcance da imunidade constitucional. Em outras palavras:

---

[9] Art. 12. Para efeito do disposto no art. 150, inciso VI, alínea "c", da Constituição, considera-se imune a instituição de educação ou de assistência social que preste os serviços para os quais houver sido instituída e os coloque à disposição da população em geral, em caráter complementar às atividades do Estado, sem fins lucrativos. (Vide artigos 1º e 2º da Mpv 2.189-49, de 2001)   (Vide Medida Provisória nº 2158-35, de 2001) § 2º Para o gozo da imunidade, as instituições a que se refere este artigo, estão obrigadas a atender aos seguintes requisitos: a) não remunerar, por qualquer forma, seus dirigentes pelos serviços prestados; (Vide Lei nº 10.637, de 2002) b) aplicar integralmente seus recursos na manutenção e desenvolvimento dos seus objetivos sociais; c) manter escrituração completa de suas receitas e despesas em livros revestidos das formalidades que assegurem a respectiva exatidão; d) conservar em boa ordem, pelo prazo de cinco anos, contado da data da emissão, os documentos que comprovem a origem de suas receitas e a efetivação de suas despesas, bem assim a realização de quaisquer outros atos ou operações que venham a modificar sua situação patrimonial; e) apresentar, anualmente, Declaração de Rendimentos, em conformidade com o disposto em ato da Secretaria da Receita Federal;f) recolher os tributos retidos sobre os rendimentos por elas pagos ou creditados e a contribuição para a seguridade social relativa aos empregados, bem assim cumprir as obrigações acessórias daí decorrentes (*suspenso pela decisão na ADI 1802 MC/DF, Tribunal Pleno, Rel. Min. Sepúlveda Pertence, v.u, DJ 13.02.2004, em virtude se tratar dos lindes da imunidade e não de obrigação formal*); g) assegurar a destinação de seu patrimônio a outra instituição que atenda às condições para gozo da imunidade, no caso de incorporação, fusão, cisão ou de encerramento de suas atividades, ou a órgão público; h) outros requisitos, estabelecidos em lei específica, relacionados com o funcionamento das entidades a que se refere este artigo.

[10] VELLOSO, Andrei Pitten. *Imunidades Tributárias*. Carta Forense, jan. de 2009. Disponível no site www.cartaforense.com.br. Acesso em 10.07.2009.

A Constituição da República não pôs requisitos outros além de se tratar de instituição que cuide de educação e de assistência social e que não tenha fins lucrativos; só pode a lei complementar versar sobre algumas outras características essenciais que decorram de outros princípios constitucionais, ou desse mesmo preceito deduzir explicitamente desdobramentos ou implicações que nele já contenham.[11]

Os requisitos legais para o exercício da imunidade são aqueles especificados no art. 14 do CTN, que prescreve:

> O disposto na alínea c do inciso IV do artigo 9º é subordinado à observância dos seguintes requisitos pelas entidades nele referidas:
>
> I – não distribuírem qualquer parcela de seu patrimônio ou de suas rendas, a qualquer título; (Redação dada pela Lcp nº 104, de 10.1.2001)
>
> II – aplicarem integralmente, no País, os seus recursos na manutenção dos seus objetivos institucionais;
>
> III – manterem escrituração de suas receitas e despesas em livros revestidos de formalidades capazes de assegurar sua exatidão.
>
> § 1º Na falta de cumprimento do disposto neste artigo, ou no § 1º do artigo 9º, a autoridade competente pode suspender a aplicação do benefício.
>
> § 2º Os serviços a que se refere à alínea c do inciso IV do artigo 9º são exclusivamente, os diretamente relacionados com os objetivos institucionais das entidades de que trata este artigo, previstos nos respectivos estatutos ou atos constitutivos.

Como se pode observar, os requisitos acima "referem-se, ou a obrigações acessórias (dever de escrituração regular), ou a requisitos formais ligados ao destino do lucro (dever de não os distribuir nem os remeter para o exterior). Não há, nem poderia haver, novos requisitos não previstos em nível constitucional".[12]

Em suma, para fruírem da imunidade em tela, as instituições de assistência social devem cumprir os requisitos constitucionais, bem como os previstos pelo art. 14 do CTN, que tem força de lei complementar. Esclarecida a questão da exigência de lei complementar, cumpre agora examinar se há um limite para o exercício das atividades atípicas exercidas pelas entidades de assistência social, bem como investigar se a imunidade alcança os impostos indiretos.

1.3. Patrimônio, renda ou serviços relacionados com as finalidades essenciais

1.3.1. Atividades atípicas

Conforme observado em tópico anterior, a inexistência de proibição de lucro abre a possibilidade para as entidades desenvolverem atividades atípicas, ou seja, atividades outras que não aquelas de assistência social. A imunidade das entidades de assistência social diz respeito somente ao patrimônio, à renda e aos serviços relacionados com as suas finalidades essenciais. A partir dessa circunstância, surge dúvida acerca da possibilidade de essas instituições serem imunes

---

[11] COSTA, Regina Helena. *Op. cit.*, p. 179.

[12] ÁVILA, Humberto. *Op. cit.*, p. 233.

também quando exercem as chamadas atividades atípicas. O cerne da questão é entender o que significa dizer que o patrimônio, a renda e os serviços devem estar *relacionados* com as finalidades essenciais.

Inicialmente, o Supremo Tribunal Federal entendia que somente os serviços das finalidades essenciais seriam imunes. A título de exemplo, o julgamento do RE 71.427/DF, STF, Tribunal Pleno, Rel. Min. Amaral dos Santos, DJ 29.06.72:

> Se a venda de imóveis residenciais não constitui finalidade essencial da autarquia, devido é o imposto predial e territorial urbano pelos promitentes compradores desses imóveis.

Como base no decidido acima, não estariam imunes rendimentos oriundos de aluguéis, comercialização de produtos, aplicações financeiras, etc. No entanto, o Supremo Tribunal Federal formou consenso no sentido de que se os recursos que forem obtidos com o exercício de atividades atípicas forem revertidos para a consecução das finalidades essenciais há a relação exigida entre os rendimentos e as finalidades essenciais. Nesse sentido, o julgamento do RE 237718/SP, STF, Tribunal Pleno, Rel. Min. Sepúlveda Pertence, v.u, DJ 06.09.2001, cuja ementa é a seguinte:

> Imunidade tributária do patrimônio das instituições de assistência social (CF, art. 150, VI, c): sua aplicabilidade de modo à preexcluir a incidência do IPTU sobre imóvel de propriedade da entidade imune, ainda quando alugado a terceiro, sempre que a renda dos aluguéis seja aplicada em suas finalidades institucionais.

Em 2003, foi aprovada a Súmula 724 do Supremo Tribunal Federal:

> Ainda quando alugado a terceiros, permanece imune ao IPTU o imóvel pertencente a qualquer das entidades referidas pelo art. 150, VI, *c*, da Constituição, desde que o valor dos aluguéis seja aplicado nas atividades essenciais de tais entidades.

Em resumo, "a norma constitucional atém-se à destinação das rendas da entidade e não a natureza destas (...) independente da natureza da renda, sendo esta destinada ao atendimento da finalidade essencial da entidade, a imunidade deve ser reconhecida".[13] No entanto, "isso não significa dizer que as instituições de assistência social possam habitualmente e ilimitadamente exercer atividades lucrativas".[14]

A questão principal, portanto, reside em saber até que ponto as entidades de assistência social podem desenvolver atividades atípicas e lucrativas sem que haja violação à livre concorrência. É que a tributação deve buscar a neutralidade no que diz respeito às condições de concorrência. A neutralidade é um aspecto da igualdade, "ela funciona como um limite para a atuação ou abstenção estatal referente ao tratamento de dois ou mais contribuintes em relação de concorrência".[15]

O Min. Nelson Jobim, entretanto, já se manifestou no seguinte sentido:

---

[13] AMARO, Luciano. In *Imunidades Tributárias*, CEU/RT, 1998, p. 143-151.
[14] ÁVILA, Humberto. *Op. cit.*, p. 248.
[15] ÁVILA, Humberto. *Teoria da Igualdade Tributária*. São Paulo: Malheiros, 2008, p. 100.

Quando se diz que essa entidade vai entrar no mercado com uma vantagem comparativa diversa, é essa a intenção do contribuinte, porque essa vantagem comparativa diversa não é problema da concorrência, porque essas entidades são marginais do processo de mercado. Elas não estão no mercado para auferir na concorrência, mas para obter rendas que viabilizem as suas atividades, pois se uma entidade se estabelece pela assistência.[16]

Segundo o posicionamento acima, as entidades de assistência social não afetariam a livre concorrência, mesmo ao exercer atividades atípicas, com imunidade, porque elas seriam marginais no processo de mercado. Nessa perspectiva, não haveria necessidade de limitar o exercício dessas atividades. A Min. Ellen Gracie, contudo, entende que, caso agraciada com a imunidade, a instituição de assistência social poderá "vender o bem a um preço inferior ao praticado no mercado. Colocar-se-á, por certo, em posição privilegiada em relação aos seus concorrentes".[17]

Na verdade, em regra, as entidades imunes não abaixam o preço do bem ou serviço, mas apenas aumentam sua margem de lucro que, depois, é alocada nas finalidades essenciais. De qualquer sorte, seria interessante criar um mecanismo que impedisse a fixação do preço das mercadorias ou serviços abaixo do preço de mercado, de modo a compatibilizar a imunidade com a livre concorrência.

Além disso, o exercício das atividades atípicas deve ser limitado a partir do momento em que "o conjunto de atividades atípicas é tão importante que a finalidade da instituição termina sendo alterada. A atividade atípica deve consistir apenas num meio para a promoção das finalidades de assistência social".[18]

Quando as atividades atípicas deixarem de ser apenas um meio para a melhor consecução da finalidade social, haverá um desvio de finalidade e violação excessiva à concorrência. Em outras palavras: o limite é o desvirtuamento das finalidades institucionais. Quando houver desvirtuamento das finalidades institucionais, a entidade perderá o seu caráter social e deverá ser tributada como empresa.

1.3.2. A imunidade e os impostos indiretos

Além da questão da limitação das atividades atípicas, é preciso analisar se a imunidade aos impostos das entidades de assistência social alcança, além dos tributos que incidem diretamente sobre o patrimônio, a renda e os serviços, também os impostos indiretos, a exemplo do ICMS.

É que, como se sabe, o Código Tributário Nacional dividiu os impostos em três tipos: impostos sobre o comércio exterior, sobre o patrimônio e a renda e sobre a produção e a circulação. De acordo com a classificação do Código

---

[16] Voto do Min. Nelson Jobim no RE 210.251 EDv, STF, Tribunal Pleno, Rel. p/ acórdão Min. Gilmar Mendes, v.m, DJ 26.02.2003.
[17] Voto da Min. Ellen Gracie no RE 210.251 EDv, STF, Tribunal Pleno, Rel. p/ acórdão Min. Gilmar Mendes, v.m, DJ 26.02.2003.
[18] ÁVILA, Humberto. *Sistema Constitucional Tributário*. 3ª ed. São Paulo: Saraiva, 2008, p. 248.

Tributário Nacional, pois, a imunidade não se entenderia aos impostos indiretos. O Supremo Tribunal Federal, todavia, decidiu que:

> Não há invocar, para o fim de ser restringida a aplicação da imunidade, critérios de classificação dos impostos adotados por normas infraconstitucionais, mesmo porque não é adequado distinguir entre bens e patrimônio, dado que este se constitui do conjunto daqueles. O que cumpre perquirir, portanto, é se o bem adquirido, no mercado interno ou externo, integra o patrimônio da entidade abrangida pela imunidade.[19]

No caso de bem adquirido no mercado interno existem duas hipóteses: (i) a entidade de assistência social produz e vende a mercadoria sobre a qual incide o ICMS; (ii) a entidade de assistência social adquire bens na condição de consumidora final. Na primeira hipótese, a entidade é contribuinte de direito, porque, em virtude da repercussão econômica dos tributos indiretos, o ônus financeiro recai sobre o consumidor, e não sobre ela. Na segunda hipótese, o ônus financeiro é suportado pela entidade, consumidora final e contribuinte de fato.

A partir dessa circunstância, a doutrina tem explicado as duas possibilidades interpretativas que surgem nessa situação. De um lado, é possível uma interpretação substancial onde o que importa é se há ou não ofensa ao patrimônio. Tradicionalmente, quem defende esta interpretação entende que a imunidade alcança as entidades de assistência social apenas quando elas são contribuinte de fato.

De outro lado, existe a possibilidade de uma interpretação formal, que parte da relação jurídica. Nessa perspectiva, as entidades de assistência social só estariam imunes aos impostos indiretos quando elas forem contribuinte de direito.

Inicialmente, o Supremo Tribunal Federal adotava o seguinte posicionamento:

> Tributário. Entidades de Assistência Social. Imunidade Tributária. ICMS. Comercialização do Produto de sua Atividade Agro-industrial. Exigência fiscal que, incidindo sobre bens produzidos e fabricados pela entidade assistencial, não ofende a imunidade tributária que lhe é assegurada na Constituição, visto repercutir o referido ônus, economicamente, no consumidor, vale dizer, no consumidor, vale dizer, no contribuinte de fato do tributo que se acha embutido no preço do bem adquirido.[20]

Nesse momento, portanto, o Supremo Tribunal Federal adotava uma interpretação substancial e, ao mesmo tempo, entendia que negar a imunidade ao contribuinte de direito não frustrava a finalidade da norma constitucional, pois, em virtude da repercussão econômica dos tributos indiretos, o ICMS nesse caso não atingia a entidade assistencial.

Posteriormente, no entanto, o Supremo Tribunal Federal, no julgamento dos Embargos de Divergência no RE 210.251, considerou que a finalidade da norma de imunidade em tela é, justamente, fazer com que não haja repercussão econômica onerando o contribuinte de fato, mesmo que este seja o particular, porque, assim, está se estimulando o desenvolvimento das pessoas imunes. Vale destacar trechos do voto do Min. Gilmar Mendes:

---

[19] RE 203.755/ES, STF, 2ª T, Rel. Min. Carlos Velloso, v.u, DJ 08.11.96.
[20] RE 164.162/SP, STF, 1ª T, Rel. Min. Ilmar Galvão, v.u, DJ 13.09.96.

> (...) É claro que não se pode ignorar que se cuida de imposto que, pela repercussão econômica e eventual, poderia não onerar o contribuinte de direito, mas, sim, o contribuinte de fato.
> A despeito de se transferir ao comprador o pagamento efetivo do imposto, o reconhecimento da imunidade tem relevância jurídico-econômica para o vendedor, quanto mais não seja, como reconheceu o Min. Sepúlveda Pertence, para fins de concorrência, e por conseguinte, para ampliar a eficiência dos serviços prestados pela entidade beneficente.[21]

Em suma, o Supremo Tribunal Federal, embora reconhecendo que o ICMS, em virtude da repercussão econômica, poderia não onerar o contribuinte de direito, entendeu que o não reconhecimento da imunidade geraria uma interpretação que não realizaria idealmente a finalidade da regra constitucional. Rafael Nichele alerta que esse novo posicionamento abandona a linguagem consagrada na regra constitucional para ampliar a sua abrangência para hipótese em que não há afetação patrimonial, criando insegurança jurídica.

No entanto, como constatou Humberto Ávila:

> A jurisprudência do Supremo Tribunal Federal tem normalmente aplicado as normas relativas à imunidade, de modo teleológico, no sentido de examinar os fins subjacentes às normas constitucionais, de sorte a abranger na imunidade os fatos necessários à garantia dos fins públicos referentes às imunidades.[22]

Apesar disso, recentemente o Supremo decidiu:

> A jurisprudência do Supremo firmou-se no sentido de que a imunidade de que trata o artigo 150, VI, a, da CB/88, somente se aplica a imposto incidente sobre serviço, patrimônio ou renda do próprio Município. 3. Esta Corte firmou entendimento no sentido de que o município não é contribuinte de direito do ICMS, descabendo confundi-lo com a figura do contribuinte de fato e a imunidade recíproca não beneficia o contribuinte de fato.[23]

Embora o caso acima tenha girando em torno da imunidade recíproca, ele demonstra a tendência do Supremo Tribunal Federal em adotar uma interpretação formal, que parte da relação jurídica. Nessa perspectiva, as entidades de assistência social só estariam imunes aos impostos indiretos quando elas forem contribuinte de direito. Posição essa que vai de encontro à tendência de interpretação teleológica das imunidades, já que quando a entidade assistencial é contribuinte de fato o seu patrimônio é, indubitavelmente, afetado e, como se sabe, a finalidade da imunidade é preservar o patrimônio dessas entidades.

No caso do bem adquirido no mercado externo, a entidade assistencial será, em regra, tanto contribuinte de direito quanto contribuinte de fato. Nessa hipótese, não há maiores complicações, pois "a jurisprudência da Corte é no sentido de que a imunidade prevista no art. 150, VI, c, da Constituição Federal abrange o ICMS incidente sobre a importação de mercadorias utilizadas na prestação de seus serviços específicos".[24]

---

[21] RE 210.251 EDv, STF, Tribunal Pleno, Rel. p/ acórdão Min. Gilmar Mendes, v.m, DJ 26.02.2003.
[22] ÁVILA, Humberto. Op. cit., p. 219.
[23] AI 671412 AgR/SP, STF, 2ª T, Rel. Min. Eros Grau, v.u, DJ 24.04.2008.
[24] AI 669257 AgR/RS, STF, 1ª T, Rel. Min. Ricardo Lewandowski, v.u, DJ 16.04.2009.

Após analisar detalhadamente as controvérsias levantadas pelo dispositivo constitucional que prescreve a imunidade das entidades de assistência social, já é possível investigar se esta imunidade alcança as instituições de previdência privada fechada.

2. A imunidade das instituições de previdência privada fechada

O alcance ou não da imunidade de impostos às instituições de previdência privada fechada depende de saber se elas podem ser consideradas instituições de assistência social sem fins lucrativos. Antes da Constituição de 1988, sob a influência dos estudos de Leopoldo Braga, parte dos julgados do Supremo Tribunal Federal adotou os seguintes critérios para verificar se uma entidade poderia se qualificar como instituição de assistência social: (i) fim público institucional exclusivo ou primordial; (ii) gratuidade e ausência de intuito lucrativo; (iii) generalidade na prestação dos serviços ou na distribuição de utilidade e benefícios.[25]

Quanto ao primeiro requisito, o Supremo Tribunal Federal esclareceu que o elemento caracterizador da entidade assistencial é a finalidade social. Isso ainda em 1986, quando o Min. Carlos Madeira afirmou que a natureza pública da instituição provém dos fins sociais a que ela atende.[26] Esta questão, atualmente, não suscita controvérsias. Os outros dois requisitos, no entanto, merecem maior aprofundamento a fim de ser constatado se eles são, de fato, elementos caracterizadores das entidades assistenciais. Depois disso, será analisado, especificamente, o caso das entidades de previdência privada fechada e, finalmente, se elas se encaixam no conceito de entidade assistencial.

2.1. O critério da gratuidade

Fundamental para a qualificação das instituições de previdência privada fechada como imunes aos impostos é investigar se a gratuidade é condição para a caracterização de entidade assistencial. Como já dito, Leopoldo Braga, em estudo de 1960, colocou a gratuidade como característica essencial para a definição de uma instituição assistencial. Desde esta época, muitos julgados do Supremo Tribunal Federal seguiram a tese da gratuidade. Em contrapartida, julgados relativos às *instituições de educação* decidiam pela desnecessidade da gratuidade como elemento caracterizador, a exemplo do RE 93463/RJ, STF, 2ª T, Min. Rel. Cordeiro Guerra, v.u, DJ 14.05.82, cuja ementa é a seguinte:

---

[25] Cf. FERREIRA, Odim Brandão. *A imunidade tributária das entidades de previdência fechada*. Porto Alegre: Sergio Antonio Fabris, 2001, p. 16-17; XAVIER, Alberto. As entidades fechadas de previdência privada como instituições de assistência social. *Revista Dialética de Direito Tributário*, n.º 52, p. 19-45. São Paulo, 2000, p. 21-22.

[26] RE 108.796, STF, 2ª T, Rel. Min. Carlos Maderia, DJ 12.09.1986.

> Imunidade tributária dos estabelecimentos de educação. Não a perdem as instituições de ensino pela remuneração de seus serviços, desde que observem os pressupostos dos incisos I, II e II, do art. 14 do CTN. Na expressão "instituições de educação" se incluem os estabelecimentos de ensino, que não proporcionem percentagens, participação nos lucros ou comissões a diretores e administradores.[27]

No precedente acima, nítida é a preocupação com a ausência de finalidade lucrativa da entidade, pouco importando a questão da gratuidade dos serviços. Mesmo após esse precedente, todavia, a gratuidade ainda era exigida para as instituições de assistência social:

> Imunidade Tributária (ISS). Instituição de assistência social. Art. 19, III, c, da CF c/c arts. 9º, IV, c e 14, III, do CTN. Não basta, para esse feito, que a entidade preencha os requisitos do art. 14 e seus incisos do CTN. É preciso, além disso, e em primeiro lugar, que se trate de instituição de assistência social. Hipótese não caracterizada, pois a recorrente, conforme os estatutos, só presta serviços de assistência onerosa a seus associados, mediante contraprestação mensal, como entidade de previdência privada ou de auxílio mútuo, sem realizar atendimento de caráter estritamente social, como o da assistência gratuita a pessoas carentes.[28]

No entanto, no julgamento do RE 116.188/SP, STF, 1ª T, v.m, DJ 16.03.90, já anteriormente citado nessa pesquisa, foi fixado novo posicionamento:

> ISS – SESC – Cinema. Imunidade Tributária. Sendo o SESC instituição de educação e assistência social, que atende aos requisitos do art. 14 do Código Tributário Nacional – o que não se pôs em dúvida nos autos – goza da imunidade tributária prevista no art. 19, III, c, da EC n.º 1/69, mesmo na operação de serviços de diversão pública (cinema) mediante cobrança de ingressos aos comerciários (seus filiados) e ao público em geral.[29]

O Min. Octavio Gallotti, vencido no julgamento acima, afirmou que o SESC não fazia jus à imunidade, em virtude, sobretudo, de cobrar ingressos aos comerciários e ao público em geral na operação de serviços de diversão pública.[30] No entanto, prevaleceu o voto do Min. Sydney Sanches que adotou a tese da irrelevância da gratuidade, desde que a entidade não tenha finalidade lucrativa, ou seja, aplique totalmente os valores recebidos com os serviços prestados na consecução das suas finalidades sociais e não distribua lucros para os seus dirigentes.[31] Nas próprias palavras do Ministro:

> A instituição de assistência social não está proibida de obter lucros ou rendimentos que podem ser e são, normalmente, indispensáveis à realização dos seus fins. O que elas não podem é distribuir os lucros. Impõe-se-lhes o dever de aplicar os rendimentos "na manutenção de seus objetivos institucionais".[32]

Regina Helena Costa diz ser exagero "falar na gratuidade dos serviços prestados pela instituição como requisito para o reconhecimento do direito ao bene-

---

[27] RE 93463/RJ, STF, 2ª T, Min. Rel. Cordeiro Guerra, v.u, DJ 14.05.82
[28] RTJ vol. 125, p. 750, 8.3.1998, 1ª T *Apud* FERREIRA, Odim Brandão. Op. cit., p. 31.
[29] RE n.º 116.188/SP, STF, 1ª T, Rel. Min. Octavio Galotti, DJ 16.03.90, p. 1869.
[30] V. Voto do Min. Octavio Gallotti no RE n.º 116.188/SP, STF, 1ª T, Rel. Min. Octavio Galotti, DJ 16.03.90, p. 1869.
[31] Idem, ibidem.
[32] O Min. Sydney Sanches reproduziu o memorial do advogado Cláudio Lancombe, adotando o referido posicionamento.

fício fiscal".[33] Para ela o que a Constituição veda não é o auferimento de lucro, "mas sim a existência do propósito de lucro, traduzido na distribuição do mesmo, na participação do resultado ou, ainda, no retorno do patrimônio da entidade às pessoas que criaram a instituição".[34] Finalmente, essa jurista faz uma relevante distinção entre entidade beneficente e entidade de assistência social:

> Interessante cotejar, no que respeita às instituições de assistência social, a dicção do art. 150, VI, "c" – hospedeiro da imunidade sob comento –, com a do art. 195, § 7º – continente da imunidade concernente a contribuições para a seguridade social.
>
> No primeiro dispositivo exige-se que a instituição de assistência social não tenha finalidade lucrativa; no segundo impõe-se que a entidade seja beneficente. Entidade beneficente não possui finalidade lucrativa, mas, além disso, é aquela que dedica suas atividades, ainda que parcialmente, ao atendimento gratuito dos necessitados.
>
> A gratuidade dos serviços prestados é, portanto, elemento caracterizador da beneficência, E, se assim é, a gratuidade dos serviços não é exigência para a fruição da imunidade do art. 150, VI, "c", pelas instituições de assistência social sem fins lucrativos.[35]

Correta a afirmação acima, no sentido de que o dispositivo constitucional (art. 150, VI, *c*, da CF/88) não impõe o requisito da gratuidade para que a entidade faça jus à imunidade. Além disso, a total gratuidade não é elemento caracterizador de uma entidade assistencial, haja vista que o vocábulo "assistir" significa simplesmente "auxiliar, socorrer, ajudar". É possível "assistir" alguém, por exemplo, criando uma instituição que se dedique a prestar serviços de auxílio psicológico com desconto de 80% (oitenta por cento) no preço ou cobrando proporcionalmente às condições de cada um ou, ainda, não cobrando nada de quem não tenha condições. Conquanto que esta instituição não aufira lucro para seus dirigentes e aloque todos os recursos para uma melhor prestação dos serviços, ela, apesar de cobrar o pagamento de determinada quantia de algumas pessoas, não deixará de estar "auxiliando" o próximo. Feitas essas considerações, cabe investigar se a generalidade na prestação dos serviços ou na distribuição de utilidade e benefícios é requisito para a qualificação de uma entidade como sendo de cunho assistencial.

2.2. O critério da generalidade

Além de investigar a exigência ou não da gratuidade, também é essencial para a qualificação das instituições de previdência privada fechada como imunes aos impostos investigar se a generalidade é condição para a caracterização de entidade assistencial. De acordo com Odim Brandão Ferreira:

> A jurisprudência do STF sobre a exigência da "generalidade" do atendimento propiciado pelas instituições citadas evoluiu gradualmente. Numa primeira fase, as decisões negavam a imunidade às instituições que não fossem abertas ao público em geral. Até certo momento, o Tribunal não admitia,

---

[33] COSTA, Regina Helena. *Op. cit.*, p. 183.
[34] Idem, ibidem.
[35] Idem, p. 184.

no rol das entidades imunes, as que tivessem caráter fechado, isto é, com beneficiários limitados ou limitáveis. Somente eram consideradas imunes as entidades beneficentes franqueadas a qualquer do povo ou, se preferir, as instituições voltadas para atender as necessidades de todas as pessoas sem distinção.[36]

Posteriormente, o Supremo Tribunal Federal alterou um pouco o seu posicionamento, de modo a entender o critério da generalidade de modo relativo, ou melhor, nominalmente se exigia generalidade, mas na prática esse critério foi relativizado. O caso paradigma dessa nova orientação é o da "Fundação Rubem Berta",[37] onde:

> Após admitir que "a recorrente é uma fundação de caráter assistencial e visa o amparo e ao benefício dos que a compõem", o relator, Min. Adalício Nogueira, afirma: "a argumentação (...) de que a recorrente é uma entidade assistencial fechada, isto é, os seus objetivos institucionais são destinados exclusivamente, aos seus funcionários, dela Fundação, e aos da Varig, não pode ser acolhida, nos termos em que foi posta. Onde a lei não distingue, não é lícito ao intérprete distinguir. A entidade em causa é aberta para os que a integram ou venham a integrar o círculo de amplitude indefinida, da sua atuação. O que assinala é o selo assistencial das suas finalidades".[38]

O Tribunal manteve a linha de pensamento acima em diversos julgados. Em um precedente aqui já citado, RE 108.796, STF, 2ª T., Rel. Min. Carlos Maderia, DJ 12.09.1986, inclusive, o Supremo Tribunal Federal afirmou que "a natureza pública da instituição não provém da generalidade de seus participantes e beneficiários, mas dos fins sociais a que atende". Além disso, no julgamento do RE 116.631, STF, 1ª T, Rel. Min. Octavio Gallotti, v.u, DJ 23.09.88, o requisito da generalidade, mais que relativizado, foi dispensado:

> Instituição de assistência social. A finalidade pública da entidade e a generalidade de sua atuação não se acham comprometidas pelo fato de se destinarem ao universo de beneficiários constituídos por todos quantos são ou venham a ser empregados de uma empresa ou da própria fundação. Precedentes do Supremo Tribunal Federal: RE 70.834; 89.012, 108.796 e 115.970 sendo o primeiro voltado, especificamente, para a situação da atual recorrente (Fundação Ruben Berta).

Ao que tudo indica, a generalidade não é condição para a caracterização de entidade assistencial. No máximo, é possível exigir que a prestação dos serviços ou a distribuição de utilidade e benefícios seja feita de modo *impessoal*, embora possa ser realizada para uma clientela restrita.

Interessante a conclusão de Regina Helena Costa:

> As atividades desenvolvidas pelas instituições de educação e assistência social sem fins lucrativos ajudam a suprir as deficiências do próprio Estado. Este, por óbvio, tem de desenvolver as atividades voltadas para o público em geral, à coletividade... Mas tais entidades a isso não estão obrigadas, nem pelo texto constitucional, nem por norma infraconstitucional. Podem, muito bem, exercer as suas atividades de maneira setorizada, voltadas para um universo determinado de sujeitos, pois ainda assim estarão auxiliando o Poder Público a suprir suas deficiências no campo da prestação de educação e de assistência social.[39]

---

[36] FERREIRA, Odim Brandão. *Op. cit.*, p. 18.
[37] RE 70.834/RS, v.u, RTJ 65/145.
[38] FERREIRA, Odim Brandão. *Op. cit.*, p. 19.
[39] COSTA, Regina Helena. *Op. cit.*, p. 182.

Em suma, os requisitos exigidos para que se tenha direito à imunidade são aqueles analisados na primeira parte dessa pesquisa, que dizem respeito ao estabelecido no próprio dispositivo constitucional: (i) exige-se a ausência de finalidade lucrativa; e (ii) a imunidade compreende somente o patrimônio, a renda e os serviços relacionados com as finalidades essenciais. Além disso, para que o direito à imunidade possa ser exercido é necessário que sejam atendidos os requisitos detalhados em lei complementar (art. 14 do CTN). De acordo com esse raciocínio, nem a gratuidade nem generalidade podem ser considerados requisitos para que a entidade tenha direito à imunidade ou a exerça.

Gratuidade e generalidade, ademais de não serem exigidas pelo dispositivo constitucional, não são elementos essenciais para o conceito de instituição de assistência social. O que interessa é que a instituição tenha finalidade de "auxiliar, socorrer, ajudar", ainda que exija algum tipo de contribuição pecuniária, dos beneficiários que tiverem condições para tal, e seja restrita à área setorizada, desde que, todavia, não tenha fins lucrativos.

A partir de agora, é preciso investigar, especificamente, os casos relativos à previdência privada fechada e se o Supremo Tribunal Federal nesses casos dispensou os critérios da gratuidade e da generalidade. Até aqui, foi possível observar que o Tribunal se inclinava para desconsiderar generalidade e gratuidade como critérios caracterizadores do conceito de assistência social, embora estas questões jamais tenham sido consolidadas.

2.3. A imunidade das instituições de previdência privada fechada

Alberto Xavier explica que:

> Face à Constituição de 1988, a questão fundamental que se coloca para saber se as entidades fechadas de previdência privada se subsumem ou não no conceito de "instituições de assistência social" respeita a um problema de qualificação: o de determinar face a que tipos de normas devem as entidades em causa devem ser qualificadas como de "assistência social", tendo em vista que, para certos efeitos, não são coincidentes os conceitos de previdência social e de assistência social.[40]

É que a Constituição de 1988 dispõe:

> Art. 194. A seguridade social compreende um conjunto integrado de ações de iniciativa dos Poderes Públicos e da sociedade, destinadas a assegurar os direitos relativos à saúde, à previdência e à assistência social.
>
> Art. 201. A previdência social será organizada sob a forma de regime geral, de caráter contributivo e de filiação obrigatória, observados critérios que preservem o equilíbrio financeiro e atuarial...
>
> Art. 203. A assistência social será prestada a quem dela necessitar, independentemente de contribuição à seguridade social...

Como se pode observar, o texto constitucional fez distinção entre os conceitos de previdência e assistência social. A partir dessa circunstância, parte da doutrina entende que as entidades de previdência privada não são imunes aos impostos:

---

[40] XAVIER, Alberto. Op. cit., p. 22.

> Pensamos que a dicção constitucional impõe a conclusão de que a assistência social não se confunde com a previdência social, ainda que ambas componham o conceito de seguridade social. (...) Cremos que, não sendo mais possível, como no passado, assimilar os conceitos de previdência e assistência social, à vista da dicção da Constituição de 1988, as instituições que tenham por objeto tão-somente a atividade de previdência privada não são titulares do direito público subjetivo de não se sujeitarem à tributação por via de impostos. (...) Concluímos que as instituições fechadas de previdência privada – ou "fundos de pensão" –, mesmo não possuindo fins lucrativos, não são beneficiárias da desoneração tributária em análise.[41]

Outros autores, no entanto, argumentam pela inaplicabilidade dos conceitos de previdência social dos arts. 201 e 203 da Constituição Federal para efeitos de qualificação de entidade fechada de previdência privada.[42] Nesse sentido, Alberto Xavier afirma:

> Não é possível qualificar uma entidade privada como sendo ou não de assistência social à luz de conceitos que só fazem sentido face a uma atividade de ente estatal suscetível de impor compulsoriamente certos comportamentos, especialmente de índole tributária. Tanto é assim que a Emenda Constitucional n.º 20/98 incluiu no Capítulo da Seguridade Social um art. 202, totalmente inovador, específico sobre a "previdência privada", revelando assim que o conceito de previdência social consagrado no art. 201 (antes ou depois da EC/98) não abrangia tais entidades por ser privativo das entidades públicas.

No julgamento do RE 202.700/DF, o Supremo Tribunal Federal, por seis (6) votos a quatro (4), decidiu pela inexistência de imunidade, segundo a ementa, em face da ausência das características de universalidade e generalidade da prestação, própria dos órgãos de assistência social.[43] No caso, a entidade de previdência privada fechada exigia contribuição dos seus beneficiários. Dos Ministros que votaram pela não concessão da imunidade, alguns deram mais ênfase ao critério da gratuidade, enquanto outros, à distinção feita pelo texto constitucional entre previdência e assistência social, independentemente de aquela ser gratuita ou não.

O Min.-Relator, Min. Maurício Corrêa, afirmou que "as instituições assistenciais não podem ser confundidas ou comparadas com as entidades fechadas de previdência privada, de gênese contratual, uma vez que somente conferem benefícios aos seus filiados desde que esses recolham as contribuições pactuadas". Para esse Ministro, o critério foi o da gratuidade. No mesmo sentido, votaram os Ministros Celso de Mello e Ellen Gracie. Esta ressaltou que "a circunstância de haver contrapartida para fruição dos benefícios não permite se caracteriza a entidade como de assistência social". Nesses votos, fica clara a retomada do critério da gratuidade como elemento essencial para a caracterização de uma entidade com assistencial, independentemente do fato de ela não ter finalidade lucrativa.

Já os Ministros Sydney Sanches e Moreira Alves enfatizaram que, sob o texto da Constituição de 1988, previdência social não poderia ser confundida com assistência social. O Min. Carlos Velloso, por seu turno, esclareceu que:

---
[41] COSTA, Regina Helena. *Op. cit.*, p. 177-178.
[42] A título de exemplo podemos citar: Alberto Xavier, Odim Brandão Ferreira, Mizabel Derzi, Sacha Calmon Coelho.
[43] RE 202.700/DF, STF, Tribunal Pleno, Rel. Min. Maurício Corrêa, v.m, DJ 01.03.2002.

A CF/88 assenta a seguridade social sobre um tripé: prev. Social, assistência social e saúde. Se quiser afirmar que há assistência social gratuita e assistência social com ônus, isto é, com pagamento do assistido, certo é que continuaria sendo assistência social. E é para a assistência social a imunidade do art. 150, VI, c e não para a previdência, caso destes autos.

Posteriormente, no RE 259.756,[44] o Supremo Tribunal Federal voltou a analisar a questão. Dessa vez, todavia, a entidade de previdência privada fechada em tela não exigia contribuição dos beneficiários. Se o Tribunal colocasse ênfase no critério da gratuidade, a imunidade, no caso, seria concedida. Contudo, se o Tribunal concedesse peso à distinção realizada pelo texto constitucional entre previdência e assistência social, a imunidade não seria reconhecida, porque se tratava de entidade de previdência. Esse dilema veio à tona no voto do Min. Néri da Silveira:

> (Min. Néri da Silveira) – Sr. Presidente. Estou preocupado com a definição, realmente, de um critério, porque a decisão anterior não foi suficiente. Como se denomina o autor, a entidade?
> (Min. Marco Aurélio) – COMSHELL – Sociedade de Previdência Privada.
> (Min. Néri da Silveira) – Então, é uma entidade de previdência. No meu voto, quando discutimos o RE 202.700, entendi que ao lado das entidades de assistência social estavam, também, as de previdência social, com essas mesmas características, gozando da imunidade. Logo, esse é um caso típico de entidade de previdência; não de assistência.
> (Min. Marco Aurélio) – Os colegas não estão estabelecendo distinção entre previdência e assistência. Há gratuidade.
> (Min. Néri da Silveira) – Mas, neste caso, a Constituição fala em entidade de assistência.
> (Min. Moreira Alves) – Aqui, tanto faz ser previdência ou não; o que nos rege é que se dá imunidade. No caso concreto, não há contribuição dos participantes; só a dos patrocinadores.
> (Min. Sepúlveda Pertence) – isso mostra que a entidade de previdência pode ser de assistência para efeitos do art. 150 da Constituição Federal.
> (Min. Néri da Silveira) – A indagação tem, realmente, relevo, porque a orientação foi a partir de uma distinção entre previdência e assistência, e a Constituição prevê a imunidade tão-só para instituições de assistência social. No meu voto, entendi que esse critério não é o principal ou decisivo. (...) A discussão é importante para dizer-se que esse critério, a partir da distinção entre previdência e assistência contido na Constituição, não é decisivo.

Nesse julgamento, formou-se entendimento no sentido de que o critério para saber se as entidades fechadas de previdência privada fazem ou não jus à imunidade prevista no art. 150, VI, *c*, da CF/88 é a *gratuidade*. A edição da Súmula 730, por fim, consolidou o posicionamento do Supremo Tribunal Federal ao estabelecer que "a imunidade tributária conferida a instituições de assistência social sem fins lucrativos pelo art. 150, VI, *c*, da Constituição, somente alcança as entidades de previdência social privada se não houver contribuição dos beneficiários".

Como se pode observar, o Tribunal não aderiu à tese de que, sob o texto da Constituição de 1988, previdência social não poderia ser confundida com assistência social para fins da imunidade aos impostos. Ademais, a tese da irrelevância

---
[44] RE 259.756, STF, Tribunal Pleno, Rel. Min. Marco Aurélio, v.u, DJ 29.08.2003.

da gratuidade, desde que a entidade não tenha finalidade lucrativa, que vinha sendo construída nos julgados relativos às instituições de educação e de assistência social (a exemplo do caso do SESC, RE 116.188) foi abandonada em prol do critério da gratuidade.

Apesar da posição consolidada da Corte, de um lado, o texto constitucional deixou claro que previdência e assistência social não se confundem, o que deveria levar à conclusão de que entidades de previdência não têm direito à imunidade destinada às entidades assistenciais. De outro lado, como já ressaltado, o texto constitucional não impõe o requisito da gratuidade para que a entidade faça jus à imunidade, conquanto que haja ausência de finalidade lucrativa.

Conclusão

Essa breve pesquisa teve como objetivo investigar a imunidade das instituições de assistência social, com ênfase na questão das entidades de previdência privada fechada. No primeiro capítulo, constatou-se que o pressuposto constitucional da ausência de finalidade lucrativa não deve ser confundido com uma proibição de obtenção de lucro por parte das entidades de assistência social. O auferimento de lucro é permitido, desde que este não seja distribuído para os dirigentes e seja revertido para o atendimento da finalidade social.

Além disso, em face do disposto no art. 146, II, da CF/88, concluiu-se que a melhor interpretação possível da expressão "atendidos os requisitos da lei" é no sentido de que caberia à lei complementar regular esta limitação constitucional. Também se verificou que o exercício das atividades atípicas deve ser limitado quando houver desvirtuamento das finalidades institucionais. Isso porque a atividade atípica deve consistir apenas em um meio para a promoção das finalidades de assistência social.

Quanto ao alcance da imunidade aos impostos indiretos, descobriu-se que a tendência do Supremo Tribunal Federal é adotar uma interpretação formal, que parte da relação jurídica. Nessa perspectiva, as entidades de assistência social só estariam imunes aos impostos indiretos quando elas forem contribuinte de direito. Essa posição vai de encontro à tendência de interpretação teleológica das imunidades, já que quando a entidade assistencial é contribuinte de fato o seu patrimônio é, indubitavelmente, afetado e, como se sabe, a finalidade da imunidade é preservar o patrimônio dessas entidades.

No segundo capítulo, de início, desmitificaram-se os critérios da gratuidade e generalidade como elementos caracterizadores das entidades assistenciais. Ademais de não serem exigidos pelo dispositivo constitucional, eles não vinham mais sendo entendidos como características essenciais para o conceito de instituição de assistência social.

Todavia, constatou-se que o Supremo Tribunal Federal, ao julgar a questão da tributação das entidades de previdência privada fechada, abandonou a tese da irrelevância da gratuidade, que vinha sendo construída nos julgados relativos às instituições de educação e de assistência social (a exemplo do caso do SESC, RE 116.188). Nessa perspectiva, a imunidade tributária conferida a instituições de assistência social sem fins lucrativos pelo art. 150, VI, *c*, da Constituição, somente alcança as entidades de previdência social privada se não houver contribuição dos beneficiários. Em suma, a gratuidade volta a ser o critério caracterizador das entidades assistenciais.

Apesar da posição consolidada da Corte, verificou-se que, de um lado, o texto constitucional deixou claro que previdência e assistência social não se confundem, o que deveria levar a conclusão de que entidades de previdência não têm direito à imunidade destinada às entidades assistenciais. De outro lado, como já ressaltado, o texto constitucional não impõe o requisito da gratuidade para que a entidade faça jus à imunidade.

Bibliografia

ÁVILA, Humberto. *Sistema Constitucional Tributário*. 3ª ed. São Paulo: Saraiva, 2008.

———. Direito tributário em questão. *Revista da FESDT*, Porto Alegre: Fundação Escola Superior de Direito Tributário-FESDT, v. 1, p. 94, 2008.

BALEEIRO, Aliomar. *Limitações constitucionais ao Poder de Tributar*. 7ª ed, atualizada e revisada por Misabel Abreu Machado Derzi. Rio de Janeiro: Forense, 2001.

CARRAZZA, Roque Antônio. *A imunidade tributária das fundações de direito privado sem fins lucrativos: art. 150, VI, c; 150, § 4, e 195, § 7º da Constituição Federal*. Brasília, Rossetto, 206.

CARVALHO, Frederico Seabra de. Extensão dos efeitos da imunidade tributária sobre as entidades de assistência social e de educação. *Revista Dialética de Direito Tributário*, n.º 67, p. 41-46. São Paulo, 2001.

CEZNE, Andréa Nárriman. Assistência Social e Regulamentação Estatal: análise do papel das titulações das entidades assistenciais na concessão das imunidades tributárias. *Ajuris*. Porto Alegre, vol.107, p. 31-56, set. 2007.

COSTA, Regina Helena. *Imunidades Tributárias*. 2ª Ed. São Paulo: Malheiros, 2006.

FALCÃO, Amilcar de Araujo. Imunidade e isenção tributária. Instituição de assistência social. *Revista de Direito Administrativo*. São Paulo, vol. 66, p. 367-375, 1966.

FERREIRA, Odim Brandão. *A imunidade tributária das entidades de previdência fechada*. Porto Alegre: Sergio Antonio Fabris, 2001.

MARTINS, Ives Gandra da Silva. Associação civil sem fins lucrativos que cede, mediante remuneração, parte de suas instalações para incrementar turismo na cidade. *Revista Dialética de Direito Tributário*, n.º 159, p. 131-144. São Paulo, 2008.

———. e RODRIGUES, Marilene Talarico Martins. A Imunidade tributária das entidades de assistência social e a exegese do § 4º do art. 150 da CF/88. *Revista Dialética de Direito Tributário*, n.º 83, p. 171-177. São Paulo, 2002.

———. As contribuições sociais, nos termos dos arts. 149 e 146 da CF. A imunidade tributária como limitação ao poder de tributar e as instituições de assistência social e filantrópicas, à luz do art. 150, inciso VI, c, e 195, § 7º, da lei suprema. *Cadernos de Direito Tributário e Fianças Públicas*. São Paulo, vol. 1, p. 118-135, 1992.

NICHELE, Rafael. *A imunidade tributária das instituições de educação e de assistência social. Natureza normativa e alcance*. Porto Alegre: PUCRS, 2005.

XAVIER, Alberto. As entidades fechadas de previdência privada como instituições de assistência social. *Revista Dialética de Direito Tributário*, n.º 52, p. 19-45. São Paulo, 2000.

— XI —

Imunidade dos templos de qualquer culto

ROBERTO MEDAGLIA MARRONI NETO

Sumário: 1. Introdução; 2. Compreensão da imunidade dos templos; 2.1. Extensão da expressão "templos de qualquer culto" na doutrina brasileira; 2.1.1. Compreensão do vocábulo "templo"; 2.1.2. Compreensão do vocábulo "culto"; 2.1.3. Tentativa conceitual da expressão "templos de qualquer culto"; 2.2. "Patrimônio, renda ou serviços" e "finalidades essenciais"; 3. Posição do Supremo Tribunal Federal; 4. Considerações finais. 5. Referências bibliográficas.

1. Introdução

O instituto da imunidade tributária tem sido objeto de amplo estudo no âmbito da comunidade jurídica brasileira no decorrer dos tempos. Embora não se trate de assunto propriamente novo, até hoje não se apaziguaram os ânimos a respeito da sua natureza e alcance.

No presente estudo, será abordada, tão somente, a imunidade dos "templos de qualquer culto", prevista na alínea "d" do inciso VI do art. 150 da Constituição Federal.

Embora referida imunidade possa parecer assunto singelo, as fontes de pesquisas são exíguas, o que dificulta a análise do tema. O próprio Supremo Tribunal Federal teve poucas oportunidades de se manifestar sobre a matéria.

Desta feita, o presente trabalho tem por objetivo expor as concepções existentes sobre o tema proposto, estando dividido em dois momentos.

No primeiro, o estudo focar-se-á na conceituação e extensão da imunidade dos templos, abrangendo, este tópico, a análise das expressões "templo de qualquer culto" (*caput* da alínea *b* do inciso VI do art. 150 da CF), "bens, renda e serviços" e "finalidades essenciais", (§ 4º do mencionado dispositivo constitucional).

No segundo momento, será proposta uma análise da evolução jurisprudencial do Supremo Tribunal Federal.

Ao final, ter-se-á uma visão do que a doutrina e a jurisprudência do Supremo entendem sobre a imunidade dos templos de qualquer culto.

2. Compreensão da imunidade dos templos

2.1. Extensão da expressão "templos de qualquer culto" na doutrina brasileira

Pois bem, a primeira questão que se deve solucionar no estudo da imunidade dos "templos de qualquer culto" é o significado desta expressão, constante do texto da alínea *b* do inciso VI do art. 150 da Constituição Federal.

Para tanto, partir-se-á da análise do que a doutrina brasileira entende por "templo", passando para uma segunda etapa, na qual será buscado o entendimento doutrinário da palavra "culto", para, ao final, agrupar-se os conceitos e ter-se o entendimento do significado da expressão "templos de qualquer culto".

2.1.1. Compreensão do vocábulo "templo"

A doutrina pátria, a respeito do alcance da palavra "templo", divide-se, basicamente, em duas correntes, a primeira, vai-se denominar *clássica* e, a segunda, *contemporânea*.

A corrente denominada *clássica* é restritiva. Surgiu em período anterior à Constituição de 1988[1] e é adotada por muitos dos juristas modernos, inclusive, permeando o entendimento hodierno do Supremo Tribunal Federal.

Referida construção conceitual se limita a compreender o termo "templo" como prédio (construção humana). Subdivide-se em duas subcorrentes: a primeira restringe o termo "templo" ao local onde se realizam cultos, e a segunda estendendo sua compreensão a outros prédios neles envolvidos, como casas paroquiais, salas de catequese etc.

Dentre os que adotam a primeira subcorrente, pode-se citar Pontes de Miranda, que, ao comentar o disposto na alínea "b" do inciso III do art. 19 da Constituição Federal de 1967 (dispositivo constitucional onde estava prevista a norma da imunidade dos templos, à época[2]), leciona:

> (...) Ficaram imunes a impostos os templos de qualquer culto; não, porém, as casas de residências dos padres, pastores, rabinos etc., salvo se dentro do próprio edifício do templo. Provado que as rendas dos templos são aplicadas fora do país, ou noutro fim que o de culto, cessa a imunidade. O templo é que é imune; portanto, os atos de aquisição, não os de alienação do terreno, ou casa, ou móveis. A imunidade tributária dos templos é conteúdo de uma só proposição do art. 19, III, b, da Constituição de 1967. Portanto, templo não paga imposto predial, nem territorial, nem de licença, nem outro qualquer. Não paga imposto de transmissão de propriedade em caso de troca de terreno, ou de

---

[1] O instituto da imunidade tributária foi positivado em sede constitucional somente em 1891, sendo que a imunidade dos "templos" só foi inserida na Constituição Federal de 1946, no seu art. 31, inciso V, alínea "b", com a seguinte redação: art. 31. "A União, aos Estados, ao Distrito Federal e aos Municípios é vedado: (...) V – lançar impostos sobre: (...) b) templos de qualquer culto bens e serviços de Partidos Políticos, instituições de educação e de assistência social, desde que as suas rendas sejam aplicadas integralmente no País para os respectivos fins".

[2] Art. 19. É vedado à União, aos Estados, ao Distrito Federal e aos Municípios: I – (...); III – instituir imposto sobre: (...) b) os templos de qualquer culto; (...).

edifício e terreno; mas o comprador do terreno, ou prédio do templo, que se acabou, paga imposto de transmissão, embora o terreno, ou prédio adquirido pelo templo, com aquele preço, não pague imposto de transmissão. Os atos do culto estão incluídos na expressão "templo". (...) Os alugueres e mais rendas dos conventos e outras instituições religiosas, fora dos templos, são tributáveis. Só são imunes os templos. (...)[3]

Em igual sentido, afirma Zelmo Denari:

A nosso aviso, as dependências anexas ao templo não gozam de imunidade tributária, pois o texto constitucional apenas se refere ao *templo*, e as normas de exoneração tributária, por exigência das regras de hermenêutica, devem ser interpretadas literalmente. Por último, a imunidade não é extensiva – consoante pacífico entendimento – aos terrenos, bens ou rendas da cúria ou do templo.[4]

Aliomar Baleeiro, ao interpretar a expressão "templos de qualquer culto" inserida no texto constitucional de 1967, deu uma coloração mais flexível a esta conceituação clássica, passando a entender que a imunidade dos "templos" abrangeria não só o prédio onde se realizam cultos religiosos, mas também toda e qualquer construção humana que esteja envolvida na realização das homenagens religiosas (culto). Baleeiro insere-se na segunda subcorrente retrorreferida.

É o teor de seus ensinamentos:

(...) O templo de qualquer culto não é apenas a materialidade do edifício, que estaria sujeito tão só ao imposto predial do Município, se não existisse a franquia inserta na Lei Máxima. Um edifício só é templo se o completam as instalações ou pertenças adequadas àquele fim, ou se o utilizam efetivamente no culto ou prática religiosa.

Destarte, "o templo", no art. 19, III, b compreende o próprio culto e tudo quanto vincula o órgão à função. (...)

O templo não deve ser apenas a igreja, singoga ou edifício principal, onde se celebra a cerimônia pública, mas também dependência acaso contígua, o convento, os anexos por força de compreensão, inclusive a casa ou residência especial do pároco ou pastor, pertencente à comunidade religiosa, desde que não empregados em fins econômicos.

(...)[5]

José Manoel da Silva, já sob a égide da atual Constituição, posicionou-se no mesmo sentido da segunda subcorrente da doutrina clássica, dizendo o que segue:

(...) Por derradeiro, não é demais repetir que o legislador constituinte, no art. 150, VI, exclui de modo expresso do campo de incidência situações, fatos e bens. De fato, nenhum imposto incide sobre os templos de qualquer culto. Templo é mais abrangente do que a própria edificação, no sentido de que compreende tudo quanto seja ligado ao exercício da atividade religiosa, cumprindo salientar que pode incidir tributo sobre bens pertencentes à Igreja, desde que não sejam instrumentos destas, entendendo-se por instrumentos os bens e serviços "relacionados com as finalidades essenciais das entidades nelas mencionadas" (art. 150, § 4º, "b").

(...)

Mister esclarecer, ademais, o fato de os bens estarem vinculados ou afetados ao recinto paroquial, como automóveis particulares ou caminhões destinados a transportes de objetos pertinentes ao ceri-

---

[3] *Comentários à Constituição de 1967; com a Emenda n. 1 de 1969*. p. 425.
[4] *Curso de Direito Tributário*, p. 167.
[5] *Direito tributário brasileiro*, p. 8.

monial ou ao culto, desde que sejam instrumentos inerentes ao templo. (...) *Templum*, i, compreende apenas o local ou recinto em que se celebra culto. Se, *verbi gratia*, o veículo (automóvel ou caminhão, o navio ou a aeronave) se tornam verdadeiramente templo destinado ao culto, inegavelmente que aí se pode enxergar o que se denomina templo móvel, no qual se celebra o ritual ou o culto religioso, o que lhe dá o caráter de local apropriado à realização do cerimonial. (...)[6]

Fernando Augusto Monteiro Perez,[7] no mesmo sentido, assim se manifesta:

(...) Seguimos a doutrina que interpreta o vocábulo "templo" de maneira ampla, abrangendo não somente o prédio em que é celebrado o culto, mas também os seus anexos. Assim, encaixam-se neste conceito, por exemplo, a residência do Padre e a qualquer outra pessoa que esteja relacionada às atividades essenciais da instituição, salas para catequese, depósitos e demais dependências do templo. (...)[8]

Em contraposição à doutrina clássica, emergiu o que aqui se denomina de *doutrina contemporânea*. Segundo esta concepção, a palavra "templo" abrange não o prédio ou o conjunto dos prédios envolvidos no culto religioso, mas, sim, a própria instituição religiosa.

Adepto a este entendimento, Ives Gandra Martins, que afirma:

Ora, os templos de qualquer culto não são, de rigor, na dicção constitucional, os "prédios" onde os cultos se realizam, mas as próprias Igrejas.

O que o constituinte declarou é que, sem quaisquer restrições, as Igrejas de qualquer culto são imunes de todos os impostos. Não o prédio, mas a instituição. É de se lembrar que o vocábulo "igreja" tanto serve para designar a instituição como o prédio, o mesmo se podendo dizer do vocábulo "templo", extensivo ao próprio corpo humano – quando Cristo, ao referir-se ao Templo que se construiria em três dias, depois destruído, não se referiu ao templo de Jerusalém, mas a seu próprio corpo.[9]

Roque Antonio Carrazza, no mesmo sentido, leciona:

Esta imunidade, em rigor, ao alcança o templo propriamente dito, isto é, o local destinado à cerimônias religiosas, mas, sim, a entidade mantenedora do templo, a igreja.

Em razão disso, é o caso de, aqui, perguntarmos: que impostos poderiam alcançar os templos de qualquer culto se inexistisse este dispositivo constitucional? Vários impostos, apressamo-nos em responder.

Sobre o imóvel onde o culto se realiza incidiria o *imposto predial e territorial urbano* (IPTU); sobre o serviço religioso, o *imposto sobre serviços de qualquer natureza* (ISS); sobre as esmolas (dízimos, espórtulas, doações em dinheiro etc), o *imposto sobre a renda*; sobre a aquisição de bens imóveis, o *imposto sobre a transmissão "inter vivo", por ato oneroso, de bens imóveis* (ITBI); e assim avante.

Nenhum destes impostos – nem qualquer outro – pode incidir sobre os tempos de qualquer culto, em conseqüência da regra imunizante agora em estudo.[10]

---

[6] Imunidade dos Templos de Qualquer Culto. *Revista Dialética de Direito Tributário* n. 14, São Paulo, novembro/1996, p. 24/25.

[7] Especialista em Direito Tributário pelo IBET. Mestrando em Direito Tributário pela PUC-SP. Membro do Instituto de Pesquisas Tributárias-IPT e Advogado em São Paulo.

[8] Extensão e Alcance da Imunidade dos Templos de Qualquer Culto. *Revista Trimestral de Jurisprudência dos Estados*, ano 24, set/out 2000, vol. 178, p. 65.

[9] Imunidades Condicionais e Incondicionais – Inteligência do Artigo 150, Inciso VI e §4° e Artigo 195 §7° da Constituição Federal. Revista Dialética de Direito Tributário n. 28, janeiro – 1998, p. 79.

[10] *Curso de Direito Constitucional Tributário*, p. 716-717.

O advogado Flávio Campos,[11] também nessa mesma linha, ensina que "(...) Ao nosso sentir, a imunidade se dirige à Igreja, à entidade religiosa – ainda que limitada à parte de suas atividades ou de seu patrimônio. (...)".[12]

Assim, verifica-se que, enquanto a doutrina clássica restringe a extensão do vocábulo "templo" aos locais onde se realizam os cultos e suas adjacências, a corrente contemporânea direciona-se no sentido de ampliar aquele conceito, passando a entender que o texto constitucional está a se referir às instituições religiosas como um todo.

Pois bem, postas as concepções doutrinárias a respeito da expressão "templos", passa-se a análise do que se poderia entender por "culto".

2.1.2. Compreensão do vocábulo "culto"

Em relação ao vocábulo "culto", a doutrina não apresenta dissonância a respeito, ao menos considerável, indicando posição no sentido de que dita palavra engloba toda e qualquer manifestação religiosa, sem distinção entre uma e outra.

A respeito, Celso Bastos afirma que "Culto é quaisquer das formas imaginárias de expressão da atividade religiosa e espiritual, consistente no relacionamento do homem com a Divindade".[13]

José Manoel da Silva leciona:

> (...) Dentro desse alcance o culto tem equivalência com "serviço", o que importa, na linguagem dicionarística, homenagem religiosa aos entes sobrenaturais, ou liturgia. (...)[14]
>
> (...) Culto, que é o cerimonial dirigido à Divindade ou aos deuses de cada seita, há de ser aquele mesmo culto celebrado no templo. (...)[15]

A única restrição que alguns fazem é no sentido de que a manifestação religiosa não pode contrariar a ordem e os bons costumes.

Nessa linha de entendimento, lição de Fernando Augusto Monteiro Perez:

> Por outro lado, se faz necessário analisar o conteúdo do vocábulo "culto" utilizado pelo legislador constitucional. Entendemos que qualquer forma de manifestação religiosa, desde que não seja atentatória à moral e aos bons costumes da sociedade, encaixam-se no contexto do legislador. Outra forma de manifestação não condizente com os padrões da sociedade, não poderá, em hipótese alguma, usufruir do benefício da imunidade prevista no art. 150, VI, "b", da CF.[16]

---

[11] Advogado em Belo Horizonte, Professor de Direito Tributário a FCG/UNA e mestrando em Direito Administrativo na Faculdade de Direito da UFMG.

[12] Imunidade Tributária na Prestação de Serviços por Templos de Qualquer Culto. *Revista Dialética de Direito Tributário* n. 54, março – 2000, p. 57.

[13] Imunidade dos Templos. *Revista de Direito Tributário* n. 5. São Paulo, Ano II, julho/setembro de 1978, p. 222-231.

[14] Ibid., p. 25.

[15] Ibid., p. 30.

[16] Extensão e Alcance da Imunidade dos Templos de Qualquer Culto. *Revista Trimestral de Jurisprudência dos Estados*. São Paulo: ed. Jurd Vellenich Ltda, set/out 2000, vol. 178, p. 67-68.

Mas, mesmo assim, necessário referir que, diante da ausência de objetividade do que se pode entender por moral e bons costumes, parece mais adequado condicionar a religiosidade aos preceitos da lei. Isto é, a manifestação religiosa que violar o ordenamento jurídico não poderá ser considerada como "culto", para fins dos benefícios da imunidade estudada.

2.1.3. Tentativa conceitual da expressão "templo de qualquer culto"

Analisadas as acepções em relação às palavras "templo" e "culto", necessário se faz a união destas, visando à compreensão da expressão constitucional "templos de qualquer culto", seja para a *doutrina clássica*, seja para a *doutrina contemporânea*.

Pode-se afirmar, a par do já estudado, que, para doutrina clássica, "templo de qualquer culto" significa o prédio onde se realizam homenagens a entidades espirituais (primeira subcorrente – mais restritiva), bem como suas adjacências, abrangendo o local do culto, as casas paroquiais, residências dos párocos etc. (segunda subcorrente – mais flexível).

Já para a concepção contemporânea, dita expressão significa a própria instituição religiosa, ou seja, a imunidade dos templos alcança a religião como um todo, não podendo restringir-se aos prédios envolvidos nos cultos.

Assim, conclui-se que as correntes clássicas limitam a imunidade dos templos ao prédio ou prédios envolvidos nos cultos (homenagens a entes espirituais), afastando, tão somente, impostos incidentes sobre o patrimônio (IPTU, ITCD e ITBI).

Em sentido contrário, a corrente contemporânea estende a imunidade à própria entidade religiosa, impondo a conclusão de que ela pode evitar a incidência de outros impostos além dos já citados, como ISS, ICMS, IPI etc.

2.2. "Patrimônio, renda ou serviços" e "finalidades essenciais"

Pois bem, restringir a análise da imunidade dos "templos" ao estudo da alínea "b" supracitada, é equívoco que não se pode aceitar.

Seu exame deve estender-se ao disposto no § 4º do art. 150 da Constituição Federal, o qual complementa e especifica a abrangência da imunidade em questão.

Prevê referido dispositivo legal que "As vedações expressas no inciso VI, alínea *b* e *c*, compreendem somente o patrimônio, a renda e os serviços, relacionados com as finalidades essenciais das entidades nelas mencionadas".

A doutrina brasileira, a respeito deste parágrafo, divide-se basicamente em três acepções: uma *restritiva*, outra *moderada* e uma última *ampliativa*.[17]

---

[17] Flávio Campos, advogado e professor de Direito Tributário em Belo Horizonte, classifica a as doutrinas existentes em "restritiva" e "ampliativa" (*in* Imunidade Tributária na Prestação de Serviços por Templos de Qualquer Culto. *Revista Dialética de Direito Tributário* nº 54, São Paulo, março-2000, p. 51).

A corrente *restritiva* exige que o "patrimônio, renda ou serviços" estejam diretamente ligados às "necessidades essenciais" da entidade religiosa ou na sua manutenção. Não admite que as religiões explorem atividades outras que não vinculadas às suas atividades essenciais, como, por exemplo, atividades econômicas.

José Manoel da Silva, neste sentido, leciona:

> Por derradeiro, não é demais repetir que o legislador constituinte, no art. 150, VI, exclui de modo expresso do campo de incidência situações, fatos e bens. De fato, nenhum imposto incide sobre os templos de qualquer culto. Templo é mais abrangente do que a própria edificação, no sentido de que compreende tudo quanto seja ligado ao exercício da atividade religiosa, cumprindo salientar que pode incidir tributo sobre bens pertencentes à Igreja, desde que não sejam instrumentos desta, entendendo-se por instrumentos os bens e serviços "relacionados com as finalidades essenciais das entidades nelas mencionadas" (art. 150, § 4°, "b").[18]

Também inserido nesta perspectiva, afirma Hugo de Brito:

> Nenhum imposto incide sobre os *templos de qualquer culto*. Templo não significa apenas a edificação, mas tudo quanto seja ligado ao exercício da atividade religiosa. Não pode haver imposto sobre missas, batizados ou qualquer outro ato regilioso. Nem sobre qualquer bem que esteja a serviço do culto. Mas pode incidir imposto sobre bens pertencentes à Igreja, desde que não sejam instrumentos desta. (...).[19]

A corrente *moderada*, ao contrário, admite que a imunidade seja estendida a outras atividades, desde que ligadas ao culto ou realizadas dentro do âmbito da "igreja". Aceita atividades econômicas como venda de santinhos ou prestação de serviços, desde que realizadas no templo e ligadas ao culto.

Celso Bastos, a respeito leciona:

> A atividade, portanto, será imune na medida em que praticada nos templos e com a finalidade da prestação do culto. Assim, englobam-se as demais espécies tributárias que abarcam a transação com mercadorias, ICM, que abarcam a prestação de serviços, ISS, toda vez em que essas atividades estejam vinculadas física e teleologicamente ao culto e ao templo. Assim, venda de objetos litúrgicos, dentro do âmbito da igreja ou no seu ádrio, efetuada por pessoas ligadas ao próprio culto estão imunes. O mesmo não se dá com a da venda desses mesmos objetos efetuada, quer por ordens religiosas, quer por comerciantes leigos, fora do âmbito espacial do templo. (...).[20]

Já para a corrente *ampliativa*, a entidade religiosa pode adquirir patrimônio, auferir renda e prestar serviços, mediante outras atividades que não àquelas ligadas diretamente ao culto, desde que não violem o princípio da livre concorrência e sejam aplicados na manutenção de suas atividades essenciais.

Veja-se, neste sentido, Flávio Campos:

> Na medida em que as atividades essenciais dos templos de qualquer culto são, via de regra, financeiramente deficitária, não teria sentido algum negar-lhes a possibilidade de exercer, paralelamente, atividades lucrativas, a fim de poder custear sua atividade-fim, nisto se revelando a relação a que alude o art. 150, §4°, da CF/88. (...).

---

[18] Ibid., p. 24/25.
[19] *Curso de Direito Tributário*. p. 237.
[20] Ibid., p. 223.

Neste sentido, a doutrina majoritária admite a imunidade, e.g., dos rendimentos e ganhos de capital auferidos em aplicações financeiras e dos aluguéis de imóveis, desde que destinados ao custeio das atividades essenciais da entidade religiosa.

No tocante à prestação, em nome próprio, de serviços de estacionamento, entendemos, com a maioria dos autores citados, que sua imunidade dependerá da constatação, em cada caso concreto, da possibilidade de caracterização de ofensa ao princípio da livre concorrência e do efetivo emprego da receita deles advindas no custeio das atividades fim da entidade religiosa.(...).[21]

Em igual posição, Fernando Augusto Monteiro Perez:

v) A imunidade dos templos refere-se não somente ao templo, mas também às atividades nele exercidas, inclusive nas demais áreas utilizadas, ainda que indiretamente, para a prática do culto. As atividades religiosas, sejam elas de qualquer natureza como, por exemplo, missas e catequeses sempre serão imunes, ao passo que as atividades conexas cuja renda é revertida em favor do culto somente poderão ser tributadas se vierem a adquirir cunho empresarial, com prejuízos ao regime da livre concorrência.[22]

Outra não é a lição de Ives Gandra Martins:

À evidência, apenas se a atividade econômica provocar desequilíbrio na concorrência, a imunidade não se lhe aplica, visto que a destinação exclusiva para as finalidades das entidades imunes, que não provoque desequilíbrio na livre concorrência, não retira a imunidade de tais atividades, como acima comentei.[23]

Dessa forma, dependendo da corrente doutrinária que se adote, poderá se admitir ou não a extensão da imunidade dos templos a qualquer imposto, excluindo, por exemplo, a incidência de impostos sobre as aplicações financeiras realizadas pelas instituições religiosas, a exploração de espaço-estacionamento, aluguéis de imóveis etc.

3. Posição do Supremo Tribunal Federal

O Supremo Tribunal Federal teve poucas oportunidades de se manifestar sobre a imunidade dos "templos".

No ano de 1953, a Primeira Turma daquela Corte, no julgamento do Recurso Extraordinário n. 21.826/DF,[24] posicionou-se no sentido de que a imunidade prevista na alínea "b" inciso V do art. 31 da Constituição Federal de 1946, vigente à época, deveria ser interpretada de maneira restrita, abrangendo apenas os "templos" (prédio onde se realizam cultos).

É o que se verifica do voto do e. relator, Ministro Ribeiro da Costa:

---

[21] *Curso de Direito Tributário*, p. 52.

[22] Ibid., p. 77.

[23] Ibid., p. 81.

[24] Relator Ministro Ribeiro da Costa, recurso desprovido, à unanimidade, julgado em 2 de julho de 1953, publicado no DJ 31.12.53, p. 16099, e na *Revista de Direito Administrativo*, outubro-dezembro de 1957, vol. 50, p. 84-86.

(...) A imunidade estatuída no art. 31, n.º V, letra *b*, da Constituição, em favor da recorrente, é limitada, restrita, sendo vedado à entidade tributante lançar imposto sobre *templos de qualquer culto*, aos bens imóveis pertencentes à Irmandade da Glória, ora recorrente, não se estende a isenção em apreço, pois a eles não se refere, expressamente, a preceituação constitucional. *Essa é restrita, inaplicável, eximindo da tributação apenas os "templos"*. Não, assim, a todos os bens imóveis da Irmandade. Se esta os possui, deve pagar os respectivos tributos que apenas não incidem sobre o templo, a saber a Igreja, o seu edifício, e dependências.

Um lote de terreno, isolado, não se pode considerar o solo do edifício do templo. (grifamos)

O professor Humberto Ávila, analisando este precedente, afirmou que:

De acordo com essa decisão, a imunidade só alcança o "edifício" e outros objetos que lhe pertencem. Por isso se fala em imunidade restrita.

(...)

A imunidade dos templos de qualquer culto, como já mencionado, alcança somente objetos. (...)[25]

A par disso, verifica-se, que, à época, foi adotada uma posição *restritiva* a respeito da imunidade dos "templos" (a primeira subcorrente clássica mencionada no item 2.1.1 retro), limitando sua extensão ao local onde se realizam as manifestações religiosas.

Importante se ter em mente que o antigo art. 31 da Constituição de 1946 não continha o regramento expresso no § 4º do art. 150 da atual Constituição Federal, que vincula a imunidade dos templos ao "patrimônio, renda e os serviços relacionados com as finalidades essenciais" das entidades religiosas, o que poderia justificar aquela posição.

Já no ano de 2002, o Supremo, em sessão plenária, teve nova oportunidade de se manifestar sobre o assunto, quando do julgamento do Recurso Extraordinário nº 325.822-2/SP.[26] O recurso buscava a imunidade do IPTU em relação não só ao local onde se realizavam os cultos da entidade religiosa recorrente, mas a todos os seus imóveis, como "centros pastorais ou de formação humano-religiosa, locais de reunião e administração, residências de padres e religiosos encarregados dos trabalhos da Igreja", bem como os imóveis alugados a terceiros.

No mencionado julgado, por maioria de votos, proveu-se o recurso, posicionando-se aquela a Suprema Corte no sentido de que a imunidade dos "templos" abrange o "patrimônio, renda e os serviços" das entidades religiosas e não somente os prédios onde se realizam os cultos.

Neste sentido, voto do Min. Gilmar Mendes, condutor da divergência:

É certo que o texto constitucional circunscreve a imunidade, tão-somente, ao imposto. Dentro desta hipótese, *é evidente, está compreendido todo e qualquer imposto que recaia sobre o patrimônio, renda ou serviços*. Assim, os templos não se apresentam imunes às demais espécies tributárias.

(...)

---

[25] Sistema Constitucional Tributário, p. 226.

[26] Relator e. Ministro Ilmar Galvão, provido o recurso, por maioria de votos, julgado em 18.12.02, DJ 14-05-2004, p. 33.

> Pois bem. Ao fazer uma leitura compreensiva do texto constitucional, na linha preconizada pelo Moreira Alves, entendo que, de fato, o dispositivo do art. 150, VI, "b", há de ser lido com o vetor interpretativo do § 4° deste mesmo artigo da Constituição. Vê-se, pois, que a letra "b" se refere apenas à imunidade dos "templos de qualquer culto"; a letra "c", ao patrimônio, renda ou serviços". Portanto, *o disposto no § 4° alcança o patrimônio, a renda ou serviços dos templos de qualquer culto, em razão da equiparação entre as letras "b" e "c"*. (grifamos)

Acompanharam a dissidência, os Ministros Nelson Jobim, Maurício Corrêa, Moreira Alves e Marco Aurélio.

Pela relevância de suas ponderações, vale transcrever parte do voto do Ministro Maurício Corrêa:

> Sr. Presidente, faço apenas uma consideração: entendo que *"mitra" reúne uma série de paróquias, e não só uma*. Poderá parecer que seria um favor exagerado se essa imunidade fosse dada exclusivamente para a mitra, como tal.
>
> *Partindo desse pressuposto, não vejo como deixar* – porque claramente exposto pelo Ministro Moreira Alves – *que a letra "b" do inciso VI do art. 150 tenha de ser compreendido à luz do §4° dessa mesma disposição, que é taxativa. As vedações expressas no inciso VI, alíneas "b" e "c", compreendem somente o patrimônio, a renda e os serviços relacionados às finalidades essenciais das entidades nelas mencionadas.*
>
> Evidentemente, restringindo esse favor à manutenção dos templos mantidos pela mitra, *é claro que compreende os rendimentos a que se refere o dispositivo*. (grifamos)

O Ministro Carlos Velloso, em seu voto, propôs uma definição da expressão "finalidades essenciais", que também vale a pena ressaltar:

> Estamos examinando a imunidade da alínea b: templos de qualquer culto. Indaga-se: *quais são as finalidades essenciais dos templos de qualquer culto? É fácil responder: são aquelas relacionadas com as orações, com culto. Então, o edifício, a casa, o prédio, onde se situa o templo, onde se fazem as orações, onde se realiza o culto, está coberto pela imunidade. A renda ali obtida, vale dizer, os dízimos, as espórtulas, a arrecadação de dinheiro realizada durante o culto e em razão deste, estão, também, cobertas pela imunidade tributária. O mesmo pode-se dizer dos serviços que, em razão do culto, em razão da finalidade essencial do templo, são prestados.*
>
> *O estacionamento para automóveis, vale dizer, o terreno destinado ao estacionamento dos automóveis dos fiéis, os serviços ali prestados pelo templo, estão abrangidos pela imunidade.*
>
> Agora, Sr. Presidente, dizer que *os imóveis espalhados pelo município, situados na diocese, na circunscrição territorial sujeita à administração eclesiástica, de propriedade desta, esses imóveis não estão abrangidos pela imunidade do art. 150, VI, b, porque não estão relacionados com as finalidades essenciais do templo, convindo esclarecer que o templo, e a imunidade é para o templo, não é proprietário de bens imóveis*. A Igreja, a seita, seja lá que nome tenha, que administra o templo, é que pode ser proprietária. Imóveis, portanto, pertencentes à administração eclesiástica, à mitra, ao bispado, não estão cobertos pela imunidade do art. 150, VI, b.
>
> Volto a repetir: *somente o que estiver relacionado com o templo, o local onde se realiza o culto*, por isso que, bem disse o Ministro Pertence, a imunidade do art. 150, VI, b, está substantivada no templo, é que é imunizada, tributariamente. (grifamos)

A posição vencida foi iniciada pelo Ministro Ilmar Galvão, que – embora tenha reconhecido que a imunidade dos "templos" abrange não apenas os imóveis onde se realizam os cultos e seus anexos, mas também "as rendas resultantes das contribuições dos fiéis e a remuneração eventualmente cobrada por serviços religiosos a estes prestados" – negou provimento ao recurso, ao seguinte fundamento:

> Por tanto, como a discussão, no presente caso, limita-se à referida alínea *b* e envolve apenas os *"lotes vagos e prédios comerciais dados em locação"* – que foram os bens excluídos do benefício pelo acórdão recorrido – deve este ser confirmado, porque em harmonia com o sentido do texto constitucional.

Os demais votos vencidos – dos Ministros Ellen Gracie, Carlos Velloso e Sepúlveda Pertence – foram no sentido de que a imunidade dos "templos" deve englobar somente o local onde se realizam os cultos e suas extensões.

Assim, pela análise deste último precedente, percebe-se que os Ministros do Supremo Tribunal Federal, inobstante a divergência de posições, ainda estão arraigados à raiz da doutrina clássica, pois restringem a imunidade estudada aos bens, rendas e serviços vinculados aos "cultos" realizados nos prédios para este fim destinados, deixando de lado outras atividades religiosas, independentemente de estarem ou não ligadas às finalidades essenciais da instituição.

Nenhum deles enxergou tal imunidade como incidente sobre a entidade religiosa, como preconiza a doutrina aqui denominada *contemporânea*.

A única diferença entre os entendimentos expostos no julgado está no fato de que os Ministros que adotaram a tese ampliativa (posição vencedora) estenderam a imunidade a todos os impostos incidentes sobre patrimônio, renda ou serviços vinculados diretamente com o templo e o culto, numa interpretação conjunta da alínea "b" do inciso VI do art. 150 da Constituição Federal com o seu §4º, enquanto os demais (votos vencidos) se manifestaram no sentido de que o ente religioso somente está imune aos impostos incidentes sobre o local de culto. Mesmo assim, ambas compreenderam que a imunidade está ligada ao "templo" (prédio), e não à instituição religiosa.

4. Considerações finais

Finalmente, analisadas as posições doutrinárias, bem como a jurisprudencial do Supremo Tribunal Federal a respeito do tema proposto, impende fazer algumas considerações.

A primeira delas é no sentido de que a doutrina clássica sobre a compreensão da palavra "templos" ainda encontra-se fortemente enraizada na comunidade jurídica brasileira, bastando, para se perceber esta realidade, observar as posições doutrinárias e jurisprudenciais atuais existentes sobre o tema, como foi exposto no presente trabalho.

A segunda é que a jurisprudência do Supremo Tribunal Federal pouco evoluiu, já que, mesmo após o advento da Constituição Federal de 1988, mantém, em grande parte, as proposições da corrente *clássica*.

A terceira e última consideração, é no sentido de que restam questões ainda não solucionadas, tais como a real extensão das expressões "patrimônio, renda e os serviços", "finalidades essenciais" e "entidades nelas mencionadas", todas constantes no § 4º do art. 150 da Constituição Federal.

Pela simples análise dos dicionários da língua portuguesa, pode-se verificar que os vocábulos "patrimônio", "renda" e "serviços" significam muito mais do que a comunidade jurídica vem expondo.

Patrimônio, por exemplo, significa todo e qualquer "bem, material ou moral, pertencentes a um indivíduo ou uma instituição".[27] *Renda*, por sua vez, quer dizer "rendimento, receita",[28] ou melhor, "juros ou interesses percebidos pela inversão ou aplicação do capital ou pela exploração de bens de natureza imobiliária".[29] E por *serviços* pode-se compreender todo trabalho realizado por alguém, seja ele intelectual ou material.

"Finalidades essenciais", por seu turno, não pode, com a devida vênia ao entendimento do ilustre Ministro Carlos Velloso, restringir-se "aquelas relacionadas às orações, com o culto".[30]

Finalidade significa o fim determinado ou o propósito[31] de alguém, enquanto o vocábulo *essencial* quer dizer o necessário ou o indispensável[32] para que uma coisa ou pessoa seja o que ela realmente é. A par disso, verifica-se que tais palavras, aglutinadas ("finalidades essenciais"), tal como consta no texto constitucional, só pode significar "os propósitos necessários ou indispensáveis de alguém ou de uma entidade".

Ora, a oração não é o propósito indispensável das religiões. O que não pode faltar a uma instituição religiosa é a crença, a fé. As religiões do mundo visam à propagação da doutrina a que se propõem e não a simples oração.

Outra questão que também não foi devidamente esclarecida é o significado da expressão "entidades nelas mencionadas", disposta no referido §4º.

Este ponto é tão importante que sua solução poderá, acredita-se, fazer cair por terra os argumentos da doutrina *clássica* que entende "templos" como locais de culto, pois, certamente, a palavra "entidade", constante no texto constitucional, não está a se referir a prédios, mas, sim, às instituições religiosas, como defendida pela doutrina que aqui se denominou *contemporânea* (ver item 2.1 supra). Perceba-se que prédio não possui patrimônio, não possui renda e muito menos realiza serviços. Desta feita, não se pode interpretar a regra da imunidade dos templos somente pela leitura do texto contido na alínea "b" do inciso VI do art. 150 da Constituição Federal. Necessário se faz o seu cotejamento com o disposto no §4º do mencionado dispositivo constitucional.

---

[27] Francisco Fernandes. *Dicionário Brasileiro Globo*, 3º volume, p. 956.
[28] Ibid., p. 1101.
[29] De Plácido e Silva, Vocabulário Jurídico, p. 1342.
[30] Voto proferido no RE nº 325.822/SP, analisado no item III deste estudo.
[31] Francisco Fernandes. *Dicionário Brasileiro Globo*, 2º volume, p. 610.
[32] Ibid., p. 557.

Assim, tomando-se como ponto de partido os conceitos explicitados acima, infere-se que a imunidade dos "templos", *smj*, deveria abranger muito mais do que se expõe no mundo jurídico brasileiro, ou seja, deveria englobar todos os bens (materiais ou não), rendimentos ou rendas, bem como todos os trabalhos (matérias ou imateriais) realizados pela entidade religiosa e ligados diretamente à crença por ela proposta.

Assim, imperioso que os juristas brasileiros insistam no estudo da imunidade dos "templos" (que se poderia chamar "imunidade das religiões"), na busca de uma melhor compreensão de sua extensão, de molde a esclarecer questões que ainda não foram solucionadas, precipuamente porque a doutrina e a jurisprudência estão muito arraigadas aos ditames da doutrina clássica, se não como um todo, ao menos em seus elementos essenciais.

5. Referências bibliográficas

ÁVILA, Humberto. *Sistema Constitucional Tributário: de acordo com a Emenda Constitucional n. 51, de 14.02.2006*. 2ª ed. rev. e atual., São Paulo: Saraiva, 2006.

CAMPOS, Flávio. Imunidade Tributária na Prestação de Serviços por Templos de Qualquer Culto. *Revista Dialética de Direito Tributário*. São Paulo: Oliveira Rocha, n. 54, ps. 45-53, março de 2000.

CARRAZZA, Roque Antonio. Curso de Direito Constitucional Tributário. 22ª edição, São Paulo: Malheiros, 2006.

CARVALHO, Paulo de Barros. Curso de Direito Tributário. 18ª ed. rev. e atual., São Paulo: Saraiva, 2007.

COELHO, Cláudio Carneiro B. P., A Imunidade dos Templos de Qualquer Culto. *Revista ADV Advocacia Jurídica, Seleções Jurídicas*, São Paulo: COAD, p. 6-12, novembro de 2003.

COELHO, Sacha Calmon Navarro. *Comentários à Constituição de 1988, Sistema Tributário*. 7ª ed., São Paulo: Forense, 1998.

COELHO, Werner Nabiça. *A Imunidade dos Templos – Breves Considerações*. Disponível em: <http://www.uj.com.br/publicacoes/doutrinas/default.asp?action=doutrina&iddoutrina=1171>. Acesso em 20.06.02

BASTOS, Celso. Imunidade dos Templos. *Revista de Direito Tributário*. São Paulo: Revista dos Tribunais, n. 5, p. 222-231, Ano II, julho/setembro de 1978.

DENARI, Zelmo. *Curso de Direito Tributário*. 8ª ed., São Paulo: Atlas, 2002.

FERNANDES, Francisco. *Dicionário Brasileiro Globo*. 10ª edição. São Paulo: Gêmeas Distribuidora de Livros, 2º volume, 1983.

MACHADO, Hugo de Brito. *Curso de Direito Tributário*. 19ª ed., ver., atual. e amp., 2ª tiragem, São Paulo: Malheiros, 2001.

MARTINS, Ives Gandra. Imunidades Condicionadas e Incondicionadas – Inteligência do Artigo 150, Inciso VI e §4° e Artigo 195, §7° da Constituição Federal. *Revista Dialética de Direito Tributário*. São Paulo: Oliveira Rocha, n. 28, ps. 69-83, janeiro de 1998.

MIRANDA, Francisco Cavalcanti Pontes de. *Comentários à Constituição de 1967; com a Emenda n. 1 de 1969*. Rio de Janeiro: Forense, 1987.

PAULSEN, Leandro. *Direito Tributário: Constituição e Código Tributário à luz da doutrina e da jurisprudência*. 6ª ed., rev. e atual., Porto Alegre: ed. Livraria dos Advogados, 6ª edição, revista e atualizada, 2004.

PEREZ, Fernando Augusto Monteiro. Extensão e Alcance da Imunidade dos Templos de Qualquer Culto. *Revista Trimestral de Jurisprudência dos Estados*. São Paulo: Jurid Vellenich Ltda., vol. 178, p. 63-78, ano 24, set/out 2000.

SILVA. De Plácido e. *Vocabulário Jurídico*. 6 ed. Rio de Janeiro: Forense, 5° volume, 1980.

SILVA, José Manoel da. Imunidades dos Templos de Qualquer Culto. *Revista Dialética de Direito Tributário*. São Paulo: Oliveira Rocha, n. 14, p. 23-30, novembro – 1996.

Impressão:
Evangraf
Rua Waldomiro Schapke, 77 - P. Alegre, RS
Fone: (51) 3336.2466 - Fax: (51) 3336.0422
E-mail: evangraf.adm@terra.com.br